Martin von Falck /
Susanne Martinssen-von Falck

Die großen Pharaonen

Martin von Falck /
Susanne Martinssen-von Falck

Die großen Pharaonen

Von der Frühzeit
bis zum Mittleren Reich

marixverlag

Bibliografische Information der Deutschen Nationalbibliothek
Die Deutsche Nationalbibliothek verzeichnet diese Publikation in der
Deutschen Nationalbibliografie; detaillierte bibliografische Daten sind
im Internet über
http://dnb.d-nb.de abrufbar.

© by marixverlag in der Verlagshaus Römerweg GmbH, Wiesbaden 2015
Covergestaltung: Network! Werbeagentur, München
Bildnachweis: Chephren-Statue Giza, Cairo Egyptian Museum
© akg-images / De Agostini Picture Lib. / G. Dagli Orti
Satz und Bearbeitung: SATZstudio Josef Pieper, Bedburg-Hau
Der Titel wurde in der Palatino Linotype gesetzt.
Gesamtherstellung: CPI books GmbH, Leck – Germany

ISBN: 978-3-7374-0976-6

www.verlagshaus-roemerweg.de

»So steige Du empor zu Deiner Mutter Nut!
Sie soll Dich an die Hand nehmen und Dir einen Weg
zum Horizont weisen,
zum Ort von Res Aufenthalt.«

aus Spruch 422 der Pyramidentexte

INHALT

INHALT

VORWORT

Der vorliegende Band »Große Pharaonen« umfasst die Biographien der wichtigsten ägyptischen Könige von der Frühzeit bis zum Ende des Mittleren Reiches (2900–1630 v. Chr.). Die Biographie eines altägyptischen Königs, die ein heutiger Ägyptologe entwirft, muss zwangsweise ein sehr ungenaues und fragmentarisches Konstrukt bleiben. Aus einer ehemaligen Fülle von historischen Daten können nur diejenigen Quellen ausgewertet werden, die heute zufällig zur Verfügung stehen. Könige, aus deren Regierungszeiten wenige archäologische Artefakte erhalten sind, mögen Bedeutendes geleistet haben, ohne dass wir Kenntnis davon haben. Auch die Art und Aussagekraft von Quellen kann von gänzlich unterschiedlicher Qualität sein. Je früher ein König in der Chronologie der ägyptischen Geschichte angesiedelt ist, desto spärlicher sind im Normalfall die Informationen, die uns vorliegen. Es gilt also oft in kriminalistischer Manier, die wenigen Fakten zu einem schlüssigen Gesamtbild zu verbinden. Dabei sind zunächst grundlegenden Eckdaten, wie zum Beispiel die Länge der Regierung, festzustellen. Selbst bei diesen einfachen Fragestellungen treten gelegentlich die ersten Schwierigkeiten auf. Bei der Beschreibung von innen- und außenpolitischen Ereignissen, der Organisation und personeller Besetzung der Verwaltung sowie von religiösen und gesellschaftlichen Entwicklungen sind wir auf Qualität und Quantität der durch Fundzufall erhaltenen Quellen angewiesen. Leichter fällt die Auswertung der materiellen Hinterlassenschaften. Königsgräber, Tempelbauten, Statuen und Grabausrüstung scheinen die Präsenz der Herrscher besser fassbar zu machen. Völlig unmöglich ist es, Fragen nach der Persönlichkeit der ägyptischen Könige zu beantworten. Als Individuen bleiben sie für uns ein unzugängliches Rätsel. Offizielle königliche Inschriften enthalten lediglich Standardformeln, welche den Herrscher in seiner offiziellen Rolle als König beschreiben. Bestimmte Eigenschaften und Aufgaben waren generell mit einem Pharao verbunden: Stärke, Handeln im Sinne der Maat (gerechte Weltordnung), Ausüben der Götterkulte und Verteidigung Ägyptens gegen die Fremdvölker. Die gottgleiche, später gottähnliche Stellung der ägyptischen Könige verhinderte sowohl in königlichen wie auch privaten Quellen Aussagen über den Charakter der Herrscher. Wenn derartiges überhaupt Erwähnung findet, dann mit programmatischer Absicht. Die historische Bewertung der altägyptischen Könige kann zwar nicht ihre individuelle Persönlichkeit berücksichtigen, aber es fällt schwer, sich der Hochachtung vor den herausragenden Leistungen der Pharaonen sowie ihrer Beamten- und Priesterschaft, der Handwerker und Arbeiter zu entziehen. Beindruckende Monumentalarchitektur wie Pyramiden, Tempel und Gräber mit ihren Inschriften, Reliefs, Statuen und Wandmalereien sowie die ägyptischen Sammlungen in den Museen vieler Länder machen die Geschichte der Pharaonenzeit für heutige Betrachter in Ägypten und auf der ganzen Welt erfahrbar. Die »großen Pharaonen« und die Kunst und Kultur Altägyptens üben damit noch nach Jahrtausenden eine ganz besondere Faszination aus.

Den Band »Große Pharaonen« zu schreiben, war Martin von Falck ein Herzensanliegen. Die Vermittlung ägyptologischen Wissens war ihm nicht nur als Lehrer an den Universitäten Münster, Hamburg und München wichtig. Als Buchautor sowie als Kurator an diversen Museen, für Sammlungen und Sonderausstellungen hat er stets großen Wert darauf gelegt, Wissenschaft und Publikumsinteresse zusammenzuführen.

Im Vordergrund stand dabei für ihn immer die Überzeugung, dass Lesern und Ausstellungsbesuchern ein wissenschaftlicher Anspruch durchaus »zuzumuten« sei, solange er didaktisch und professionell aufbereitet ist. Es war für Martin von Falck eine Form von Respekt gegenüber Leserschaft und Publikum, deren Wunsch nach Qualität ernst zu nehmen. Krankheitsbedingt hat sich die Arbeit an den »Großen Pharaonen« verzögert, und leider hat sich sein Wunsch, das Buch selbst abschließen zu können, nicht mehr erfüllt. Es war für mich gleichermaßen selbstverständliche Verpflichtung wie auch ein besonderer Herzenswunsch, das Manuskript meines verstorbenen Mannes für die Veröffentlichung fertig zu stellen. Alle Biographien bis auf diejenige des Königs *Mentuhotep II.* sind von Martin vorbereitet worden, wurden aber von mir inhaltlich und redaktionell stark nachbearbeitet und auf einen möglichst aktuellen Stand gebracht. Zum Teil bin ich von den von ihm vertretenden Meinungen abgewichen und habe Änderungen vorgenommen, weil sie mir zwingend oder eher plausibel erschienen. Ich bin sicher, dass Martin mir dazu seinen Segen gegeben hätte. Alle Einleitungs- und Überblickstexte sind von mir verfasst worden, die Einleitung zu den Königsnamen auf der Basis seiner Recherchen. Es wäre unmöglich gewesen, das Manuskript ohne Hilfe in dieser kurzen Zeit abzuschließen. Ich bin meinen Lehrern, Kollegen und Freunden zu großem Dank verpflichtet, die unsere Texte nicht nur bereitwillig gelesen und kommentiert, sondern auch viele inhaltliche Anregungen beigesteuert haben. Namentlich möchte ich nennen: Prof. Dr. Hartwig Altenmüller, Dr. André Block, Dr. Andreas Effland, Dr. Jan-Peter Graeff, Prof. Dr. Alexandra Verbovsek und Marc-Anton André, M.A. Besonders zu danken habe ich Cecilia Benavente Vicente, M.A. Sie war mir eine große Hilfe bei der Bildrecherche und hat dankenswerterweise das Glossar erstellt.

Den Lesern der »Großen Pharaonen« wünsche ich ebenso viel Freude bei der Lektüre, wie Martin und ich beim Schreiben der Texte hatten.

Susanne Martinssen-von Falck
Hamburg, im März 2015

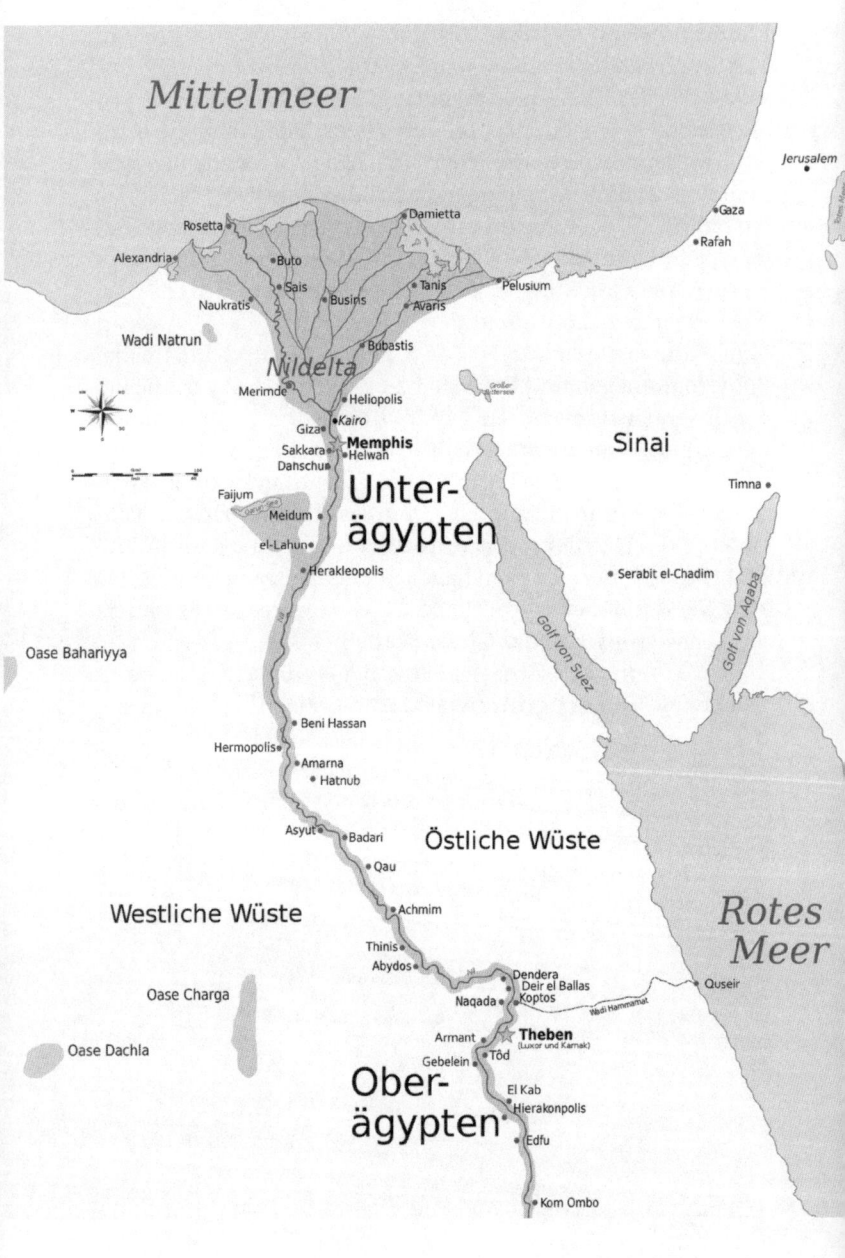

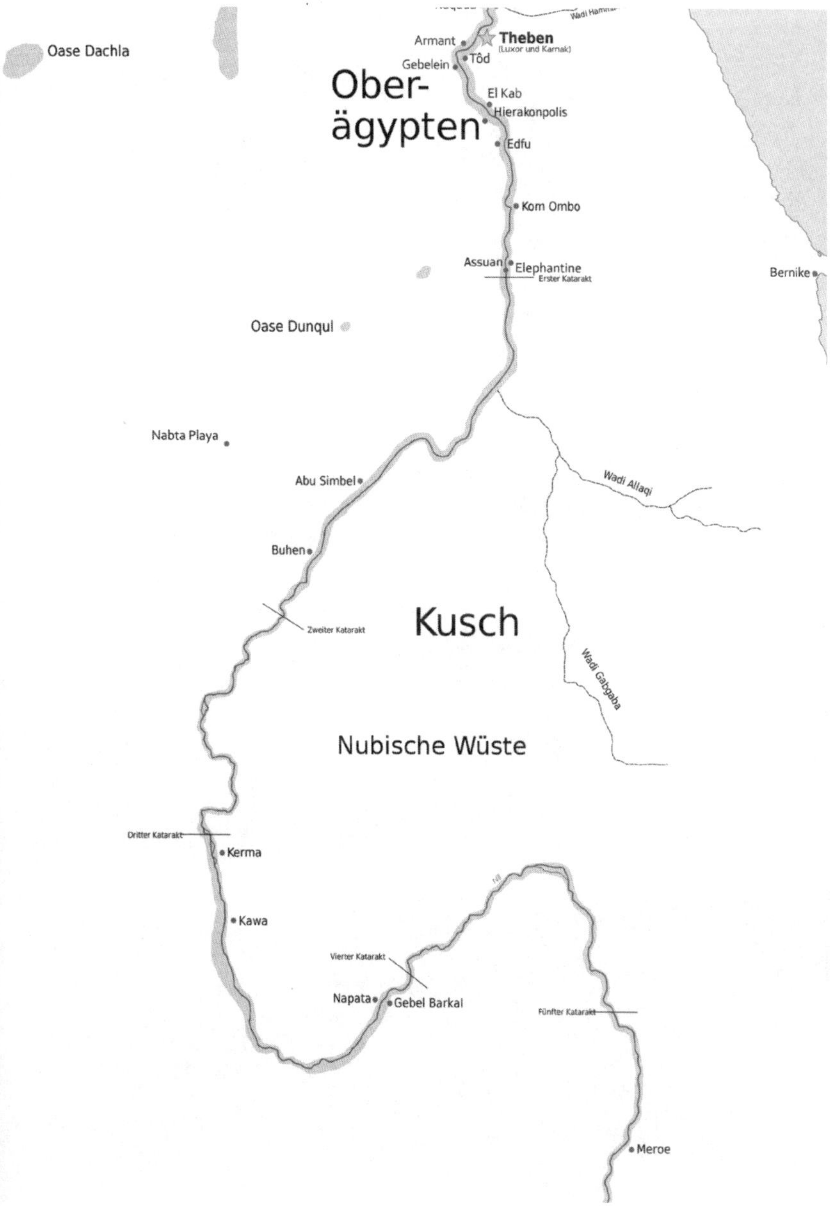

Oase Dachla
Armant
Theben
(Luxor und Karnak)
Gebelein
Tôd
Ober-
ägypten
El Kab
Hierakonpolis
Edfu
Kom Ombo
Assuan
Elephantine
Erster Katarakt
Bernike
Oase Dunqul
Nabta Playa
Wadi Allaqi
Abu Simbel
Buhen
Zweiter Katarakt
Kusch
Wadi Gabgaba
Nubische Wüste
Dritter Katarakt
Kerma
Kawa
Vierter Katarakt
Napata
Gebel Barkal
Fünfter Katarakt
Meroe

Einleitung:
Die ägyptischen Königsnamen

Die Titulatur der ägyptischen Könige bestand aus fünf verschiedenen Namen. Den Eigennamen trug der Herrscher bereits seit seiner Geburt, die anderen vier Namen wurden bei der Thronbesteigung ausgewählt. Bis zum Mittleren Reich waren Reihenfolge und Verwendung der Titel variabel. Das Namensprotokoll gewann erst unter *Sesostris II.* (12. Dynastie) seine endgültige Form, die bis zum Ende der ägyptischen Geschichte Bestand haben sollte.

Horus-Name

Der älteste durchgehend verwendete Bestandteil der Königstitulatur ist der Titel »*Horus*«, der ganz knapp und lapidar ein zentrales Element ägyptischer Königsideologie zum Ausdruck bringt: Der inthronisierte König ist die irdische Inkarnation des Himmelsgottes *Horus*. Zur Identifikation des individuellen Herrschers dient der dem *Horus*-Titel folgende Name, der wohl erst mit der Thronbesteigung angenommen wurde und insofern als immanent programmatisch anzusehen ist. Die Kombination von *Horus*-Titel und Name wird *Horus*-Name genannt. Dabei kann der Name im engeren Sinne wie ein Beiwort des Titels aufgefasst werden: z.B. »*Horus*, der Kämpfer« (*Aha*), »*Horus*, der Abwehrende« (*Djer*) oder »*Horus*, der mit erhobenem Arm« (*Qa-a*). Ähnlich wie bei den Beinamen (Epitheta) von Gottheiten verkörpert der *Horus*-Name also einen bestimmten Aspekt der Falkengott-Inkarnation in Gestalt des jeweiligen Herrschers. Während der 1. Dynastie scheint bei der Namenswahl die kriegerische Qualität eines Herrschers im Vordergrund gestanden zu haben. Nur im Falle *Semerchets*, des vorletzten Königs der 1. Dynastie, wird bereits mit dem Namen eine theologische Aussage getroffen: »Gefährte der (göttlichen) Körperschaft«. Ein Herrscher der 2. Dynastie wählte für sich erstmals einen Namen mit Bezug auf die kosmische Ordnung *Maat*: *Sechemib-peren-Maat*. In der 3. Dynastie beziehen sich die *Horus*-Namen überwiegend auf die göttliche Körperschaft, in der wohl die spätere Neunheit von Heliopolis zu erkennen ist: *Netjerichet* = »Göttlich(st)er der Körperschaft« oder *Sechemchet* = »Mächtig(st)er der Körperschaft«. Graphisch wird der *Horus*-Name in den sogenannten Serech eingeschrieben. Dieser Serech stellt eigentlich die zeichnerische Kombination einer frontal gesehenen, nischengegliederten Palastfassade mit stilisiertem Rechteckgrundriss dahinter dar. Als zu lesendes Zeichen wird der titelgebende *Horus*-Falke oben auf die Abschlusslinie des stilisierten Grundrisses gesetzt. Diese ist unter *Narmer* und bei *Aha* zu Beginn der 1. Dynastie noch merklich gebogen, wird aber seit König *Djer* in klassisch-kanonischer Weise gerade durchgezogen. Reichte zu Beginn der oberägyptischen Expansion ein leer gelassener Serech z.B. als Gefäßmarke zur Kennzeichnung königlichen Besitzes bzw. Besitzanspruchs aus, wird dieser in der unmittelbar vor Beginn der dynastischen Zeit, durchgehend spätestens bei König (*Horus*) *Ka* (0. Dynastie), dem Vorgänger des *Narmer*, als *Horus*-Name individualisiert.

THRONNAME

Unter König *Den*, gegen Mitte der 1. Dynastie, kann ein weiterer Name ergänzend zum oder ersatzweise für den *Horus*-Namen verwendet werden. Diesem Namen steht ein Titel voran, der konventionell mit »König von Ober- und Unterägypten« (eigentlich: »*Nesu*- und *Bit*-König«) übersetzt wird. Möglicherweise steht der neue Titel im Zusammenhang mit der ebenfalls seit König *Den* belegten Zeremonie »Erscheinen des Königs von Ober- und Unterägypten«. In der 5. Dynastie nahmen die Könige einen mit dem Namen des Sonnengottes *Re* gebildeten Namen an, sofern ihr Geburtsname nicht bereits den Namen des »Re« enthielt (erstmals belegt unter *Neferirkare*). Seither bilden Titel + Name den eigentlichen Thronnamen, der ab *Pepi I.* in Inschriften neben dem Geburtsnamen auftritt, wobei beide Namen in Kartuschen eingeschrieben sind. Seit dem Mittleren

Reich erscheint der Titel »König von Ober- und Unterägypten« kanonisch vor der ersten Kartusche mit dem Thronnamen.

HERRINNENNAME / NEBTI-NAME

Seit *Semerchet*, dem vorletzten König der 1. Dynastie, wird der zweite Königsname mit dem Titel »König von Ober- und Unterägypten« mit dem Element *Nebti* »die beiden Herrinnen« gebildet, das auf die Göttinnen der beiden Landeshälften, *Wadjet* für Unterägypten und *Nechbet* für Oberägypten, verweist. Erst *Peribsen*, der vorletzte König der 2. Dynastie, verwendet den mit dem Bestandteil *Nebti* gebildeten Königsnamen ohne den voranstehenden Titel »König von Ober- und Unterägypten«.

Fortan kann der mit dem Element *Nebti* gebildete Königsname nicht mehr als Thron-Name angesehen werden, sondern wird in der Ägyptologie als Herrinnen-Name bezeichnet. Dabei bleibt das gesamte Alte Reich hindurch das Bilde-Element *Nebti* »Herrinnen« als bedeutungstragend in den Herrinnen-Namen integriert. Erst mit dem Ende des Alten Reiches verselbständigt sich der ehemalige Namensbestandteil zu einem standardisierten neuen Titel, der wohl als »Der der beiden Herrinnen« aufzufassen ist.

GOLD(HORUS)NAME

Bei dem späteren sogenannten Gold-Namen handelt es sich zunächst um einen Titel mit Namenselement. Bereits unter *Den* ist ein mit dem Schriftzeichen für »Gold« und dem der Kobra gebildeter Titel belegt, der mit dem sogenannten Schen-Ring kombiniert ist. Der Schen-Ring, das Symbol für die Ewigkeit, nimmt in gelängter Form als sogenannte Kartusche später den Thronsowie den Eigennamen eines Königs auf. Noch bei *Djoser* und *Chaba*, zwei Königen der 3. Dynastie, kann der Gold-Titel völlig separat oder vor einer leeren Kartusche stehen. Ein in Bet Challaf gefundenes Siegelfragment des *Sanacht*, des vermutlich vorletzten Königs der 3. Dynastie, belegt erstmals einen in eine

Kartusche geschriebenen Königsnamen. Leider ist aber der dem Namen voranstehende Titel auf dem Siegelfragment nicht mehr erhalten. Erst unter *Snofru*, dem 1. König der 4. Dynastie, tritt die Kombination eines aus den Zeichen für »Falke« und »Gold« gebildeten Titels mit dem in eine Kartusche geschriebenen Eigennamen auf. Dementsprechend steht auf dem in der 5. Dynastie redigierten Annalenstein von Palermo (Abb. 1) auch bei den Frühzeitkönigen *Djer, Semerchet* und *Ninetjer* ein mit namenartigem Zusatz versehener Gold-Titel dem in Kartusche geschriebenen Eigennamen voran.

Eigenname/»Sohn des *Re*-Name«

Erst von *Huni*, dem letzten König der 3. Dynastie, ist ein zeitgenössisch belegter, in eine Kartusche geschriebener Eigenname überhaupt gesichert. Bei den früheren Königen der 3. Dynastie wie *Djoser* und *Nebka* stammen die Belege von in Kartuschen geschriebenen Eigennamen aus späteren Zeiten, sind also postum. Diesen steht während der 4. Dynastie oft noch ein Gold-Titel voran. Zwar wurden während der ersten beiden Dynastien die Eigennamen in den offiziellen zeitgenössischen Denkmälern fast gänzlich unterdrückt, müssen aber in den heute verlorenen damaligen Annalen verzeichnet gewesen sein. So begegnen wir auf dem aus der 5. Dynastie erhaltenen Annalenstein von Palermo bei den Frühzeitkönigen einer festen Abfolge von Namen und Titeln: *Horus*-Name – Gold-Titel (mit Erweiterungen) – Eigenname in Kartusche – Name der Mutter.

Unter *Djedefre*, dem 3. König der 4. Dynastie, taucht erstmals der Beiname »Sohn des Re« auf. Bei *Unas*, dem letzten König der 5. Dynastie wird dieser Beiname dann als Namenszusatz des Eigennamens mit in die Kartusche aufgenommen. Schließlich tritt er ab der Herakleopolitenzeit, also der 9./10. Dynastie, als selbständig gewordener Titel vor die Kartusche mit dem Eigennamen.

Literatur:

Schneider, *Lexikon* (1996) S. 12–55. J.v. Beckerath, *Handbuch der ägyptischen Königsnamen*, 2. Aufl., *MÄS* 49, Mainz 1999. Wilkinson, *Early Dynastic Egypt* (1999) S. 200–208. R. Gundlach, in: *Das Wissenschaftliche Bibellexikon im Internet* (www.wibilex.de), 2006 (Zugriffsdatum: 13.02.2015; http://www.bibelwissenschaft.de/stichwort/23832/). R. Gundlach, in: *Das Wissenschaftliche Bibellexikon im Internet* (www.wibilex.de), 2008 (Zugriffsdatum: 13.02.2015; http://www.bibelwissenschaft.de/stichwort/35722). R.J. Leprohon, *The Great Name, Ancient Egyptian Royal Titulary*, Writings from the Ancient World 33, Atlanta 2013.

Einleitung
Die Chronologie des Alten Ägypten

Die Erstellung einer Chronologie Altägyptens und unser Wissen über die Biographien der Pharaonen speisen sich aus diversen Quellen. Die Einteilung der ägyptischen Geschichte in Dynastien geht auf den ägyptischen Priester Manetho zurück, der in der frühen Ptolemäerzeit die »Aegyptiaca« verfasste, ein Geschichtswerk, das uns durch spätere Abschriften fragmentarisch erhalten ist. Für die Frühdynastische Zeit und das Alte Reich ist der sogenannte »Palermostein« eine bedeutsame historische Quelle. Auf der Basaltplatte, die heute in Palermo aufbewahrt wird, und weiteren Fragmenten des Steins in London und Kairo sind die Namen der Könige, die jeweilige Mutter und in aller Kürze wichtige Ereignisse der einzelnen Regierungsjahre notiert. Der letzte auf dem Annalenstein von Palermo aufgeführte König ist *Neferirkare* (5. Dynastie).

Ein Relief aus dem *Amun*-Tempel von Karnak (Theben) zeigt König *Thutmosis III.* (18. Dynastie), der vor 61 sitzenden Königsstatuen opfert. Die nicht chronologische Liste gibt die Statuen von Herrschern wieder, die im Tempel aufgestellt waren. Die »Königsliste von Karnak« stellt zwar keine Königsliste im historischen Sinn dar, ist aber bedeutsam, weil sie Könige erwähnt, die in anderen Königslisten fehlen.

Im Tempel *Sethos' I.* in Abydos aus der Ramessidenzeit sind der König und sein Sohn *Ramses* (der spätere *Ramses II.*) bei Opferhandlungen vor einer langen Liste mit Königsnamen abgebildet. Die »Königsliste von Abydos« umfasst Könige von der 1. bis zur 19. Dynastie, jedoch wurden durch redaktionelle Bearbeitung als nicht legitim empfundene Könige beziehungsweise Dynastien gestrichen. Eine ähnliche Liste ließ *Ramses II.* in seinem eigenen Tempel in Abydos anbringen. Sie ist allerdings deutlich fragmentarischer erhalten.

Ebenfalls aus der Ramessidenzeit stammt die »Königsliste von Sakkara«, die 1861 im Grab des *Tjuneroy* in Sakkara entdeckt wurde und heute im Museum von Kairo aufbewahrt wird. Die

Abb. 1: sog. »Palermostein«, National Archeological Museum Palermo

Zusammenstellung deckt sich weitgehend mit den Königslisten von Abydos. Auch hier fehlen viele Herrscher, beispielsweise aus der 1. Zwischenzeit.

Der »Turiner Königspapyrus«, ebenfalls ein Dokument aus der Ramessidenzeit (wohl *Ramses II.*), ist eine der aussagekräftigsten Königslisten, die von der Zeit mythischer Götterkönige bis in die 2. Zwischenzeit reicht. Auf dem leider sehr fragmentarischen Papyrus sind deutlich mehr Könige aufgelistet, als in den anderen ramessidischen Listen (Abydos, Sakkara). Es besteht eine Ähnlichkeit mit der Auflistung der Könige bei Manetho.

Diese historiographischen Quellen werden ergänzt durch die archäologischen Primärquellen aus der Regierungszeit der jeweiligen Könige. Im Idealfall sind Objekte und Inschriften durch die Nennung eines Königs- oder Beamtennamen zeitlich einzuordnen. Oft spezifiziert die Angabe des Regierungsjahres, manchmal sogar das exakte Datum, Objekt oder Inschrift sehr genau. Auch Beamten- oder Priestergenealogien geben Anhaltspunkte für zeitliche Zuweisungen. Für die allgemeine relative Chronologie sind Stratigraphien der archäologisch untersuchten Areale bedeutsam. Im Falle von ungestörten Schichten geben diese eine unbedingte Abfolge (unten ältere und oben jüngere Epochen) wieder. Hinzu kommen Sequenzaufstellungen von bestimmten Objektgruppen (Keramik, Särge, Skarabäen) anhand ihrer Stil- und Formentwicklung. Sicher datierbare Artefakte dienen dabei als Eckpunkte, um andere, nicht sicher datierbare Objekte in eine relative Chronologie einzuhängen.

Unterstützt werden diese Einordnungen von naturwissenschaftlichen Methoden zur Altersbestimmung von Funden, wie die C14-Methode (Radiokarbondatierung) oder die Datierung mit Hilfe der Dendrochronologie (Jahresringdatierung). Astronomische Daten liefern Fixpunkte für die absolute Chronologie der altägyptischen Geschichte. Besondere Bedeutung hat dabei der »Hundsstern« Sirius (ägyptisch: Sopdet; griechisch: Sothis), dessen morgendlicher Aufgang den ersten Tag des zivilen Kalenders markiert und die bevorstehende Nilüberschwemmung ankündigte. Durch die Länge des Jahres mit 365 Tagen (ohne

Schaltjahr) wanderte das Neujahrsdatum jedoch durch das Jahr (Sothis-Zyklus). Zwei ägyptische Quellen mit Nennung des Sothisaufgangs an einem konkreten Datum bilden die Basis für die Erstellung einer absoluten Chronologie. Es handelt sich um das 7. Jahr *Sesostris' III.* (12. Dynastie) und das 9. Jahr *Amenophis' I.* (18. Dynastie). Während diese beiden Sothis-Daten lange als unumstößliche Messpunkte galten, werden inzwischen die Unsicherheiten (Ort der Sothis-Sichtung, Sichtungsbedingungen) der Sothis-Datierung eher betont. Weitere astronomische Daten zur Erstellung einer absoluten Chronologie sind die Monddaten. Der religiöse Kalender Ägyptens basierte auf dem Mondzyklus (354 Tage pro Jahr) und es existieren insbesondere aus el Lahun Aufzeichnungen, die bestimmte Festdaten in Verbindung mit Monddaten nennen. Auch für die Monddaten bleiben jedoch Unsicherheiten, so dass letztlich die Festlegung der Chronologie nur unter Berücksichtigung vieler verschiedener Quellen und Berechnungen erfolgen kann, wobei letzte Unsicherheiten bislang bestehen bleiben.

Der Vergleich (Synchronisierung) mit den historischen Abfolgen der Nachbarkulturen Ägyptens (z.B. Minoische Kultur, Antikes Griechenland, Assyrien) bietet ebenfalls Anhaltspunkte zur Präzisierung der ägyptischen Chronologie.

In der ägyptologischen und der populärwissenschaftlichen Literatur finden sich abweichende Zahlen zu Regierungszeiten einzelner Könige und Geschichtsepochen. Hier spiegeln sich die Unsicherheiten der absoluten Chronologie und die verschiedenen akademischen Ansätze wider. Für das vorliegende Buch wurde auf die Angaben eines der neueren Standardwerke zur ägyptischen Chronologie zurückgegriffen (Hornung/Krauss/ Warburton, *Ancient Egyptian Chronology* (2006).

Literatur:

SCHNEIDER, *Lexikon* (1996) S. 12–55. J. v. BECKERATH, *Chronologie des phara-onischen Ägypten, MÄS* 46, Mainz 1997. WILKINSON, *Early Dynastic Egypt* (1999) S. 60–66. K.A. KITCHEN, in: *World Archaeology Vol. 23, No. 2, Chro-nologies* (Oct., 1991) S. 201–208, (Zugriffsdatum: 13.02.2015; http://www.jstor.org/stable/124743). R. KRAUSS, in: M. BIETAK (Hrsg.), *The Synchroni-sation of Civilisations in the Eastern Mediterranean in the Second Millenni-um B.C. II*, Wien (2003) S. 175–197. HORNUNG/KRAUSS/WARBURTON, *Anci-ent Egyptian Chronology* (2006). A. J. SHORTLAND/C. B. RAMSEY, *Radiocar-bon and the chronologies of ancient Egypt*, Oxford 2013.

DIE FRÜHZEIT

Prädynastische Zeit*		ab 6000 v. Chr.
Frühdynastische Zeit **(1.–2. Dynastie)**		ca. 2900–2590
	Narmer	ca. 2900 – ?
1. Dynastie		ca. 2900–2730
	Aha	? – 2870
	Athotis	?
	Djer	2870–2823
	Djet	2822–2815
	Den	2814–2772
	Adjib	2771–2764
	Semerchet	2763–2756
	Qa-a	2755–2732
2. Dynastie		ca. 2730–2590
	Hetepsechemui	2730 – ?
	Raneb	? – 2700
	Ninetjer	2700–2660
	Peribsen	2660–2650
	Sechemib	2650 – ?
	Sened	? – 2610
	Chasechemui	2610–2593

PRÄDYNASTISCHE ZEIT

Die ältesten neolithischen Kulturen lassen sich ab 6000 v. Chr. in Unterägypten nachweisen (Merimde-Beni Salâme, Faijum-A-Kultur). In Oberägypten geht die Badari-Kultur nahtlos in die drei Phasen der Negade-Kultur über (ca. 4500–3000 v. Chr.). Es

---

* Nach HORNUNG/KRAUSS/WARBURTON, *Ancient Egyptian Chronology* (2006).

scheinen sich in dieser Zeit städtische Zentren herauszubilden, die Keramik- und Metallverarbeitung entwickelt sich weiter. Gräber von unterschiedlicher Größe und Ausstattung deuten auf die soziale Differenzierung der Gesellschaft hin.

Die Negade-Kultur verdrängt in Unterägypten die Maadi-Kultur, was auf eine politische Einigung des Landes deuten kann, aber nicht muss. Erste Schriftquellen tauchen gegen Ende der Negadezeit auf, einzelne Kleinkönige (*Skorpion, Ka*) sind durch Darstellungen und Inschriften nachweisbar (Dynastie 0). Handwerk, Ackerbau (Bewässerung) und Verwaltungswesen sowie Binnen-, Außenhandel und Expeditionswesen entwickeln sich kontinuierlich. Der Herrschaftsanspruch auf größere Territorien ebnet den Weg in Richtung Reichseinigung und gesamtägyptisches Königtum. *Narmer*, wohl letzter prädynastischer König, ist bereits durch zahlreiche Artefakte (*Narmer*-Palette, Keulenkopf, Jahrestäfelchen, Gefäßinschriften) belegt. Obwohl es umstritten ist, in wieweit Darstellungen des Königs beim Erschlagen von Feinden (Asiaten/Deltabewohner) historisch oder rituell zu werten sind, scheint unter *Narmer* die endgültige Reichseinigung vorbereitet oder sogar bereits vollzogen worden zu sein.

FRÜHDYNASTISCHE ZEIT (1.–2. DYNASTIE)

Spätere ägyptische Königslisten lassen die erste Dynastie mit dem mythisch verehrten König Menes beginnen, bei dem es sich vermutlich um König *Aha* handelt (andere Theorien sprechen sich für *Narmer* aus). Ober- und Unterägypten werden endgültig zu einem Gesamtstaat vereinigt, Memphis ist das politische Zentrum, während der Königsfriedhof in Abydos (Plan 1) liegt.

Seit *Aha* werden rund um das Königsgrab und den Totenkultbezirk Nebengräber angelegt, in denen anlässlich der königlichen Bestattung auch ein Teil des Hofstaates beigesetzt wurde. Alle Könige der 1. Dynastie folgen diesem Bestattungskonzept, unter *Djer* erreichte die Anzahl der Nebenbestattungen mit ca. 300 einen erschreckenden Höhepunkt.

Neben späteren Aufzeichnungen liefern vor allem Elfenbeintäfelchen mit Jahresbezeichnungen, die zur Kennzeichnung
von Warenlieferungen dienten, Informationen über Götterfeste,
Tempel- und Domänengründungen, Wirtschafts- und Militär-
expeditionen, Herstellung von Kultgerät sowie Steuereintrei-
bungen (*Horus*geleit). Anhand von Beamtentiteln kann die sich
differenzierende Verwaltung nachvollzogen werden und sowohl Importgüter aus Vorderasien in den Grabanlagen der
ägyptischen Elite wie auch ägyptische Objekte, die in Vorderasien gefunden wurden, zeugen von einem kontinuierlichen
Wirtschaftsaustausch. Felsinschriften aus den Expeditionsgebieten (Ostwüste, Sinai) belegen den Abbau von Rohstoffen.

Als Ehefrau von König *Djet* und vor allem als Regentin für ihren noch unmündigen Sohn *Den* tritt Königin *Merit-Neith* als eine der wenigen Frauengestalten der 1. Dynastie prominent hervor. Auf *Dens* Nachfolger *Adjib* und *Semerchet* folgt *Qa-a* als letzter Vertreter der 1. Dynastie.

Der Dynastiewechsel zur 2. Dynastie manifestiert sich vor allem durch die Verlegung der Königsnekropole von Abydos
nach Sakkara, was eine verstärkte Hinwendung des ägyptischen Königtums zur Residenz Memphis zeigen mag. Statt Gru-
bengräbern werden nun Galeriegräber angelegt, ein Zusam-
menspiel von sich wandelnden Jenseitsvorstellungen sowie den
andersartigen topographischen Gegebenheiten in Sakkara. Unter König *Hetepsechemui* endet die Etikettierung von Beigabengefäßen mit Jahrestäfelchen. Steinplatten mit den sogenannten
Speisetischszenen – ikonische Darstellungen der Totenversorgung – schmücken die Privatgräber.

Auf *Nebre*, den zweiten König der 2. Dynastie, folgte *Ninetjer*,
von dem die erste, durch eine Inschrift identifizierte königliche
Rundplastik aus Ägypten erhalten ist.

Da von *Ninetjers* Nachfolger *Peribsen* nur Belege aus Oberägypten existieren und es eine scheinbar geteilte Landesverwal-
tung gab, wurden früher innerpolitische Machtkämpfe und die
Existenz unterägyptischer Gegenkönige postuliert. Ohne direk-
te Belege für kriegerische Handlungen geht man inzwischen
eher von einer gewaltlosen Teilung des Landes aus. König *Sechem-*

ib wurde gelegentlich als identisch mit *Peribsen* angenommen, ist aber wohl eher als dessen Nachfolger anzusprechen. Von *Chasechemui*, dem letzten Herrscher der Dynastie, nimmt man an, dass er die unterägyptischen Territorien zurückgewinnen konnte. Eine differenzierte Verwaltungsstruktur, neue Standards in der Relief- und Statuenherstellung sowie die Entwicklung in der Architektur der königlichen Grabanlage, die ebenso wie die des *Peribsen* wieder in Abydos liegt, bilden die Grundlage für die bemerkenswerten kulturellen Entwicklungen im folgenden Alten Reich.

Literatur:

J. v. Beckerath, *Abriss der Geschichte des alten Ägypten*, Oldenbourgs Abriss der Weltgeschichte, München/Wien 1971. J. v. Beckerath, in: *SAK* 11 (1984) S. 49–56. E. Hornung, *Grundzüge der ägyptischen Geschichte*, Darmstadt 1996⁴. J. v. Beckerath, *Chronologie des pharaonischen Ägypten*, *MÄS* 46, Mainz 1997. Wilkinson, *Early Dynastic Egypt* (1999) S. 28–70. T. A. H. Wilkinson, *Royal Annals* 2000. Hornung/Krauss/Warburton, *Ancient Egyptian Chronology* (2006). D. Wengrow, *The Archaeology of Early Egypt, Social Transformations in North-East Africa, 10,000 to 2,650 BC*, Cambridge World Archaeology, Cambridge 2006. E. Teeter (Hrsg.), *Before the Pyramids, The Origins of Egyptian Civilisation*, OIMP 33, Chicago 2011.

AHA

Titel	Name	Übersetzungsvorschlag
Horus	*Aha*	»Der Kämpfer«
	*Meni**	»Der Bleibende«⁷ oder: »Der Memphit«⁷

Der erste König der 1. Dynastie trug den *Horus*-Namen *Aha*, »Der Kämpfer«. Ob *Narmer*, der letzte prädynastische König, auch Vater des *Aha* gewesen ist, kann nicht mit letzter Sicherheit

---

* postum überlieferter Eigenname

bewiesen werden, wird aber allgemein angenommen. Uneinig-
keit besteht auch darin, ob es sich bei *Hetepui-Neith* um die
Hauptgemahlin des *Aha* oder um dessen Mutter gehandelt hat.
Siegel der *Hetepui-Neith* sowie des *Aha* fanden sich in der großen, nischengegliederten Mastaba von Naqada, wo entweder sie
selbst oder ein anderer bedeutender Angehöriger des Königshauses bestattet war. Aufgrund der als typisch unterägyptisch
angesehenen Bauform dieser Nischenmastaba sowie ihres mit
der unterägyptischen Göttin *Neith* gebildeten Namens wurde
Königin *Hetepui-Neith* in der älteren Forschung für eine aus politischen Gründen geehelichte unterägyptische Prinzessin gehalten. Jedenfalls schrieb man ihren Namen wie einen königlichen *Horus*-Namen in die Serech-Palastfassade ein, welche jedoch nicht von einem Falken, sondern von dem Emblem der na-
mensbildenden Göttin *Neith* bekrönt war. In einer der
Nebenkammern seiner Grabanlage in Abydos fand sich ein
Kamm mit dem Namen des *Aha* und einer womöglich dort bestatteten Nebenfrau namens *Ima-ib*. Auch auf dem Fragment eines Elfenbeinkästchens aus Abydos und einem Kalzitgefäß
(Berlin ÄMP 31007) sind die Namen von *Aha* und *Ima-ib* gemeinsam verzeichnet. An Söhnen des Königs sind *Rechit, Het, Tschati*
und *Sa-iset* durch Siegelabrollungen belegt. Nachfolger des *Aha*
war sein Sohn *Djer*, als dessen Mutter spätere Quellen *Chenut-
Hap* nennen, die damit als Frau des *Aha* anzusehen wäre.

Allgemein nimmt man an, dass die Aufzeichnung von Annalen
unter *Aha* eingesetzt hat, doch ist der seiner Regierungszeit gewidmete Abschnitt auf dem Annalenstein von Palermo nicht
mehr erhalten, so dass nur zufällig überlieferte Jahrestäfelchen
Ereignisse seiner Herrschaft vermelden. Dabei ist die Interpretation der sehr archaischen Schreibungen oft unsicher: Eines
der Täfelchen zählt wohl das »Schlagen (?) von Nubien«, die
Herstellung einer Statue des abydenischen Nekropolengottes
Chontamenti sowie die Gründung der Festung Hor-pecher-ihu
als Ereignisse des Jahres auf. Ein weiteres nennt unter anderem
eine »Fahrt des Falken in der Barke«, die Gründung eines Heiligtums der Göttinnen *Wadjet* und *Nechbet* sowie ein großes Opfer anlässlich der Ablieferung von Abgaben, zu dem sich der

König mit Gefolgsleuten aus seinem Palast begibt. Diese Deutung hat sich durchgesetzt, weil auf einem weiteren Täfelchen dieses Typs die Vermerke »Abgaben von Unterägypten« sowie »Speisen von Oberägypten« zu lesen sind. Ein drittes Jahrestäfelchen zählt folgende Ereignisse auf: Die Herstellung eines (den Totengott *Anubis* symbolisierenden) *Imiut*-Fetisches, eine Fahrt mit 2 Schiffen, den königlichen Aufenthalt im unterägyptischen *Neith*-Tempel, das Fangen und Erlegen eines Wüstentieres sowie die Anlieferung von Koniferenholz aus dem vermutlich vorderasiatischen Ort »Pesch«. Ein viertes Jahrestäfelchen nennt wiederum die Herstellung eines *Imiut*-Fetisches.

Im Königsfriedhof von Abydos (Plan 1) ließ *Aha* sein Grab zunächst wie die Gräber seiner Vorgänger *Iri-Hor*, *Ka* und *Narmer* in Form von zwei mit Ziegeln ausgemauerten, versenkten Kammern anlegen, wobei die südliche der beiden wie bislang für den Holzschrein mit der Bestattung bestimmt war. Dann allerdings änderte sich das Konzept und quer zu den ersten beiden wurde weiter westlich eine größere Kammer für den Holzschrein angelegt, die dann noch um zwei weitere Kammern zu einer neuen Dreikammergruppe erweitert wurde. Abgedeckt wurden die Kammern 50 cm unter dem Wüstenniveau mit Holzbalken, auf denen Schilfmatten lagen, die eine Schicht verputzter Ziegel trugen. Sehr wahrscheinlich war das ganze Ensemble oberirdisch mit einer Sandschüttung bedeckt. Das ältere Paar Kammern wurde für die Bestattung zweier Individuen genutzt. Östlich dieses Kammerpaars hob man insgesamt 35 Nebengräber aus. Die erhaltenen Skelette der dort Bestatteten deuten fast durchgehend auf ca. 25 Jahre alte Personen, so dass davon auszugehen ist, dass sie alle beim Begräbnis des Königs diesem ins Jenseits nachfolgen, d.h. ihr Leben lassen mussten. Außerdem fanden sich auch Knochen von insgesamt 7 jungen Löwen, die der König als Beute- oder Begleittiere ins Jenseits mitzunehmen gedachte.

Konzeptionell gehörten zu den abydenischen Königsgräbern auch die sogenannten Talbezirke, nahe dem Fruchtland gelegene, rechteckige, aus Ziegeln errichtete Strukturen. Die 5–11 m hohen Außenmauern der von Südosten nach Nordwesten orientierten Talbezirke wiesen eine einfache Nischengliederung auf, die nur entlang der Nordost-Mauer aufwendiger differenziert wurde. Innerhalb des ummauerten Bezirkes stand in der Ost-Ecke lediglich eine kleine Kapelle. Aus der Regierungszeit des *Aha* sind jüngst drei derartige Talbezirke ausgegraben worden, die alle von Einkammergräbern umgeben waren. Die beiden kleineren Bezirke im Nordwesten, *Aha* II und III, dürften für die in den älteren beiden querliegenden Kammern der Königsgrabanlage bestatteten Individuen bestimmt gewesen sein. Der mehr als doppelt so große Bezirk *Aha* I weist am nördlichen und südlichen Ende der aufwendig gegliederten Nordost-Mauer jeweils einen Eingang auf. Der nördliche wurde nach einmaliger Verwendung vermauert, der südliche wiederholt geöffnet und neu versiegelt. Er stand in Verbindung zur innenliegenden Kapelle und ermöglichte die dort mehrfach stattfindenden Kulthandlungen. Die Kapelle selbst war ebenfalls von Osten betretbar und wies in ihrer Nordwestecke einen Raum mit Spuren von Kulthandlungen auf, der über einen größeren Vorraum erreichbar war. Den Südwestbereich dieser Kapelle nimmt ein durchgehender unzugänglicher Raum ein. Die große Freifläche innerhalb des Talbezirkes dürfte postum aufgeführten Feierlichkeiten wie dem Sedfest-Ritual gedient haben, während der Bezirk als Ganzes durch seine Form auf die Institution »Palast« verwies, waren doch die in den umliegenden Einkammergräbern bestatteten Personen als Handwerker und Magazinverwalter augenscheinlich im ökonomischen Sektor der Residenz beschäftigt. Auch diese Individuen wurden anlässlich der Bestattung geopfert, um dem König ins Jenseits nachzufolgen. Anscheinend sind derartige Talbezirke vom jeweiligen Nachfolger vor Errichtung seines eigenen Bezirkes niedergelegt und so gleichfalls ins Jenseits transferiert worden.

In der älteren Literatur hielt man vielfach das in der Nekropole von Sakkara-Nord gelegene monumentale Ziegelgrab 3357 aufgrund der zahlreichen dort gefundenen Siegelabdrücke für das eigentliche Königsgrab des *Aha*. Diese Ansicht ist aufgrund der neueren Nachgrabungen in der Nekropole von Abydos nicht mehr haltbar, so dass in Grab 3357 ein Spitzenbeamter beigesetzt worden sein muss, der aber vermutlich auch der königlichen Familie angehörte. Der nischengegliederte Ziegeloberbau enthielt 27 als Magazine benutzte türlose Kammern, welche allein die Ka-Seele des Verstorbenen betreten sollte, um sich zu versorgen. Die eigentliche Bestattung erfolgte aber in einem von 5 mit Holzbalken überdachten unterirdischen Räumen. Zur Anlage gehörten das ziegelgemauerte Modell eines Landgutes mit Wirtschaftseinrichtungen sowie ein Schiffsgrab, das ein wohl fahrtüchtiges Boot enthielt. Boot wie Modell-Architektur sollten wohl die Versorgungsfähigkeit des Toten im Jenseits gewährleisten. Da es sich bei Grab 3357 um das bisher älteste datierte der Nekropole von Sakkara-Nord handelt, dürfte diese tatsächlich von *Aha* gegründet worden sein. Die Stadtgründung von Memphis selbst erfolgte aber sicher früher, spätestens unter *Narmer*, weil weitere potentiell memphitische Nekropolen (Abusir und Heluan auf der Ostseite des Nils) existieren, die zum Teil ältere Belegungen aufweisen. Die monumentalen Gräber von Sakkara-Nord waren jedoch Spitzenbeamten vorbehalten und wurden so angelegt, dass sie vom Fruchtland aus gut sichtbar waren.

Die oben erwähnte, weit im Süden Ägyptens gelegene, nischengegliederte Mastaba von Naqada ist heute weitgehend zerstört. Sie bestand aus einer Kernstruktur, die 5 hintereinander liegende Kammern umfasste. Die mittlere davon enthielt eine Grube und stellte die Sargkammer dar, lag also nicht vollständig unterirdisch wie in Sakkara üblich. Zwischen Kernbau und Außenfassade waren ringsum offenbar fundleere Kammern angelegt. Die nischengegliederte Außenfassade wies einen umlaufenden, geweißten Sockelfuß auf. Um den gesamten Bau verlief eine niedrige Umfassungsmauer. Trotz eines starken Brandes und vorheriger Beraubung haben ca. 900 Objekte dieses Grabes den Weg in die Museen gefunden, obwohl tönerne Gefäße schon von den damaligen Ausgräbern DE MORGAN (1897) und GARSTANG (1904) mehrheitlich zurückgelassen worden waren. Unter den Funden befinden sich Steingefäße von großer Formvarianz aus insgesamt 14 unterschiedlichen Materialien, darunter Bergkristall aus der Westwüste und Obsidian aus Äthiopien. Muscheln aus dem Mittelmeerraum und ein Käst-

chen aus afrikanischem Ebenholz deuten ebenso wie die Stein-
materialien auf die weitreichenden Handelskontakte zur Zeit
des *Aha* hin. Geborgen wurden ferner insgesamt 250 Verschlüs-
se mit Siegelabrollungen, Werkzeuge aus Silex, Perlen und Rin-
ge aus verschiedenen Materialien, eine Frauenfigurine aus Elfenbein sowie Spielsteine und -figuren des sogenannten Schlan-
genspiels. Da die hinteren beiden Kammern Fragmente von Möbeln wie beispielsweise Bettfüße aus Elfenbein enthielten,
wurden hier wohl die Objekte gelagert, die den Privatgemä-
chern eines Wohnhauses zuzuordnen sind.

Die Mehrheit der Forscher folgt auch heute noch der Theorie,
Aha sei mit dem sagenhaften *Menes* identisch. Diese Identifikation beruht im Wesentlichen auf einem Siegel, bei dem sich der
Horus-Name des *Narmer*, des Vorgängers von *Aha*, mit dem
Prinzennamen *Meni* abwechselt. Da nur Prinzen oder andere
königliche Verwandte den Königsnamen im Siegel führen durf-
ten und es sich bei *Aha* sehr wahrscheinlich um einen Sohn des
Narmer handelt, lag die Gleichsetzung nahe. Nun taucht *Menes*
in der Schreibung *Meni* sowohl in der Königsliste von Abydos
am Beginn der Vorfahrenreihe als auch im Turiner Königspapyrus auf, dort sogar vierfach: am Ende der vorzeitlichen Könige,
als erster regulärer König, in einer Summenangabe der Herrscher bis *Unas* und als erster Herrscher einer von der 1. bis zur
6. Dynastie reichenden Epoche. In der klassisch-griechischen
Überlieferung wird ihm die Einigung des Landes, die Erfin-
dung der Schrift, die Gründung der Hauptstadt Memphis und
die Einführung des *Apis*-Kultes zugeschrieben. Da sich zumindest die ersten drei Großtaten sicher früher datieren lassen,
handelt es sich bei dem sagenhaften *Menes* eher um eine Gestalt
der Tradition als um die konkrete historische Persönlichkeit des
Königs *Aha*. Möglicherweise wurden die genannten Taten auf
diesen projiziert, weil er in den herkömmlichen Annalen die
1. Dynastie eröffnete. Als ägyptischem Gründerheros war ihm
während der Ptolemäerzeit in den memphitischen Tempeln ein
Filialkult gewidmet. Weitere Berichte klassischer Autoren gehören aber wohl ins Reich der Legenden: So erzählt der Historiograph DIODOR, *Menes* sei in der Flußoase Faijum von seinen ei-

genen Jagdhunden angegriffen worden und habe sich diesen durch einen Sprung in den Moeris-See entzogen, um wunderbarerweise von einem Krokodil an das gegenüberliegende Ufer getragen zu werden. Dieses eindrückliche Erlebnis habe *Menes* zur Gründung einer Stadt und zur Weihung des Sees an den Krokodilgott bewogen. Frühere Forscher wollten die Gründung von Krokodil-Kulten im Faijum als historischen Kern der Legende ebenso wie den Bericht vom Tod des *Menes* durch ein Nilpferd auf *Ahas* Vorgänger *Narmer* beziehen.

Beim Namen *Meni* dürfte es sich um den in zeitgenössischen Quellen meist unterdrückten Eigennamen gehandelt haben. Alternativ schlug James P. ALLEN vor, in *Meni* eine Ableitung aus dem Stadtnamen *Men-nefer* für Memphis zu erkennen, die einfach »der Memphit« bedeutet habe. Früher hat man die erste belegte Schreibung der »beiden Herrinnen«, der Göttinnen *Wadjet* und *Nechbet*, in Kombination mit dem Zeichen für »*men*« auf dem zweiten der oben erwähnten Jahrestäfelchen als Beleg dafür gelten lassen, der Herrinnen-Name des *Aha* habe *Menes* gelautet. Allerdings gibt die Schreibung eher den Namen eines Heiligtums wieder, das »Bleibend (*men*) sind die beiden Herrinnen« geheißen haben könnte. Die schlangengestaltige Göttin *Wadjet* von Buto und die geiergestaltige Göttin *Nechbet* von el-Kab verkörpern die beiden Landeshälften Ägyptens und werden von der modernen Forschung oft als »Wappentiere« Unter- bzw. Oberägyptens bezeichnet.

Wenn *Aha* als historische Figur auch sicher nicht die Bedeutung hatte, welche die spätere Tradition *Menes* zuschrieb, so geht doch die markante Veränderung der Königsgrabarchitektur durch die Vervielfältigung von Kammern auf ihn zurück. Die Opferung (bzw. der Suizid) der in den Nebengräbern Bestatteten illustriert eindrücklich den totalen Machtanspruch des *Aha* über seine Gefolgsleute. Diese gegenüber früher ins Beispiellose gesteigerte absolute Verfügungsgewalt über Menschen sollte prinzipiell die gesamte 1. Dynastie hindurch beibehalten, danach aber in dieser Form nicht weiter aufrecht erhalten werden.

Literatur:

EMERY, *Ägypten* (1961) S. 44–53. WILDUNG, *Rolle* (1969) S. 4–21. P. KAPLONY, in: *LÄ I* (1975) Sp. 94–96. J.P. ALLEN, in: *GM 126* (1992), S. 19–22. J. KAHL, in: *Festschrift Krause* (1995) S. 168–176. SCHNEIDER, *Lexikon* (1996) S. 59–60, 233–234. WILKINSON, *Early Dynastic Egypt* (1999) S. 70–71. J. KAHL/E.-M. ENGEL, *Vergraben, verbrannt, verkannt und vergessen,* Münster 2001. ROTH, *Königsmütter* (2001) 31–35. JIMÉNEZ SERRANO, *Royal Festivals* (2002). DODSON/HILTON, *Royal Families* (2004) S. 44–49. G. DREYER, in: DREYER/POLZ, *100 Jahre in Ägypten* (2007) S. 193–196, 207. BESTOCK, *Development* (2008). O'CONNOR, *Abydos* (2011) S. 158–181. Th. C. HEAGY, in: Archéo-Nil 24 (2014), S. 59–92.

DJER

Titel	Name	Übersetzungsvorschlag
Horus	*Djer*	»Der Abwehrende«
	*Ni-Nebu**	»Der zum Goldenen gehörige«
	*Iti**	

Auf den nur kurzzeitig regierenden *Athotis* folgte *Horus Djer* als 3. König der 1. Dynastie. Die seinem Vorgänger zugewiesene, aus zwei Gruben bestehende Grabanlage wurde nur provisorisch fertiggestellt. *Djer* war ein Sohn des *Aha* von einer Nebenfrau namens *Chenut-Hap* »Sängerin des *Apis*« und selbst Vater seines Nachfolgers *Djet*, der ihm ebenfalls von einer Nebenfrau geboren wurde. Die zeitweilig für ihren unmündigen Sohn *Den* regierende Königin *Merit-Neith*, die wohl bedeutendste Frau der ägyptischen Frühzeit, war eine Tochter des *Djer*. Die in Grab 3507 in Sakkara-Nord bestattete *Hor-Neith* könnte eine Ehefrau des *Djer* gewesen sein. Als weitere Nebenfrauen des Herrschers kämen die in abydenischen Nebengräbern bestatteten *Nacht-Neith*, *Seschemet-ka* sowie die auf einem Elfenbeintäfelchen genannte *Pe-Nebui* in Betracht.

Seit *Djer* wird der *Horus*-Name in die kanonische, rechteckig verlängerte Form der Palastfassade eingeschrieben, die von ei-

---

* postum überlieferter Eigenname

nem sitzenden Falken bekrönt wird. Als klassisches Denkmal monumentalhieroglyphischer Schreibung dieser Namensform gilt die berühmte Stele seines Sohnes und Nachfolgers *Djet*. Das Kairener Fragment des Annalensteins nennt postum neben dem *Horus*-Namen eine titelartige Bezeichnung und einen weiteren Namen des *Djer*. Der in eine Kartusche geschriebene Name lautet *Iti* und wird von den meisten Ägyptologen als Eigenname des Königs angesehen, der auf offiziellen Denkmälern während der 1.–2. Dynastie nicht verwendet wird. Die dem Namen voranstehende *Ni-Nebu* zu lesende und mit »Der zum Goldenen gehörige« übersetzbare Bezeichnung bezieht sich inhaltlich wohl auf den goldglänzenden Himmelsgott und stellt eher einen Titel mit Erweiterung als einen selbständigen Namen dar. In späteren Zeiten wird das Bildungselement *Nebu* als selbständiger Titel »Der Goldene« im königlichen Namensprotokoll verwendet.

Für *Djer* werden über 50 Regierungsjahre veranschlagt. Insgesamt sind auf den Annalensteinfragmenten aus Palermo und Kairo 18 Jahreseinträge erhalten, die jeweils in der zweiten Reihe stehen. Die das 1. Jahr des *Djer* identifizierenden Zeremonien »Vereinigung der beiden Länder« und »Umzug um die Mauern« gehören zu den Thronbesteigungsriten. Ab dem Jahr 2 und von da an regelmäßig ist auf dem Stein das in zweijährigem Rhythmus stattfindende »*Horus*-Geleit«, die mit einem königlichen Umzug durch das Land verbundene zentrale Eintreibung von Steuern, vermerkt. Die meisten Jahre werden nach kultpolitischen Ereignissen oder regelmäßigen Festen benannt: Die Jahre 2, 20 und 26 sind offenbar mit Schiffsprozessionen verbunden. Das Gros der Jahres-Einträge machen Anfertigungen von Götterstatuen aus: so eine der Göttin *Seschat* im Jahre 6, eine des *Min* im Jahre 7, Götterstatuen des *Chontamenti* in den Jahren 8, 19 und 27 sowie Statuen für weitere Gottheiten in den Jahren 21, 24 und 25. Für die Jahre 5 und 22 wird die Gründung von Wirtschaftsanlagen namens »Semer-netjeru« vermeldet. Als einziges im heutigen Sinne politisches, namensgebendes Ereignis wird das »Schlagen der Asiaten« im Jahre 23 auf dem Kairener Annalensteinfragment vermerkt, womit eine militärische Expedition nach Vorderasien (Sinai oder Palästina) gemeint sein dürfte. Funde von Importkeramik dieser Region im Grab des *Djer* belegen die Wirtschaftskontakte Ägyptens zu den nordöstlichen Nachbarländern. Ein Felsbild vom südlichen Sinai mit der Darstellung des *Djer* nennt auch den Ortsnamen »Pesch«, der bereits unter König Aha im Zusammenhang mit Holzlieferungen belegt ist. Ergänzende Informationen aus *Djers* Regierungszeit liefern drei erhaltene Jahrestäfelchen: Das erste stammt aus Abydos und erwähnt einen königlichen Besuch in der heiligen Stadt Buto einschließlich der damit verbundenen Aufenthalte im »Kronenheiligtum« und im Heiligtum der beiden (Landes)-Göttinnen sowie die Ankunft von mit Holz beladenen Schiffen. Das 2. Jahrestäfelchen aus dem Grab des Beamten *Hemaka* in Sakkara-Nord erwähnt unter anderem die Herstellung und Darbringung von Kultgegenständen sowie die Anfertigung einer Stiergott-Standarte. Auf dem 3. Jahrestäfelchen wird die Gründung eines Palastes vermerkt. Eine früher dem *Djer* zugewiesene Felszeichnung, die offensichtlich eine Strafexpedition wiedergibt, datiert in prädynastische Zeit, ist also wesentlich älter. Schließlich zeigt eine dem *Djer* zugeschriebene Palette einen König in emblematischer Pose beim Erschlagen eines Libyers. Hierin den historischen Beleg für einen Libyenfeldzug *Djers* erkennen zu wollen, erscheint jedoch der unsicheren Zuschreibung wegen unangebracht.

Bei dem Grabkomplex des *Djer* handelt es sich um den größten seiner Art in Abydos (Plan 1). Er besteht aus einer rechteckigen, mit Ziegeln ausgekleideten zentralen Königsgrabanlage und über 300 Nebengräbern, die in mehreren Reihen allseitig um diese herum angelegt sind. Die eigentliche Grabkammer füllte einst ein hölzerner Schrein mit den Maßen 10,50 m x 8,60 m aus. An diesen stießen die Zungenmauern der umliegenden Vorratsräume. Spuren der Fußbodenauflager und der Rahmenhölzer des Schreines haben sich als Abdrücke im Boden erhalten.

Um die königliche Grabkammer gruppieren sich die Nebengräber in mehreren Reihen (z.T. Doppel- und Dreifachreihen) unterschiedlicher Länge. In der westlichen Nebengrabreihe ist bewusst eine Lücke gelassen worden, durch die sich der König als jenseitiger »Verklärter« auf den Weg ins westlich gelegene Wüstental, den Eingang zur Unterwelt, machen sollte. Die einzelnen im Verbund liegenden Nebengräber weisen verschiedene Größen auf – hier wurde offenbar der unterschiedlichen sozialen Stellung der bestatteten Personen Rechnung getragen. Viele Nebengräber enthalten noch Spuren von Särgen, für die manchmal die Schmalwände offenbar im letzten Moment eingerissen werden mussten. Da die Gesamtanlage nach erfolgter Bestattung zugeschüttet wurde, geht schon daraus hervor, dass die hier Bestatteten zeitgleich mit dem König beigesetzt wurden. Damit ergibt sich der Schluss, dass sie nicht alle gleichzeitig natürlich ums Leben gekommen sein konnten, sondern dem König in den Tod folgen mussten. Fast hundert Stelen mit Namen der bestatteten Individuen wurden im Bereich der Nebengräber gefunden – ein Großteil von ihnen nennt weibliche Namen, was aber auch ein Fundzufall sein kann. Sämtliche Nebengräber waren einst mit Rundhölzern eingedeckt, auf denen eine Schicht von Lehmziegeln lag. Im Füllschutt der Anlage fanden sich u.a. Füße und Zierplättchen von Möbeln, Rollsiegel aus Holz und Siegelabrollungen, darunter eine solche, die einen König beim Stemmen eines Nilpferds zeigt. Ein abgetrennter Arm einer weiblichen Mumie mit vier Armbändern aus Gold, Amethyst, Lapislazuli und Türkis war bereits von PETRIE im Bereich der zentralen Königskammer sichergestellt worden und stellt den bedeutendsten Rest der einst prächtigen Bestattungen dar. Vielleicht ist er erst sekundär bei der Beraubung dorthin gelangt, anderenfalls müssten auch sehr nahe Familienmitglieder in der Grabkammer des Königs bestattet gewesen sein.

Der Talbezirk des *Djer*, von dem zunächst keine Außenmauern ergraben worden waren, zeichnete sich aufgrund der ihn an allen vier Seiten umgebenden Nebengrabreihen im Gelände ab. Erst in den 1980er Jahren sicherten Grabungssondagen die Nord-Ecke des Bezirkes mit dem Durchgang am nördlichen Ende der Nordwest-Mauer, die Ost-Ecke mit einem von außen wie innen begehbaren Durchgangsraum am östlichen Ende der Nordost-Mauer sowie Reste der Südwest-Mauer. Die 2,6 m breite vielleicht 8–9 m hohe Außenmauer des Bezirks wies außen verputzte Nischen und einen umlaufenden niedrigen Absatz am Fuß auf. Wie beim Talbezirk *Aha* I war nur die Nordost-Mauer mit einer komplexeren Nischenabfolge versehen. Während der Nordeingang noch in der Frühzeit wieder verschlossen worden war und vielleicht nur ein einziges Mal (beim Begräbnis?) als Zugang diente, wurde der Osteingang mehrfach für regelmäßig stattfindende Riten geöffnet. In der Reihe der Nebengräber wurden Lücken für die Zugänge freigehalten, wobei beiderseits der Lücke in der Ost-Reihe die prominentesten Gefolgsleute in größeren Kammern begraben lagen. Insgesamt entstammen die zeitgleich in die Nebengräber eingebrachten Gefolgsleute den erhaltenen Beigaben nach dem administrativ-handwerklichen Bereich. Dies deutet darauf hin, dass eine Funktion der Talbezirke in der (jenseitigen) Sicherung der materiellen Versorgung des Verstorbenen lag. Der zwischen Mauerabsatz und Nebengräbern verlaufende Fußboden war ebenfalls verputzt und diente möglicherweise als Prozessionsstraße für Riten des königlichen Totenkultes. Dass die Mauern insgesamt nur noch so niedrig anstanden, wird neuerdings mit einem intentionellen Abriss eines damaligen Talbezirkes frühestens vor Errichtung desjenigen seines Nachfolgers erklärt.

Als nördliches Königsgrab des *Djer* wurde früher das nischengegliederte Ziegelgrab 3471 in Sakkara-Nord angesehen. Es weist in den Erdboden getiefte 7 zentrale Kammern auf, deren mittlere am größten und tiefsten ist und die Bestattung enthielt. Im Grab fanden sich noch zahlreiche Grabbeigaben, unter anderem Werkzeuge, Waffen und Metallgefäße, welche die Grabräuber wohl übersehen hatten.

Grab 3507, ein weiteres Ziegelgrab in Sakkara-Nord, barg die Bestattung der mutmaßlichen Königin und Ehefrau des *Djer* namens *Hor-Neith*. Aus diesem Grab hat sich das Fragment eines Kalksteinsturzes erhalten, den ein Fries liegender Löwen ziert. Dieser Fries stellt das früheste erhaltene Beispiel ägyptischer Reliefdekoration an einem Gebäude dar und ist daher kunstgeschichtlich von herausragender Bedeutung.

Die Massenbestattung von ca. 300 Gefolgsleuten des *Djer* markiert nicht nur für die Frühzeit den absoluten Höhepunkt der offenbar uneingeschränkten Verfügungsgewalt eines ägyptischen Königs über die von ihm beherrschten Menschen. Unter seinen Nachfolgern gingen die Nebenbestattungen von Personen, die dem König in den Tod folgten, sukzessive zurück. Der frühgeschichtliche Königsfriedhof von Abydos blieb für die Dauer der ägyptischen Geschichte ein zentraler Ort mythisch-historischen Selbstverständnisses: Nachgrabungen traditionsbewusster Herrscher des Mittleren Reiches identifizierten das Grab des *Djer* als dasjenige des Gottes *Osiris*. Damit wurde es zu einem zentralen Anlaufpunkt der alljährlich stattfindenden Osiris-Feiern und blieb es bis weit in die Spätantike hinein.

Literatur:

EMERY, *Ägypten* (1961) S. 53–58. P. KAPLONY, in: *LÄ I* (1975) Sp. 1109–1111. G. DREYER, in: *MDAIK* 37 (1981) S. 123–124. D. O'CONNOR, in: *JARCE* 26 (1989) S. 61–81. SCHNEIDER, *Lexikon* (1996) S. 174–175. WILKINSON, *Early Dynastic Egypt* (1999) S. 71–73. ROTH, *Königsmütter* (2001) S. 377–379. JIMÉNEZ SERRANO, *Royal Festivals* (2002). DODSON/HILTON, *Royal Families* (2004) S. 44–49. M. OHSHIRO, in: *GM* 221 (2009) S. 57–64. BESTOCK, in: *Festschrift O'Connor* (2007), S. 99–107. G. DREYER, in: *Sokar* 21 (2010) S. 6–9. O'CONNOR, *Abydos* (2011) S. 158–181. G. DREYER, in: *Sokar* 24 (2012) S. 6–11. P. TALLET/D. LAISNEY, in: *BIFAO* 112 (2012) S. 381–398.

DEN

Titel	Name	Übersetzungsvorschlag
Horus	*Den*	»Der (die Flügel) spreizende«
König von Ober- und Unterägypten	*Chasti*	»Der der beiden Wüstengebiete«
	Sedj-nebu	»Der Eröffner des Gold(land)es« (?)
	Sepati*/Usaphais*	

---

* postum überlieferter Eigenname

Als fünfter König der 1. Dynastie folgte *Den* seinem mutmaßlichen Vater *Djet* auf den ägyptischen Thron. *Dens* Mutter *Merit-Neith*, die Tochter des langlebigen Königs *Djer*, war vermutlich die Hauptgemahlin des *Djet*. Drei Gemahlinnen des *Den* sind von Stelen aus Nebengräbern seines Grabkomplexes her bekannt: *Semat*, *Bati-ires* und eine weitere, namentlich nicht mehr identifizierbare Frau.

Seit *Den* taucht im königlichen Namensprotokoll der Thron-Name auf, dem der meist als »König von Ober- und Unterägypten« wiedergegebene Titel voranstehen kann. *Dens* Thronname *Chasti*, »Der der beiden Wüstengebiete«, verweist möglicherweise auf die libysche und arabische Wüste, die Ägypten im Osten und Westen begrenzen. Er wird mit dem zweifach gesetzten Zeichen für »Fremdland/Gebirge« geschrieben, die später zu den zweifach gesetzten Zeichen für »Gau/Bezirk« mit der Lesung *Sepati* verschrieben wurden. Unter diesem Namen wird *Den* in der Königsliste von Abydos geführt. Wahrscheinlich ist *Den* mit dem *Usaphais* des griechisch schreibenden Historiographen Manetho gleichzusetzen. Dieser *Usaphais* soll 20 Jahre regiert haben.

Allerdings ist die genaue Regierungsdauer des *Den* derzeit noch unbekannt, vermutet werden ca. 40 Jahre. Zunächst regierte die Königswitwe *Merit-Neith* stellvertretend für ihren noch unmündigen Sohn, in dessen Grab sich zwei Stelen mit ihrem Namen fanden.

Auf dem Annalensteinfragment von Palermo finden sich in der dritten, dem *Den* gewidmeten Reihe verschiedene, das jeweilige Jahr identifizierende Ereignisse aufgeführt. Diese Informationen werden durch Darstellungen und Inschriften auf diversen Elfenbeintäfelchen ergänzt. Es dominieren die kultpolitischen Maßnahmen des Königs sowie regelmäßig begangene Feste bei weitem: die Errichtung eines Heiligtums für den Gott *Heka*, die Feier des Sed-Festes, eine (rituell bedeutsame) Vogeljagd im Delta, die 2. Feier eines Festes der Göttin *Wadjet* (?), die Errichtung des Bezirks »Sitze der Götter« sowie weitere dort stattfindende Zeremonien, die Errichtung eines Heiligtums für den Gott *Herischef* von Herakleopolis, ein Besuch beim »großen Weißen« (= königlicher Ahn in Paviangestalt), das Anfertigen eines *Imiut*-Fetisches, das Fest »Erscheinen des Königs von Unterägypten« und der rituelle Lauf des *Apis*-Stieres sowie das Anfertigen von Statuen der Göttinnen *Seschat* und *Mafdet*. Als politische Ereignisse genannt, werden mehrere Siege über Beduinenstämme, das heißt in den wirtschaftlich interessanten Randgebieten Ägyptens, vielleicht sogar in Vorderasien. Ein Elfenbeintäfelchen zeigt den König beim Niederschlagen eines Häuptlings. Der König trägt hier erstmals ein Chat genanntes, beutelartiges Kopftuch und seine Stirn wird hier erstmals von einer aufgerichteten Uräus-Schlange geziert, die fortan als Verkörperung der den König schützenden Macht ein zentrales königliches Attribut bleiben sollte. Die entsprechende Beischrift lautet:»erster Schlag gegen den Osten«. Ziel des Feldzugs dürften im Sinai ansässige Stämme gewesen sein, deren Disziplinierung für die sichere Ausbeutung der Kupferminen notwendig war. Jüngst entdeckte Felsbilder- und Inschriften des *Den* auf dem Sinai bestätigen die Anwesenheit der königlichen Expeditionstruppen vor Ort.

Das auf dem Annalenstein genannte Sed-Fest erscheint auch noch auf einem weiteren Jahrestäfelchen und einem Tonsiegel. Den mit diesem Fest verbundenen Kultlauf gibt ein mit dem Namen des Sieglers *Hemaka* versehenes Jahrestäfelchen aus Holz wieder. Unter den neueren Funden, die bei der Nachuntersuchung des Grabkomplexes von *Den* gemacht wurden, ragt eine Siegelabrollung heraus, die – bis auf den ephemeren *Athoti* – sämtliche Könige von *Narmer* (o. Dynastie) bis *Den* in korrekter Reihenfolge aufführt. Auch zahlreiche Fragmente von Jahrestäfelchen, die meist als Etiketten an Beigabenbehälter gebunden waren, sind bei Nachgrabungen im Grabungsschutt der umliegenden Halden aufgetaucht. Das wichtigste Fundstück ist die ausgebroche Mittelpartie eines Jahrestäfelchens mit der Darstellung eines Festes, das den König sowohl thronend als auch beim Fang von Fischen und Vögeln wiedergibt (und eventuell mit der Vogeljagd auf dem Annalenstein zu verbinden ist). Auf die Jahresangabe folgt der *Horus*-Name *Den,* der Name des siegelführenden Beamten *Hemaka* und die Bezeichnung der Lieferinstitution »Ölmühle des königlichen Haushaltes«. Kleinere Fragmente zeigen den König beim Speeren eines Nilpferdes oder beim

Fang eines Wildstieres, zwei rituell wichtigen Jagdhandlungen. Ein Fragment trägt den *Horus*-Namen des *Den*, zwei weitere nennen hingegen seinen Thronnamen und zeigen den heiligen Bezirk von Buto als Teil der Jahresbezeichnung. Eines davon gibt den Verwalter der Fleischabgaben als Siegelberechtigten an. Ein später gefundenes Täfelchen führt als namensgebende Ereignisse des Jahres die Ausfahrt der Göttin *Reput* auf einem See, das Speeren des Wildstiers im Hain von Buto sowie die Abwehr eines Feindes an. Als siegelnder Verantwortlicher ist der Verwalter der Fleischabgaben des hier mit seinem Thronnamen »Der der beiden Wüstengebiete« identifizierten Königs *Den* genannt. Ein weiteres Täfelchen mit Thronnamen, diesmal von einer Öllieferung, führt das Erobern der Festung »Schönes Tor«, das Schlagen der *Sen*-Leute sowie das Holen des *Sem*-Priesters und des *Chenti*-Schlittens als Jahresereignisse auf. Auf einem Kalksteingefäß erwähnt eine Inschrift ein zweites Sed-Fest des *Den* und jüngst in Abydos gefundene Siegelabdrücke zeigen zweifach den König mit Doppelkrone im Sedfestmantel. Beide Belege machen eine deutlich über dreißigjährige Regierungsdauer des *Den* wahrscheinlich. Auch für den rituellen Apis-Lauf und die Verehrung der Göttin *Mafdet* existieren mit einem Siegel aus Sakkara sowie einem Alabastergefäß aus Abydos den Stein von Palermo ergänzende Belege.

Mit Haarbeutel, langem Stab und Birnenkeule wird der durch seinen Thronnamen *Chasti* identifizierte König auf einem fragmentarisch erhaltenen Elfenbeintäfelchen dargestellt. Der hier ebenso wie auf dem Täfelchen mit der Beischrift »erster Schlag gegen den Osten« erstmals belegte Haarbeutel sowie die als neues königliches Attribut auftauchende Uräus-Schlange stellen Innovationen dar, die im Verein mit dem neu eingeführten Thronnamen auf eine Vertiefung und Präzisierung der Königsideologie unter *Den* hinzudeuten scheinen. Auf gleich zwei Elfenbeintäfelchen ist *Den* mit der Doppelkrone, einer Kombination der Roten Krone Unterägyptens und der Weißen Krone Oberägyptens zu sehen. Da ein Beleg für die Doppelkrone unter seinem Vorgänger *Djet* unsicher bleibt, könnte diese Neuerung ebenfalls auf *Den* zurückgehen, was gut zum neu eingeführten Namen »König- von Ober- und Unterägypten« passen würde.

Die auf den Jahrestäfelchen erwähnten Kampagnen nach Vorderasien werden durch archäologische Befunde im südpalästinensischen En-Besor bestätigt: Die Nutzung dort entdeckter Gebäude aus der 1. Dynastie kann durch Siegel und Siegelabdrücke für die Regierungszeit des *Den* als gesichert betrachtet werden. Möglicherweise geht die Gründung des Stützpunktes von En-Besor aber schon auf die frühe 1. Dynastie zurück. Einen intensiven Austausch mit Vorderasien belegen auch die aus unterschiedlichen Kontexten in Ägypten stammenden syro-palästinensischen Import-Gefäße, von denen sich allein 76 intakt erhalten haben.

Das Grab des *Den* in Abydos birgt die mit 8,9 m x 15,2 m Grundfläche größte Königskammer der 1. Dynastie (Plan 1). Sie stellt den architektonischen Höhepunkt dieser Zeit dar und verfügt erstmals über eine Zugangstreppe. Diese bedeutet eine zentrale Innovation, weil sie, sobald das Grab eingedeckt und noch bevor der Oberbau errichtet war, seine Beschickung mit Beigaben gewährleistete und somit eine erhebliche Flexibilisierung des Zeitplans der königlichen Bestattung ermöglichte. Den Treppenzugang verschloss eine Falltür, die wohl einen vorher geplanten Fallstein ersetzte. Sie öffnete sich in eine breite Zugangsnische, die ihrerseits von einer Flügeltür verschlossen wurde. Die Königskammer selbst war mit Matten ausgekleidet, die von einem Holzrost gehalten wurden. Ihr Boden war mit roten und schwarzen Granitplatten ausgelegt, auf denen eine verputzte Ziegelschicht auflag. Im Putz haben sich partiell Abdrücke des 24 Ellen x 12 Ellen großen Schreins erhalten, der den königlichen Leichnam barg. Dieser Schrein war oben mit durchlaufenden Balken in den einander gegenüberliegenden Wänden der Kammer verankert und allseits mit einer umlaufenden Reihe von Pfosten versehen, die ihrerseits gegen den Holzrost der Kammerwände mit Fixierbalken befestigt waren. Die eigentliche Kammer war mit Rundbalken eingedeckt, auf denen eine mit Matten abgedeckte Ziegelschicht lag. Die Oberkante der Decke lag noch unter dem Wüstenniveau. Im Südwesten der Königskammer war eine Statuenkammer angebaut, in der die Fundamentplatte für eine Statue entdeckt wurde. Überreste der Statue – ein hölzernes Gesicht und Teile der Haartracht – haben sich ebenfalls erhalten. Die Statue verfügte über einen separaten Treppenausgang, so dass sie ideell als Verkörperung des verstorbenen Königs das Grab verlassen und durch eine Lücke zwischen den umliegenden Nebengräbern zur Mündung des Wüstentals im Westen, dem mythischen Eingang zur Unterwelt, gelangen konnte. Von den wohl ursprünglich zwei Stelen mit Namen des Königs haben sich nur Reste einer Stele erhalten. Die reichen Beigaben aus der Königskammer fielen einem Feuersturm von über 1000° zum Opfer, der historisch meist mit den Wirren der 1. Zwischenzeit in Verbindung gebracht wird. Ein goldener Ring aus dem Inventar der Königskammer, der aus dem Schutt der Grabanlage stammt, vermag einen Hinweis auf die frühere Pracht zu geben.

Das Königsgrab war allseits mit Reihen von Nebengräbern umgeben, die an der Nordostecke im Verbund gemauert waren, während in der Südwestecke ein Durchlass für den Weg ins Wadi frei gelassen wurde. In den Kammern fanden sich Abdrücke und Bodenbretter von Holzsärgen, gelegentlich auch Skelettreste. Zu jedem der Nebengräber gehörte eine Stele mit dem Namen des Bestatteten, bei dem es sich um einen männlichen Gefolgsmann, eine Hofdame oder gar um einen Hund des Königs handeln konnte. Die umliegenden Halden bargen Fundgut, darunter die erwähnten Fragmente von Jahrestäfelchen. Weisen diese Brandspuren auf, dürften sie zum Inventar des *Den* gehört haben.

Grab 3035 in Sakkara-Nord wird aufgrund der dort gefundenen Siegel und Etiketten mit Recht dem »Siegler des (*Bit*)-Königs« *Hemaka* zugewiesen. Es verfügt über drei in den Fels geschlagene Kammern, deren größte, die Sargkammer, den unteren Abschluss eines ebenso breiten Schachtes bildete und auch über einen Treppenzugang mit Fallsteinen zugänglich war. Der nischengegliederte Ziegeloberbau umfasste 45 Kammern. Diese waren bei der Auffindung zum Teil noch nicht geplündert und bargen den bislang umfangreichsten Fund an frühgeschichtlichen Objekten. Darunter befand sich eine runde Scheibe aus Stein mit eingelegten Tierfiguren: Dargestellt sind zwei Hunde bei der Jagd auf zwei Antilopen, von denen die eine schon ereilt wurde. Auch der bislang älteste Papyrus Ägyptens konnte, aufbewahrt in einer runden Box aus Holz, im Grab des *Hemaka* geborgen werden. Raffinierte Steingefäße, die wie steinerne Pflanzen gestaltet waren, fanden sich nicht nur unter den Grabbeigaben des *Hemaka*, sondern auch im Grabinventar anderer Privatleute und nicht zuletzt dem des Königs. Sie illustrieren den hohen, unter *Den* erreichten Stand der Steinbearbeitung.

Mit Grab 3506 eines hohen, in Sakkara-Nord bestatteten Würdenträgers liegt ein weiteres illustratives Beispiel für die unterägyptische Übernahme architektonischer Elemente aus dem maßgeblichen Königsgrab von Abydos vor: So verfügt dieses Grab über einen Treppenzugang sowie eine versenkte Grabkammer mit Holzeinbauten und verstecktem Tumulus. Anders als in Abydos führt hier die Treppe aber von Osten in die Grabkammer und die Architektur des Oberbaus weist die für Sakkara typische Nischengliederung auf. Vermutlich der bereits sehr dichten Belegung von Sakkara-Nord wegen wurde im nördlich von Giza gelegenen Abu Roasch ein neuer Elitefriedhof angelegt. Weitere Gräber aus der Zeit des *Den* hat man in Heluan und Abusir aufgedeckt. Insgesamt datieren über 30 Gräber sicher in die Regierungszeit dieses Königs, womit die weitaus meisten Beamtengräber der Epoche der 1. und 2. Dynastie aus der Regierungszeit des *Den* stammen.

In den Fundlegenden zweier wichtiger medizinischer Papyri mit Diagnosen und Anweisungen ist davon die Rede, ihre Vorlagen seien unter den Füßen einer Statue des Gottes Anubis in der Stadt Letopolis zur Zeit des Königs *Sepati*, also des *Den* mit dem Thronnamen *Chasti*, gefunden worden. Tatsächlich wurden die Papyri im Neuen Reich kopiert und gehen auf eine Vorlage zurück, die spätestens im Mittleren Reich zusammengestellt wurde. Die Fundlegende dürfte keinen echten historischen Aussagewert besitzen, sondern soll wohl nur signalisieren, dass die Vorlage der medizinischen Sammelwerke uralt sei. Auch die Nachschriften zweier Sprüche des ägyptischen Totenbuches geben eine Fundlegende wieder, in der behauptet wird, die Papyri mit den Urfassungen der Sprüche seien im Fundament des *Sokar*-Tempels (zu Memphis?) zur Zeit des Königs *Sepati* aufgetaucht. Aus beiden Überlieferungen geht aber zumindest klar hervor, dass König *Den* noch in späteren Zeiten einen hohen Bekanntheitsgrad genoss.

Mit den erhaltenen Jahresangaben auf dem Annalenstein von Palermo sowie den zahlreichen vollständig und fragmentarisch erhaltenen Jahrestäfelchen darf *Den* als der am besten bezeugte König der ägyptischen Frühzeit gelten. Indirekt lassen die zahlreichen aufwendigen Privatgräber, die handwerkliche Qualität der erhaltenen Beigaben und die zahlreichen Hinweise auf intensive Handelskontakte mit Vorderasien auf eine allgemeine Steigerung des Wohlstandes während der Regierungszeit des *Den* schließen. Die architektonische Innovation einer Zugangstreppe für die im Boden versenkte Königsgrabkammer wurde von den Privatleuten bei der Anlage ihrer eigenen Gräber auf breiter Front aufgegriffen und setzte sich allgemein durch. Schließlich zeigt die Neueinführung des Thronnamen eine Wandlung des königlichen Selbstverständnisses an, die für die Zukunft Bestand haben sollte.

Literatur:

EMERY, *Ägypten* (1961) S. 83–90. WILDUNG, *Rolle* (1969) S. 21–31. P. KAPLONY, in: *LÄ I* (1975) Sp. 1071–1072. P. BEHRENS, in: *LÄ II* (1977) Sp. 1115–1116. A. R. SCHULMAN, in: *JSSEA* 13 (1983) S. 249–251. SCHNEIDER, *Lexikon* (1996) S. 165–166. G. DREYER/V. MÜLLER, in: *MDAIK* 54 (1998) S. 141–164. WILKINSON, *Early Dynastic Egypt* (1999) S. 74–78. G. DREYER/V. MÜLLER, in: *MDAIK* 56 (2000) S. 97–118. ROTH, *Königsmütter* (2001) S. 383–383. JIMÉNEZ SERRANO, *Royal Festivals* (2002). DODSON/HILTON, *Royal Families* (2004) S. 44–49. G. DREYER, in: DREYER/POLZ, *100 Jahre in Ägypten* (2007) S. 197–210. H. ALTERNMÜLLER in: *Festschrift Dreyer* (2008) S. 5–6. P. TALLET, in: *Archéo-Nil* 20 (2010) S. 97–105. G. DREYER, in: *Festschrift Josephson* (2010) S. 73–78. O'CONNOR, *Abydos* (2011) S. 158–181. MARTIN, *Umm el-Qaab VII* (2011) 100–101, Nr. 129, Tafel 35. V. MÜLLER, in: *MDAIK* 67 (2011) S. 62–72.

QA-A

Titel	Name	Übersetzungsvorschlag
Horus	Qa-a	»Der mit erhobenem Arm«
	Qebeh*	
König von Ober- und Unterägypten	Qa-a-Nebti	»Der mit erhobenem Arm der beiden Herrinnen«
	Sen-Nebti	»Den die beiden Herrinnen küssen«
	Sehetep-Nebti	»Der die beiden Herrinnen zufriedenstellt«
	Bienches*	

Noch immer ist unklar, ob es sich bei *Adjib* oder bei *Semerchet* um den Vater des *Qa-a* handelt, welcher als letzter König der 1. Dynastie auf diese beiden folgte. Auch die Länge seiner Regierungszeit ist unbekannt: Das Kairener Fragment des Annalensteins belegt nur die Antrittsjahre des Königs. Auf dem Fragment einer Schiefer-Schale ist sein 2. Sed-Fest inschriftlich erwähnt, was eine Regierungslänge von über 30 Jahren implizieren würde. Im Geschichtswerk des MANETHO wird *Qa-a* als *Bienches* geführt und soll 26 Jahre regiert haben.

Bei *Qa-a* ist der Thron-Name, dem der Titel »König von Ober- und Unterägypten« vorausgeht, standardmäßig mit dem Namensbestandteil »die beiden Herrinnen« versehen. Diese Titel- und Namenkombination, aus der sich der spätere »Herrinnen-Name« entwickeln sollte, war bereits unter seinem Vorgänger *Semerchet* eingeführt worden. In den Königslisten von Abydos und Sakkara wird *Qa-a* unter dem Namen *Qebeh* geführt, bei dem es sich um eine Verlesung des *Horus*-Namens handeln dürfte. Unter diesem verschriebenen Namen folgt *Qa-a* auf *Miebis*, in dem sein Vorvorgänger *Adjib* erkannt wird.

Siegel und Siegelabrollungen des *Qa-a* fanden sich in den Nekropolen von Abydos, Sakkara, Abusir und Heluan. Historisch

---

* postum überlieferter Eigenname

am bedeutsamsten ist das in seinem Königsgrab in Abydos gefundene Nekropolensiegel, das sämtliche Herrscher der 1. Dynastie in umgekehrter Reihenfolge aufführt: *Qa-a, Semerchet,
Adjib, Den, Djet, Aha* und *Narmer.* Anders als beim Nekropolensiegel des *Den* ist die zeitweilig für ihren Sohn regierende Königin *Merit-Neith* bewusst weggelassen. Historisch sind ferner die
ebenfalls im Königsgrab des *Qa-a* gefundenen Siegelabrollungen des *Hetepsechemui* von allergrößtem Interesse, da sie beweisen, dass es der 1. Herrscher der 2. Dynastie gewesen ist, der die
Bestattung seines Vorgängers durchgeführt hat.

Zahlreiche im Grab gefundene Jahrestäfelchen des *Qa-a* tragen einen Vermerk über die Lieferung von Öl. Das ausführlichste dieser Täfelchen mit Öllieferungsvermerk charakterisiert das
Lieferjahr folgendermaßen: »6. Mal (der Zählung), Aussuchen
und Herholen von Akazienholz durch die beiden Zimmerleute
des unterägyptischen Königs, Holen von *Hem*-Holz und Koniferenholz ...«. Wie üblich werden anschließend die Namen des
Königs, darunter der nur hier belegte Name *Sehetep-Nebti*, sowie
der verantwortliche Beamte, in diesem Fall *Merhu-apedu*, aufgeführt. Weitere Täfelchen nennen beispielsweise den 2. Apis-
Lauf, das *Horus*-Geleit, die Gründung der Götterfestung »Kau-
netjeru« oder die 3. Begehung des Sokar-Festes als kennzeich-
nende Ereignisse des Lieferjahres: bis auf die als »*Horus*-Geleit«
bezeichnete zentrale Eintreibung von Steuern handelt es sich
bei den namengebenden Jahresereignissen also um regelmäßig
gefeierte Feste oder kultpolitische Maßnahmen wie die Gründung einer sogenannten Götterfestung. Inschriften auf zwei im
Grab des *Qa-a* gefundenen Kupferschalen nennen den Palast
von Memphis und das Krugmagazin des Palastes von Buto.
Felsinschriften in der Umgebung von el-Kab, eine im Wadi
Helal und eine weitere nahe des Dorfes Naga el-Oqbiya, geben
den Serech des *Qa-a* vor der dort beheimateten oberägyptischen
Landesgöttin *Nechbet* wieder und deuten vielleicht auf Expeditionen zwecks Steingewinnung in die Ostwüste hin. Syro-pa-
lästinensische Importkeramik aus Gräbern in Sakkara belegen
kontinuierliche Handelskontakte zwischen Ägypten und Vorderasien. Auf einem Brettspiel aus Elfenbein, das im Grab des
Qa-a gefunden wurde, ist ein gefesselter Asiat abgebildet, was

zwar keine Militärkampagne unter *Qa-a* belegt, aber auf die generell propagierte Überlegenheit Ägyptens über seine Nachbarn verweist.

Am Grab des *Qa-a* in Abydos lassen sich 8 zeitgenössische Bauphasen nachweisen (Plan 1): Anfangs bestand es nur aus der zentralen Königskammer von ca. 5 m x 10 m und dem Kammerpaar beiderseits des Treppenaufgangs, der als Zugang zur Königskammer diente. In den nächsten Bauphasen wurden rund um die Königskammer und beiderseits der Treppe weitere Raumfolgen und Nebenkammern angelegt. Die Königskammer war mit langen, teils leicht gekrümmten Balken gedeckt. Auf ihren bis zu 2,30 m starken Wänden saß eine schmalere, nach innen geneigte Mauer auf, die wohl als Einfassung für einen Tumulus aus Sand diente. Von einer Holzkonstruktion an den Innenwänden, die ein Mattengeflecht hielt, fanden sich Reste vor der Nordwand. Ein riesiger Holzschrein enthielt die königliche Bestattung. Sein hölzerner Boden lag über einer Lage von Balken, die sich erhalten hat. Eine der beiden ehemals vorhandenen Grabstelen wurde aus Trümmern neu zusammengesetzt und wird im Museum der University of Pennsylvania aufbewahrt.

Bei Grab 3505 des *Merka* in Sakkara-Nord, dem wichtigsten Privatgrab aus der Regierungszeit des *Qa-a*, handelt es sich um einen nischengegliederten Kernbau, den eine doppelte Einfassung umgibt. Die innere Einfassung ist im Norden zu einem tempelartig gestalteten Kulttrakt erweitert worden. Der Fund eines Sockels mit dem abgebrochenen Paar Füße einer Holzstatue zeigt bereits die Praxis des Statuenkultes an und ist kunsthistorisch wie religionsgeschichtlich deshalb bedeutsam, weil es sich um den bislang frühesten Beleg einer privaten Grabstatue handelt. Eine Treppe, die von zwei Nebenräumen flankiert ist, erschließt die in den Fels geschlagene unterirdische Sargkammer. Die Nischen des Kernbaus wiesen noch Reste von Malereien mit Ornamenten auf, die Wandbehänge aus Stoff oder Pflanzenmaterial imitieren. Ganz in der Nähe des ihm zugewiesenen Grabes fand sich die mit einer aufwendig geschriebenen Titulatur versehene Stele des *Merka*, die wohl in einer der östlichen Nischen saß, die als Kultnische fungierte. Hier und in weiteren Beamtengräbern von Sakkara-Nord gehörten Importgefäße aus dem syro-palästinensischen Raum zum Grabinventar. Architekturhistorisch weist der tempelartig gestaltete Kulttrakt im Grab des *Merka* auf Entwicklungen des Alten Reiches voraus, während die glatte Fassade der Einfassung in der 2. Dynastie adaptiert wurde. Anhand der gut erhaltenen Bemalung des Kernbaus mit geometrischen Mustern lässt sich die sogenannte Palastfassadendekoration rekonstruieren. Diese kennzeichnet bis in die spätesten Phasen der ägyptischen Kunst hinein kultisch hervorgehobene Wandflächen.

Bedeutsam ist der neuere Fund des Nekropolensiegels von *Qa-a* mit – bis auf den ephemeren *Athoti* – sämtlichen Königen seit *Narmer* und die Tatsache, dass der Übergang von der 1. zur 2. Dynastie bruchlos erfolgt sein dürfte, weil sein Nachfolger *Hetepsechemui* für die Einbringung des letzen Beigabenkonvolutes des *Qa-a* und damit auch die Bestattung selbst verantwortlich siegelte. Auch die Nebenbestattungen von Höflingen, die dem König in den Tod folgten, scheinen unter *Qa-a* markant zurückgegangen zu sein, werden diese doch auf höchstens noch 20 geschätzt. Architektonische Innovationen im Privatgrabbereich führen bereits an entsprechende Entwicklungen der kommenden 2. Dynastie heran.

Literatur:

EMERY, *Ägypten* (1961) S. 96–100. WILDUNG, *Rolle* (1969) S. 32–35. J. v. BECKERATH, in: *LÄ* V (1984) Sp. 25–26. G. DREYER/E.-M. ENGEL/A. VON DEN DRIESCH/J. PETERS, in: *MDAIK* 52 (1996) S. 57–81. SCHNEIDER, *Lexikon* (1996) S. 350. E.-M. ENGEL, *Das Grab des Qa'a in Umm el-Qa'ab, Architektur und Inventar,* Diss. Göttingen 1997. WILKINSON, *Early Dynastic Egypt* (1999) S. 80–81. G. DREYER, in: DREYER/POLZ, *100 Jahre in Ägypten* (2007) S. 197–210.

HETEPSECHEMUI

Titel	Name	Übersetzungsvorschlag
Horus	*Hetep-Sechemui*	»Der die beiden Mächte befriedet«
König von Ober- und Unterägypten	*Hetep-Nebti*	»Der die beiden Herrinnen befriedet«
	*Bedjau ?/Boethos**	

Der erste König der 2. Dynastie trug den *Horus*-Namen *Hetepsechemui*. Da dieser Name übersetzt »Der die beiden Mächte befriedet« bedeutet, postulierte man in der Forschung lange Zeit innere Konflikte, die seiner Thronbesteigung vorausgegangen seien. Deren Beseitigung habe *Hetepsechemui* bei Herrschaftsantritt dann durch seinen angenommenen *Horus*-Namen programmatisch angezeigt. Allerdings zeigten in den 1990er Jahren archäologische Untersuchungen im Grab seines Vorgängers *Qa-a* aus der 1. Dynastie, dass *Hetepsechemui* dieses nach den letzten Lieferungen ordnungsgemäß versiegelte und mithin nicht von Thronwirren auszugehen ist. Entscheidend für den mit *Hetepsechemui* verbundenen Dynastiewechsel in der ägyptischen Überlieferung dürfte die mit der erstmaligen Verlegung seines Königsgrabes nach Sakkara erfolgte Gründung einer unterägyptischen Königsnekropole gewesen sein. Hierin könnte sich eine verstärkte Hinwendung des ägyptischen Königtums zur Residenz Memphis manifestieren, die dann zu Beginn des Alten Reiches endgültig vollzogen werden sollte.

Jedenfalls legt die zum *Horus*-Namen parallele Bildung des Thronnamens *Hetep-Nebti* (»Der die beiden Herrinnen befriedet«) nahe, dass beide erst mit der Thronbesteigung des *Hetepsechemui* angenommen wurden. Sein nur postum überlieferter Eigenname lautete möglicherweise *Bedjau*. Dieser ist in der abydenischen Königsliste sowie ähnlich auf einer Schreibtafel des Alten Reiches belegt und dürfte von MANETHO in griechischer Umschrift mit *Boethos* wiedergegeben worden sein.

---

* postum überlieferter Eigenname

Für die Verehrung sowohl des »Horizontischen« (d.i. der Sonnengott) als auch der im Delta beheimateten Gottheiten *Bastet* (auf Steingefäßen) und *Sopdu* existieren Belege. Letztere könnten nach Meinung einiger Forscher auf eine unterägyptische Herkunft des *Hetepsechemui* verweisen. Das Gros der Belege aus seiner Regierungszeit machen Inschriften auf steinernen Gefäßen aus. Unter der Herrschaft des *Hetepsechemui* endet die Etikettierung von Beigabengefäßen mit Jahrestäfelchen. Auch auf den Annalensteinfragmenten sind keine Einträge von ihm erhalten. Im Übrigen zeugen verstreute Inschriftenträger wie ein Zylinder aus Bein mit seinem *Horus*-Namen sowie ein Alabaster-Gefäß aus dem oberägyptischen Badari mit einer Domänenbezeichnung und dem Titel eines Totenpriesters von der Regierung des *Hetepsechemui*.

Kurz vor oder in der Regierungszeit des *Hetepsechemui* wird damit begonnen in Privatgräbern Steinplatten anzubringen, welche sogenannte Speisetischszenen tragen: Diese für die Jenseitsversorgung als magisches Bild relevante Darstellung stellt den durch Titel und Namen identifizierten jeweiligen Grabbesitzer vor einem Tisch mit Opfergaben dar. Auf diesen Stelen finden sich auch zum ersten Mal die Titel »Königssohn (sa-nisut)« und »Königstochter (sat-nisut)«.

Auch das unterägyptische »Arbeitshaus des *Sopdu*« steht unter der Leitung eines »Königssohnes« namens *Per-neb,* was ein Siegel aus dem Grab des *Hetepsechemui* belegt. Neben dem Königssohn nennt dieses Siegel als liefernde Institution das »unterägyptische Arbeitshaus«, als verantwortlichen Beamten den »Sachwalter des *Sopdu*« und als Inhalt verschiedene Abgaben aus der Lokalität *Iput.* Das Schatzhaus, die zentrale Sammelstätte beweglicher Güter des Staates, trägt unter *Hetepsechemui* die Bezeichnung »Haus der roten Krone«.

Neben Steingefäßen mit dem Namen seines Nachfolgers *Nebre* waren vor allem solche mit dem des *Hetepsechemui* in seinem Galeriegrab deponiert. Sie fanden sich aber auch in den Grabanlagen der späteren Könige *Peribsen* und *Chasechemui* aus der 2., des *Djoser* aus der 3. und des *Mykerinos* aus der 4. Dynastie, wohin sie wohl von den unter *Hetepsechemui* gegründeten und weiterhin existierenden Königsgütern geliefert worden sind. Ein Steingefäß seines zweiten Nachfolgers *Ninetjer* nennt als liefernde Institution das *Ka*-Haus des *Hetepsechemui*. Die als *Ka*-Häuser bezeichneten Tempel dienten dem Kult des göttlichen Aspekts eines Königs (dem Ka), der auch postum noch Bestand haben sollte.

Anders als die Könige der 1. Dynastie ließ sich *Hetepsechemui* nicht mehr in Abydos, sondern in Sakkara bestatten (Plan 2). Sein dortiges Galeriegrab erstreckt sich östlich unterhalb der späteren *Unas*-Pyramide. Es hat eine Ausdehnung von annähernd 120 m x 50 m und ist durch Siegelabrollungen zweifelsfrei zugeordnet. Von den Oberbauten hat sich nichts mehr erhalten. Eine absteigende, von Norden kommende offene Rampe führt bis 7 m unter der Oberfläche in einen 4 m hohen Korridor. Von diesem zweigt zu beiden Seiten jeweils ein Gang ab, den beiderseits wiederum 7 Magazinkammern flankieren. Nach insgesamt 110 Metern erreicht der Korridor schließlich die Sargkammer. Er ist in regelmäßigen Abschnitten mit 4 Durchgängen versehen, die von Fallsteinen blockiert werden. Im 2 m hohen Mittelabschnitt flankieren beidseitig angeordnete Magazinräume den Korridor, von dem gegen Ende weitere Galeriesysteme abgehen. Ein zur Grabanlage gehöriger Festbezirk wird westlich der Grabanlage des *Sechemchet* aus der 3. Dynastie vermutet.

Bis auf weiteres bleibt *Hetepsechemui* ein historisch schwer fassbarer Herrscher, dessen Thronname historisch zu weitgehend interpretiert worden ist und dessen bleibende Hinterlassenschaft sich im Wesentlichen auf den unterirdischen Teil seines Königsgrabes beschränkt. Dessen galerieartige Anlage unterscheidet sich erheblich von der in Abydos üblichen Bauweise, was zum einen mit dem felsigen Untergrund in Sakkara, zum anderen mit einer gewandelten Auffassung des Grabes als unterirdischer Wohnung zusammenhängt. Als erster in Sakkara bestatteter dynastischer König und 1. Herrscher der 2. Dynastie steht *Hetepsechemui* wohl für -eine Form von Wandel, dessen Natur jedoch noch weitgehend unbekannt geblieben ist und sich auf eine Verlagerung der Königsnekropole in den Einzugsbereich der Hauptstadt Memphis beschränkt haben mag.

Als wichtigstes postumes Dokument für die ersten Könige der 2. Dynastie darf die Kniefigur des Beamten *Hetepdief,* der den Titel »Großer der Opfergaben im Haus der Roten (Krone)« trägt, aus der 3. Dynastie gelten: Sie trägt eine Inschrift auf der Schulter, welche den Reihergott *Djebauti* sowie die Könige *Hetepsechemui, Raneb* und *Ninetjer* aufzählt, für die *Hetepdief* offenbar den Dienst eines Totenpriester versah. Abgesehen von der Weiterexistenz ihrer Totenkulte sichert die Statue auch die korrekte chronologische Reihenfolge der genannten Herrscher.

Literatur:

Emery, *Ägypten* (1961) S. 102–103. Wildung, *Rolle* (1969) S. 36–41. P. Kaplony, in: *LÄ II* (1977) Sp. 1174–1175. R. Stadelmann, in: *Mélanges Mokhtar II* (1985) S. 295–307. W. Kaiser, in: *Fs Goedicke* (1994) S. 113–123. G. Dreyer, in: *MDAIK* 52 (1996) S. 71–76. Schneider, *Lexikon* (1996) S. 203–204. J. Kahl, in: *SAK* 24 (1997), S. 137–145. Wilkinson, *Early Dynastic Egypt* (1999) S. 83–84. E.-M. Engel, in: *Festschrift Bietak II* (2006) S. 25–33. Dodson/Hilton, *Royal Families* (2004) S. 44–49. C. Lacher, in: *Festschrift Dreyer* (2008) S. 427–451.

Ninetjer

Titel	Name	Übersetzungsvorschlag
Horus	*Ni-Netjer*	»Der zum Gott gehörige«
	Ba-ni-netjer*/ *Binothris**	
König von Ober- und Unterägypten	*Ni-Netjer-Nebti*	»Der zum Gott der beiden Herrinnen gehörige« (?)
Ren-Nebu*		»Spross des Goldenen«

Ninetjer, der dritte König der 2. Dynastie, ist auf zeitgenössischen Siegelabrollungen aus Sakkara, Giza und Heluan sowie durch Gefäßaufschriften aus Abydos und den unterirdischen

---

*   postum überlieferter Titel

Magazinen der *Djoser*-Pyramide in Sakkara belegt. Wie bei *Hetepsechemui* weisen der *Horus*-Name des *Ninetjer* und der mit dem Titel »König von Ober- und Unterägypten« versehene Herrinnen-Name *Ni-Netjer-Nebti* dieselbe Bildungsweise auf. Das Annalensteinfragment von Palermo gibt das Namensprotokoll des Königs in der Kopfzeile für die Jahreseinträge der 4. Reihe wieder: Auf den *Horus*-Namen *Ninetjer* folgt dort der zeitgenössisch nicht belegte namenartige Titel *Ren-Nebu* mit dem Element »der Goldene«. Aus Titeln dieser Bildungsweise sollte später der Gold-Name der klassischen Titulatur hervorgehen. Die späteren Königslisten von Abydos und Sakkara sowie der Turiner Königspapyrus geben den *Horus*-Namen lautlich verändert als *Ba-ni-netjer* wieder, woraus sich die bei MANETHO überlieferte griechische Namensform *Binothris* ableiten lässt.

MANETHO gesteht dem Herrscher 47 Regierungsjahre zu. Die Einträge für die Jahre 6 bis 20 haben sich auf dem Annalensteinfragment von Palermo erhalten: An Ereignissen, die das jeweilige Jahr charakterisieren, sind Feste wie der Apis-Lauf in den Jahren 9 und 15 oder das Barkenfest in den Jahren 11 und 17, die beide mit dem »Erscheinen des Königs« verbunden sind, sowie kultpolitische Maßnahmen wie die Gründung des »Hauses *Hor-ren*« im Jahre 7 und die von Domänen für den Totenkult im Jahre 13 aufgezählt. Bei dem wohl im Sechsjahresrhythmus begangenen Barkenfest könnte es sich um das später so bezeichnete Sokar-Fest gehandelt haben. Die Angabe von einer Elle Fluthöhe für das Jahr 14 bedeutet faktisch das Ausbleiben der Nilschwemme. Erstmals ist hier auf dem Annalenstein für die mit dem »*Horus*-Geleit« verbundenen Jahre eine fortlaufende Nummerierung der Zählungen zur Steuererhebung eingeführt: Genannt werden das 3. (zu ergänzen), 4., 5., 6., 7., 8., 9. und 10. Mal (der Zählung), die in die Regierungsjahre 6, 8, 10, 12, 14, 16, 18 und 20 des *Ninetjer* fallen. Diese sicher schon unter *Ninetjer* verwendete Zählweise bedeutete einen signifikanten Fortschritt im Hinblick auf eine standardisierte ägyptische Chronologie. Für das Jahr 13 trug man die Gründung der Güter *Schem-Ra* und *Hu* ein. Diese deuteten frühere Forscher noch anders, nämlich als Zerstörung von Siedlungen und leiteten daraus ein mögliches innenpolitisches Krisenszenario ab. Da der Annalenstein kriegerische Ereignisse sonst aber kaum zur Jahresidentifikation heranzieht, wird diese Interpretation aktuell nicht mehr befürwortet. Das Kairener Annalensteinfragment enthält in der 4. Reihe die Felder für die Einträge der letzten Regierungsjahre des *Ninetjer* (Jahr 36–44). Diese sind zwar weitgehend zerstört, enthielten jedoch Einträge, die augenscheinlich mit dem Gott *Seth* verbunden waren. Der oberägyptische Landesgott *Seth* sollte unter *Ninetjers* Nachfolger *Peribsen* eine gewichtige Rolle spielen. Ergänzend zu den Angaben des Annalensteins belegen Inschriften auf Steingefäßen noch ein 4. Barkenfest sowie ein 17. Mal der Zählung.

In zwei der östlichen, später überbauten Galerien unter der Stufenpyramide des *Djoser* fanden sich Unmengen von Steingefäßen aus der Zeit des *Ninetjer*. Eine geringere Anzahl solcher Gefäße kam in den abydenischen Gräbern des *Peribsen* und *Chasechemui* zu Tage. Anscheinend datieren geritzte Gefäßinschriften, die einen »Oberhandwerker« *Ni-ru-ab* nennen, aus der ersten Hälfte der Regierungszeit des *Ninetjer*, während Gefäße mit Tintenaufschriften den Nachfolger des *Ni-ru-ab* namens *Nehepti-Ptah* aufführen. Diese werden in die zweite Regierungshälfte gesetzt, da in den Tintenaufschriften mehrfach Sed-Feste erwähnt sind, für die seiner 30 Jahre übersteigenden Herrschaft wegen in der 2. Dynastie nur *Ninetjer* in Frage kommt. HELCK erklärt die Deponierung der Gefäße in den späteren Gräbern wie folgt: Während seiner Regierungszeit ließ *Ninetjer* für seine Günstlinge anlässlich seines Sed-Festes Steingefäße als »Geschenke des Königs« vorbereiten. Eine große Anzahl derselben blieb jedoch in den Magazinen ohne verteilt zu werden. Nachdem erste Gefäße bei der Bestattung des *Peribsen* in Abydos genutzt wurden, verpackte man unter *Chasechemui* zwar den gesamten Rest, setzte aber nur einen kleinen Teil in dessen Grab bei. König *Djoser* ließ schließlich landesweit sämtliche königlichen Magazine ausräumen und alle wertvollen Gefäße, darunter die des *Ninetjer*, in den Ostgalerien unter seiner Stufenmastaba als Grabbeigaben deponieren. Einige der dort gefundenen Gefäße aus Zeit des *Ninetjer* nennen als liefernde Institution inschriftlich das *Ka*-Haus seines Vorgängers *Hetepsechemui* und gesiegelte Lehmverschlüsse bezeugen eine Götterfestung namens »Natronhaus der Götter« aus der Zeit des *Ninetjer*. Mit den Namen des *Ninetjer* ist auch die bislang älteste datierbare Statuette eines ägyptischen Königs beschriftet. Das nur 13,5 cm hohe Werk stellt den König im knielangen Sedfestmantel mit den üblichen königlichen Insignien (Zepter und oberägyptische Krone) dar. Besonders ihre detailarme Gesichtsbildung verrät noch künstlerische Defizite, die aber vielleicht dem kleinen Format der Statuette anzulasten sind. Auch ihre Echtheit wurde aus stilistischen Gründen angezweifelt, doch passt die Inschrift epigraphisch durchaus in die 2. Dynastie.

Das unterirdische Galeriegrab des *Ninetjer* liegt 100 m östlich des *Hetepsechemui*-Grabes unter dem Aufweg zur *Unas*-Pyramide in Sakkara (Plan 2) und ist durch Siegelabrollungen zweifelsfrei zugeordnet. Es erstreckt sich unter einer Fläche von 50 m x 77 m und weist insgesamt 192 Räume auf. Ein 33 m langer Hauptkorridor, von dem 15 weitere Gänge seitlich abzweigen, führt vom Eingang in die Sargkammer des Königs. Diese enthielt einst einen großen Holzschrein und war über einen Hinterausgang mit einem weiteren Gangsystem verbunden. Ein Komplex regelmäßig angeordneter Räume im Südwesten bildet eine eigene Einheit, dessen Kammern gemauerte Bänke (arab. Mastaba) aufweisen, und daher als Palasträume gedeutet werden. In diesem Bereich fanden sich noch hunderte von Steingefäßfragmenten und hunderte Vorratsgefäße und Weinkrüge. Alleine im Raum A600 langen etwa 420 intentionell zerbrochene Weinflaschen, die von den Ausgräbern fragend mit der seit der 5. Dynastie in den Pyramidentexten belegten Zeremonie des »Zerbrechens der Töpfe« in Zusammenhang gebracht wurden. Die Oberbauten des Königsgrabes sind abermals vollständig abgetragen. Ganz im Westen von Sakkara, jenseits des dem *Hetepsechemui* zugewiesenen Bezirkes, wird der Festbezirk des *Ninetjer* vermutet.

Bei Grab 2302, dem bedeutendsten Privatgrab der Regierungszeit des *Ninetjer* in Sakkara-Nord, ist der Oberbau gestalterisch reduziert und dafür ein weitläufiges Galeriesystem angelegt worden: Bis auf zwei Kultnischen im Osten fehlt dem

Oberbau die übliche Nischengliederung. Ebenfalls von Osten begeht man eine Treppe, die einen nach Süden umknickenden Korridor erschließt, von dem galerieartig seitliche Kammern abgehen. Beschriftete Gefäßfragmente mit dem Namen des *Ni-ru-ab* identifizieren diesen als den Besitzer der aufwendigen Anlage. Zwei weitere Gräber von hochgestellten Beamten aus der Regierungszeit des *Ninetjer* konnten in Sakkara und eines in Heluan identifiziert werden.

König *Ninetjer*, aus dessen Regierungszeit auf dem Annalenstein noch zahlreiche Einträge erhalten sind, hinterließ nicht nur die erste inschriftlich zuweisbare königliche Statuette sondern auch ein stattliches Galeriegrab, das erst in jüngster Zeit erforscht worden ist. Spätestens in seiner Regierungszeit wurde die fortlaufende Nummerierung des Mals der Zählung als Jahresangabe (für die geraden Jahre) eingeführt.

Auf der Kniefigur des »Großen der Opfergaben im Haus der Roten« *Hetepdief* wird *Ninetjer* als letzter von drei Königen der 2. Dynastie genannt, für deren Totenkult der Statuenbesitzer zu Beginn der 3. Dynastie verantwortlich war.

Literatur:

W.K. SIMPSON, in: *JEA* 42 (1956) S. 45–49. EMERY, *Ägypten* (1961) S. 104–105. P. KAPLONY, in: *ZÄS* 88 (1963) S. 5–16. WILDUNG, *Rolle* (1969) S. 42–44. W. HELCK, in: *ZÄS* 106 (1979) S. 120–132. W. HELCK, in: *LÄ IV* (1982) Sp. 509. R. STADELMANN, in: *Mélanges Mokhtar II* (1985) S. 295–307. W. KAISER, in: *Festschrift Goedicke* (1994) S. 113–123. SCHNEIDER, *Lexikon* (1996) S. 279. WILKINSON, *Early Dynastic Egypt* (1999) S. 85–87. G. DREYER, in: DREYER/POLZ, *100 Jahre in Ägypten* (2007) S. 130–138. C. Lacher-Raschdorff, *Das Grab des Königs Ninetjer in Saqqara, AV 125*, Wiesbaden 2014.

Chasechemui

Titel	Name	Übersetzungsvorschlag
Horus	*Cha-sechem*	»Erscheinung der Macht«
Horus-*Seth*	*Cha-sechemui*	»Erscheinung der Doppel-macht«
	Cha-sechemui Hetep-Netjerui-imef	»Erscheinung der Doppel-macht, durch den die beiden Götter befriedet sind«
	*Bebti/Bebi/Djadjai**	
König von Ober- und Unterägypten	*Cha-sechemui-Nebti Hetep-Netjerui-imef*	»Erscheinung der Doppel-macht der beiden Herrinnen, durch den die beiden Götter befriedet sind«
	Cha-sechemui-Nebti Nebu-chets(en)	»Erscheinung der Doppel-macht der beiden Herrinnen, Gold ihrer Körperschaft«

Allgemein geht man davon aus, dass der letzte Herrscher der 2. Dynastie unter dem *Horus*-Namen *Chasechem* den Thron bestieg. Sein Vorgänger *Peribsen* trug den für eine Königstitulatur ungewöhnlichen *Seth*-Namen und scheint daher nur das »*Seth*-Land« Oberägypten beherrscht zu haben, wobei man die Existenz unterägyptischer Gegenkönige postuliert. Den kombinierten *Horus-Seth*-Titel vor dem Namen *Chasechemui* (dt. »Erscheinen-der-beiden-Mächte«) bringt man demgemäß mit einer Umbenennung des *Chasechem* im Gefolge einer erfolgreichen Wiedergewinnung des Deltas in Verbindung. Sein neuer Thronname *Cha-sechemui-Nebti* wie sein *Horus-Seth*-Name können zudem durch die Formel »durch den die beiden Götter befriedet sind« ergänzt werden, die deutlich auf die Versöhnung zweier Landesgötter anspielt. Der Name von *Chasechemuis* Frau *Ni-Maat-Hap* fand sich sowohl im Königsgrab ihres Gemahls als auch im Grab K1 von Bet Challaf aus der Zeit ihres Sohnes *Djoser*.

---

* postum überlieferte Eigennamen

Laut dem Turiner Königspapyrus soll der dort unter dem Namen *Bebti* erfasste König 27 Jahre regiert haben. Dieser Name ist ebenso wie die vergleichbare Form *Bebi* der Königsliste von Sakkara als Verschreibung der hieratischen Vorlage von *Chasechemui* erklärbar. Dasselbe gilt auch von dem in der abydenischen Königsliste belegten Namen *Djadjai*. Nach dem Annalensteinfragment von Palermo, in dem das 6., 7. und 8. Mal der Zählung (für die Steuererhebung) aufgeführt sind, kann von mindestens 17 Regierungsjahren, 2 Monaten und 23 Tagen ausgegangen werden. Doch ist nicht klar, ob hier die Jahre als rein oberägyptischer Herrscher unter dem Namen *Chasechem* mit einbegriffen sind.

Aus der frühen Regierungszeit des *Chasechem* haben sich die beiden bedeutendsten königlichen Sitzfiguren der ägyptischen Frühzeit erhalten. Sie wurden vom Herrscher wohl als Siegesgabe dem Tempel von Hierakonpolis gestiftet. Heute wird die eine Statue aus Kalkstein in Oxford, die andere aus grünem Schiefer in Kairo aufbewahrt. Beide Statuen zeigen den König auf einem Thron sitzend, mit der oberägyptischen Krone und dem bis auf die Unterschenkel reichenden *Sed*-Festmantel angetan. Ein leicht überdimensionierter Kopf, der massige Hals und der gebeugte Rücken der Figuren verraten noch stilistische Unsicherheiten. Der quer vor den Leib bis an die rechte Ellenbeuge geführte linke Arm weicht von der später bei königlichen Plastiken üblichen Armhaltung ab. In die senkrechten Bohrungen der zu Fäusten geballten Hände waren heute verlorene Insignien eingesetzt. Mit ihrer Programmatik und ihrer Plastizität weisen diese königlichen Statuen bereits typische Komponenten der späteren kanonischen Kunst Ägyptens auf. Da eine Inschrift auf der Vorderseite der Basis die horrende Zahl von 47 209 getöteten »Feinden des Nordens« nennt und um den Sockel herum in Ritztechnik gestürzte Feinde dargestellt sind, wird wohl zu Recht die Niederschlagung eines unterägyptischen Aufstands als Anlass der Statuen-Stiftung vermutet. Steingefäßinschriften mit der Angabe »Bekämpfen und Schlagen von Unterägypten« bestätigen jedenfalls einen siegreichen Feldzug ins Deltagebiet. In der begleitenden Darstellung überreicht die oberägyptische Geiergöttin *Nechbet* von el-Kab dem durch den Falken mit oberägyptischer Krone auf der Palastfassade symbolisierten König (Oberägyptens) die Hieroglyphe für »Vereinigen der beiden Länder«.

Auch für die Verwendung dekorierter Architekturelemente aus Stein im Tempelbau wurden in der Regierungszeit des *Chasechemui* die Grundlagen gelegt, auf denen die ausgefeilten Schrift-Bild-Kompositionen der Zeit seines Sohnes und Nachfolgers *Djoser* basieren. So fanden sich Granitblöcke mit den bislang ältesten aller datierten Tempelreliefs Ägyptens im sogenannten Fort von Hierakonpolis und auch im Tempel von el-Kab traten sekundär verwendete Blöcke aus der Zeit des *Chasechemui* zu Tage. Bei dem Fort von Hierakonpolis handelt es sich wohl um einen Festbezirk für kultische Feiern, dessen Eingang vermutlich mit den erwähnten Granitreliefs geschmückt war. Diese weisen bereits die kanonischen Proportionen einschließlich der waagerechten Register- und senkrechten Trennlinien zur Einteilung von Schrift und Bild auf. Zwar zeigt das Relief keine Körpermodellierung, sondern scharfkantige, die Silhouette betonende Ränder, doch ist die Beherrschung des Proportionskanons bei dem verwendeten Hartgestein Granit zu diesem frühen Zeitpunkt bemerkenswert. Der Tempel im Stadtgebiet von Hierakonpolis besaß hingegen einen Türdurchgang, der mit versenkten (»geschabten«) Reliefs ohne Binnenzeichnung ausgestattet war. Die besterhaltene Szene gibt die Zeremonie des »Strickespannens« durch die Göttin *Seschat* wieder und stellt damit den frühesten Beleg dieser Schlüsselszene des ägyptischen Tempelgründungsrituals dar.

Indirekt scheint der Annalenstein von Palermo die intensive königliche Bautätigkeit und den künstlerischen Aufschwung unter *Chasechemui* zu bestätigen: Er vermeldet für das Jahr 13 den Bau eines Tempels namens *Men-Netjeret* sowie für das 15. Regierungsjahr die Herstellung einer Kupferstatue namens »*Chasechemui* ist erhöht«.

In Byblos gefundene Breccie-Gefäßscherben mit *Chasechemuis Horus*-Namen könnten bereits unter seiner Herrschaft durch Handel dorthin gelangt sein. Allerdings finden sich unter seinen zahllosen Beigaben im Vergleich zu früheren Epochen ausgesprochen wenige Importgefäße. Dies mag jedoch geänderten Prestigevorstellungen geschuldet sein, denn der erstmals unter *Chasechemui* belegte Titel »Aufseher der Fremdländer« deutet durchaus auf außenpolitische Aufmerksamkeit für die Peripherie Ägyptens hin. Die Reliefdarstellung einer Stele aus Hierakonpolis mit den Resten eines Gefangenen (?), der auf einem mit »Nubien« bezeichneten Landsymbol kniet, wird als Zeugnis für eine Nubien-Kampagne des Herrschers interpretiert.

Orientierte sich das in einer 9 m unter dem Wüstenniveau eingesenkten Grube errichtete abydenische Grab des *Chasechemui* mit einer allseits von Räumen umgebenen Königskammer im Zentrum zunächst noch an der hausartigen Konzeption des Grabes seines Vorgängers *Peribsen*, so wurden in einer ersten Ausbaustufe im Norden 12 Magazinräume in drei Reihen angebaut. Auch tiefte man in die bestehende Königskammer eine weitere, diesmal ganz mit Stein ausgekleidete Sargkammer ein, die von einem Holzschrein ausgefüllt war. Durch den Anbau weiterer Magazinzeilen im Norden und Süden erreichte das Königsgrab schließlich eine Länge von insgesamt 88 m. Über dem zentralen Mittelabschnitt wurde ein Tumulus von 35 m Länge aufgeschüttet, der wohl mit Kalkstein verkleidet war. Architektonisch leitet das Grab des *Chasechemui* somit unmittelbar zur Grabanlage seines Nachfolgers *Djoser* über: Dort wurde eine Mastaba, die noch der des *Chasechemui* ähnelte, sukzessive zur Stufenmastaba erhöht. Dieser brachte auch die letzten Beigaben in das Grab seines Vaters und Vorgängers *Chasechemui* ein. An eingezogenen Zwischenmauern lässt sich ablesen, dass dieses offenbar sukzessive mit Beigaben beschickt wurde. Wie zahlreiche Siegelabrollungen verraten, stellten das Schatzhaus und namentlich genannte Königsgüter die Beigaben bereit. Anders als in den vordynastischen Gräbern und denen der ersten Dynastie wurde kein aufwendig importiertes Zedernholz zur Abdeckung der Grabkammern verwendet und auch Importgefäße sind rar. Dafür schätzt man den Umfang der Beigabengefäße auf ca. 10.000 Stück, darunter solche, die insgesamt mindestens 600 Liter feinstes Leinöl bargen. Auch Stein- und Keramikgefäße, die eindeutig aus der 1. Dynastie stammen, sowie eine Silbernadel des *Aha* fanden sich unter den Beigaben und dürften als ererbter Königsbesitz anzusehen sein. Bereits dem Erstausgräber PETRIE gelang zu Beginn des letzten Jahrhunderts die Auffindung von über 200 Steingefäßen, von denen sieben mit einer Goldfolie und darumgelegten Band aus geflochtenem Golddraht verschlossen waren: Die übliche Abdeckform offener Gefäße, ein mit Schnur fixiertes Leinenstück, wurde so aufs Kostbarste imitiert. Auch die ersten, weitgehend erhaltenen Bronzegefäße Ägyptens wurden im Grab des *Chasechemui* entdeckt.

Nach Süden hin war die für das Grab ausgehobene Grube weiter als nötig verlängert und über eine Rampe zugänglich gemacht worden. So schuf man einen »magischen Ausgang« in das Wüstental, wo man den Eingang zum Jenseits lokalisierte. Trümmer einer zerschlagenen Granitstele, deren Gegenstück sich in den nahegelegenen Ruinen eines römerzeitlich-spätantiken Dorfes fand, weisen darauf hin, dass der Ausgang durch ein Stelenpaar flankiert wurde. Der auf diesen neben dem *Seth*-Tier den Serech-Palast bekrönende *Horus* trägt die Doppelkrone: ein deutlicher Hinweis auf das Ende der Landesspaltung. Obwohl die Oberkante des Grabbaus 5 m unter dem Wüstenniveau lag, zeigen Wanddurchbrüche, die von Westen her direkt in Höhe der Königskammer erfolgten, eine bereits zeitgenössische Beraubung des Grabes an.

Zur Königsgrabanlage des *Chasechemui* in Abydos zählt auch der gewaltige, unter dem Namen Schunet es-Zebib bekannte Talbezirk am Fruchtlandrand (Plan 1), der noch in eine Höhe von bis zu 11 m ansteht. Seiner nischengegliederten Außenmauer ist eine flachere Peripheriemauer vorgelegt. Diese schafft so einen Prozessionsweg für Riten, die vielleicht dem »Umkreisen der Mauer« als symbolischer Inbesitznahme ähnelten. Aufwendigere Eingänge liegen am Nordende der Nordwestmauer und am Südende der Nordostmauer, die beiden anderen Mauern besitzen rein funktionale Durchgänge. Das im Ost-Teil des sonst bautenfreien Innenbezirkes liegende Kultgebäude weist im Südwestbereich zahlreiche Kammern auf, deren südlichste für den eigentlichen Kult gedacht gewesen sein dürfte. Wie bei der Außenfassade der Gesamtanlage ist die Nischengliederung der nordöstlichen Außenwand der Kapelle aufwendiger gestaltet.

Als einziger der abydenischen Talbezirke steht der des *Cha-sechemui* noch fast in voller Höhe an, da dieser als letzter Herr-scher der Frühzeit in Abydos bestattet wurde. Der mit dem ei-gentlichen Grab kombinierte Bezirk seines Nachfolgers *Djoser* in Sakkara war dann nicht mehr zum Abbruch vorgesehen, son-dern explizit auf Dauerhaftigkeit hin angelegt.

Von ihren im Grab gefundenen Siegeln sind Privatleute wie ein gewisser *Redj-nefer,* ein Schreiber *Hesu-Min* sowie ein »Vorsteher der Frauen des (Gottes) *Min*« namens *Senedjem-ib* bekannt. Ein wichtiger Amtsträger war der für die jeweiligen Lieferungen verantwortliche Scheunenvorsteher.

Unter *Chasechemui,* dem mutmaßlichen Wiedervereiniger der beiden Landeshälften, bestand also bereits eine komplexe, um Scheune, Schatzhaus und Königsgüter gruppierte Zentralver-waltung. In seiner Regierungszeit wurden zudem bei der Bear-beitung von Rundplastik und Wandrelief die künstlerischen Voraussetzungen für die Entfaltung dieser Kunstgattungen un-ter der Herrschaft seines Sohnes *Djoser* geschaffen. Auch die Ar-chitektur der Grabanlage des *Chasechemui* führt an die Schwel-le des Alten Reiches.

Im Mittleren Reich wurde der Nordteil des Grabes von *Cha-sechemui* freigelegt und für den Kultbetrieb im Zusammenhang mit den abydenischen Osiris-Feiern restauriert.

Literatur:

EMERY, *Ägypten* (1961) S. 108–114. WILDUNG, *Rolle* (1969) S. 52–53. P. KAPLONY, in: *LÄ I* (1974) Sp. 910–912. R. A. FARAG, in: *MDAIK* 36 (1980) S. 77–79. SCHNEIDER, *Lexikon* (1996) S. 147 mit Abb. S. 146. N. ALEXANIAN, in: *Critères de datation* (1998) S. 1–29. G. DREYER, in: *MDAIK* 54 (1998) S. 164–166. WILKINSON, *Early Dynastic Egypt* (1999) S. 91–94. G. DREYER, in: *MDAIK* 56 (2000) S. 122–128. G. DREYER u.a., in: *MDAIK* 59 (2003) S. 108–124. DODSON/HILTON, *Royal Families* (2004) S. 44–49. G. DREY-ER/U. EFFLAND/E.-M. ENGEL/A. POKORNY, in: *MDAIK* 62 (2006) S. 110–122. G. DREYER, in: DREYER/POLZ, *100 Jahre in Ägypten* (2007) S. 197–210. H. KÖPP, in: *Sokar* 20 (2010) S. 6–11. J. BOCK, in: *Sokar* 21 (2010) S. 10–19. J. BOCK, in: *Sokar* 22 (2011) S. 6–17. O'CONNOR, *Abydos* (2011) S. 158–181.

Das Alte Reich

Altes Reich*		ca. 2592–2120
3. Dynastie		**ca. 2592–2544**
	Djoser	2592–2566
	Sechemchet	2565–2559
	Chaba	2559 – ?
	Nebka	? – ?
	Huni	? – 2544
4. Dynastie		**2543–2436**
	Snofru	2543–2510
	Cheops	2509–2483
	Djedefre	2482–2475
	Bicheris	2474–2473
	Chephren	2472–2448
	Mykerinos	2447–2442
	Schepseskaf	2441–2436
5. Dynastie		**2435–2306**
	Userkaf	2435–2429
	Sahure	2428–2416
	Neferirkare	2415–2405
	Neferefre (Raneferef)	2404
	Schepseskare	2403
	Niuserre	2402–2374
	Menkauhor	2373–2366
	Djedkare Asosi	2365–2322
	Unas	2321–2306
6. Dynastie		**2305–2150**
	Teti	2305–2279
	Userkare	? – ?
	Pepi I.	2276–2228
	Merienre I.	2227–2217
	Pepi II.	2216–2153
	Nemtiemsaf	2152
8. Dynastie		**2150–2118**
	Neferkaure	2126–2113
	Neferkauhor	2122–2120
	Neferirkare	2119–2218

---

* Nach Hornung/Krauss/Warburton, *Ancient Egyptian Chronology* (2006).

Der Begriff »Altes Reich« (ca. 2592–2120 v. Chr.) bezeichnet den Zeitraum von der 3. Dynastie, unter der der Steinbau eingeführt wurde, bis zur 8. Dynastie, die den Zusammenbruch der ägyptischen Zentralverwaltung markiert. Aus heutiger Sicht ist diese Einteilung folgerichtig, denn allein der umfassende Einsatz des neuen Baumaterials für Tempel und Gräber verleiht Ägypten seine typische Prägung als »Staat aus dem Stein«. Der Übergang von der 2. zur 3. Dynastie ist allerdings von Kontinuität geprägt. *Djoser,* erster König der 3. Dynastie, ist der Sohn des *Chasechemui,* des letzten Herrschers der 2. Dynastie, der durch die erneute Reichseinigung und die unter ihm einsetzenden Innovationen die Grundvoraussetzungen für die Veränderungen unter *Djoser* schuf. Ein offenbar über mehrere Dynastiewechsel stabiles Königtum, das über einen gut organisierten Beamtenapparat verfügte, die wirtschaftliche Stabilität, Kontinuität im Außenhandel und – über einen langen Zeitraum – fehlende militärische Bedrohungen ließen beachtliche Entwicklungen in Kunst, Architektur und Religion zu, die bis zum Ende der altägyptischen Kultur und darüber hinaus Bedeutung haben sollten. Prägendes Symbol dieser Epoche sind dabei die Pyramiden – in erster Linie diejenigen in Giza – die dem Alten Reich auch den Namen »Pyramidenzeit« gegeben haben.

3. Dynastie

Als bedeutendster Herrscher der 3. Dynastie gilt eindeutig König *Djoser.* Für die übrigen Herrscher sind die Reihenfolge und Zuweisung der zeitgenössisch benutzten *Horus*namen zu den posthum überlieferten Geburtsnamen zum Teil unsicher. *Djosers* Pyramidenbezirk in Sakkara (Plan 2; Abb. 2, 3) mit der ersten Stufenpyramide im Zentrum ist nicht nur die erste monumentale Steinarchitektur der Geschichte, sondern ist auch durch die konsequente Umsetzung der bisherigen Architektur aus Lehmziegeln und pflanzlichen Materialen in Stein prägend für die nächsten 2500 Jahre ägyptischer Baukunst. In der Rundplastik sind erste großformatige Königsplastiken erhalten, aber auch diverse Statuen von Mitgliedern der Königsfamilie und hohen Beamten. Auch die Reliefkunst der Tempelbezirke und der Pyramidenanlage bezeugen einen markanten Qualitätszuwachs. Die Pyramidenanlage von *Djosers* Nachfolger *Sechemchet* war ursprünglich mit noch größeren Dimensionen geplant, wurde aber nie fertiggestellt. Der Zentralstaat erfuhr – verwaltet von der neuen Hauptstadt Memphis aus – eine Stärkung, die königliche Präsenz in den Provinzen wurde ausgebaut. Durch die vielfältigen wachsenden Anforderungen wurde ein immer differenzierterer Verwaltungsapparat geschaffen. Damit einhergehend wurde das Schriftsystem der Hieroglyphen erweitert, und es sind uns die ersten längeren zusammenhängenden Texte überliefert. Die Verfügbarkeit von Baumaterial und anderen Rohstoffen wurde durch ein gut organisiertes Expeditionswesen gesichert. Elitegräber hoher Beamter zeichnen sich erstmals durch hochwertige Dekoration aus und lassen die wachsende Bedeutung auch des privaten Totenkultes erkennen.

4. DYNASTIE

Die ikonischen Pyramidenbauten der Könige der 4. Dynastie sind die steinerne Manifestation des Staatsdogmas, in dem der gottgleiche König als unangefochtener Herrscher eines straff organisierten Zentralstaates im Zentrum steht. *Snofru*, Begründer der 4. Dynastie, ließ mit einem ungeheuren Bauvolumen (3,7 Millionen m³) insgesamt drei Pyramiden anlegen. Nachdem die Pyramide in Meidum wegen Bauschäden aufgegeben werden musste, ließ er die sogenannte »Knickpyramide« und schließlich die erste »richtige« Pyramide in Dahschur erbauen. Die Grabanlagen seiner Nachfolger, die »drei großen Pyramiden« von Giza (*Cheops, Chephren, Mykerinos*), sind bis heute Symbol für pharaonische Baukunst und ägyptisches Königtum überhaupt. Zudem sind sie das einzige der »sieben Weltwunder« der Antike, das bis heute erhalten ist. (Plan 4; Abb. 4)

Das königliche Bauprogramm ist auch Ausdruck einer stabilen und effektiven Administration, in der die wichtigsten Posten mit Mitgliedern der königlichen Familie besetzt waren. Neben einer offenbar florierenden Binnenwirtschaft sorgten Handelskontakte und Expeditionen zum Sinai, in die Ostwüste und die Westwüste sowie nach Nubien für den Nachschub von Rohstoffen für Bauprogramm, Kunsthandwerk und Kult. Vorstellungen des ägyptischen Totenkultes lassen sich nicht nur an den Grabbauten samt Totentempeln der Könige mit ihrem sich entwickelnden Reliefschmuck und Statuenprogramm ablesen, sondern auch an den vielen hundert Privatgräbern, die sich um die Pyramidenanlagen der Herrscher gruppieren. Deutlich mehr private Grabanlagen wurden errichtet, deren immer reichere Ausstattung mit Reliefs, Inschriften, Statuen und anderen Grabbeigaben mehr Informationen über die Rolle ihrer Besitzer innerhalb der ägyptischen Verwaltung bieten. Durch die biographischen Texte aus diesen Anlagen treten die Grabinhaber immer stärker als Individuen hervor.

Bereits die fast 50jährige Regierungszeit des *Snofru* zeichnete sich durch Dauer und Stabiliät aus. Auch sein Sohn *Cheops* regierte mindestens 30, möglicherweise sogar über 40 Jahre. Obwohl er die größte aller ägyptischen Pyramiden erbaut hat, gibt es außer einer winzigen Statuette aus Elfenbein keine vollständig erhaltene Statue dieses Herrschers. Ob die monumentale Skulptur des Sphinx in Giza von *Cheops* oder *Chephren* in Auftrag gegeben wurde, ist nach wie vor Gegenstand ägyptologischer Diskussion. Im Bereich der Privatplastik erreichte man in der Regierungszeit des Cheops einen ersten absoluten Höhepunkt. Spitzenbeamte wie *Cheops* Halbbruder, der Wesir *Anch-haf,* und sein Neffe, der Wesir *Hem-iunu*, lassen sich mit individuellen Zügen porträtieren. Die Büste des *Anch-haf* ragt unter den Porträts der ägyptischen Kunstgeschichte einsam heraus. Mit der Regierungszeit des *Cheops* ist zudem die rätselhafte Objektgruppe der sogenannten Ersatzköpfe verbunden. Während unter *Snofru* die Königssöhne exklusiv die hohen Verwaltungsämter inne hatten, tragen die Prinzen des *Cheops* eher Priester- oder Honorartitel, während die eigentlichen Verwaltungsaufgaben jetzt in den Händen von fachkundigen Beamten liegen. Die möglicherweise nur 10 Jahre dauernde Herrschaft von *Cheops* Sohn *Djedefre* brachte nach bisheriger Quellenlage entscheidende Neuerungen. Die Verehrung des Sonnengottes *Re*, dessen Hauptkultort in Heliopolis lag, erreichte einen ersten Höhepunkt. *Djedefre* nennt sich als erster König »Sohn des (Sonnengottes) *Re*« und führt auch den Namen des Gottes als Bestandteil seines Namens, worin ihm die meisten Könige des Alten Reiches folgen sollten. Das königliche Selbstverständnis wechselt demnach von einem gottgleichen Status des Königs zur Rolle des Gottessohnes. Während einerseits die Aufhebung einer Gleichsetzung von König und Gott eine gewisse Machtminderung bedeutet, rückt andererseits die Verantwortlichkeit des Königs gegenüber den Göttern stärker in den Mittelpunkt. Neben einigen ausdrucksstarken königlichen Rundbildern sind aus der Zeit des *Djedefre* Statuen seiner Söhne erhalten, die als frühe Belege für Tempelplastik erwähnenswert sind. Erste Belege für Expeditionen zur Oase Dachla finden sich an einem in der Libyschen Wüsten gelegenen Lagerplatz im Schutze eines Felsens, den Inschriften als »Wasserberg des *Djedefre*« bezeichnen. Während *Djedefre* seine Pyramide in der Nekropole von Abu Roasch anlegen ließ, kehrte sein Halbbruder *Chephren* wieder auf das Plateau von Giza zurück und errichtete ein Grabmal, das nur unwesentlich kleiner als die Pyramide seines Vaters *Cheops* ist. Die Königsplastik, die unter anderem im Taltempel dieser Anlage aufgestellt war, gehört zu den herausragenden Skulpturen des Alten Reiches. Der Sonnenkult stand wie schon unter *Djedefre* im Fokus der religiösen Entwicklung. Mit *Mykerinos* bestieg vermutlich ein weiterer Sohn des *Chephren* den ägyptischen Thron. Er wird der letzte König sein, der die Nekropole von Giza als Bestattungsort wählt und damit das Ende von Giza als Residenznekropole besiegelt. Seine Pyramide ist bereits deutlich kleiner als die seiner Vorgänger und die gesamte Anlage konnte *Mykerinos* vor seinem Tod auch nicht mehr fertigstellen. Diese Aufgabe fiel seinem Nachfolger und letzten Herrscher der 4. Dynastie *Schepseskaf* zu, dessen Herkunft und Verbindung zur bisherigen Königsfamilie bislang völlig unklar ist. Im durch *Schepseskaf* in notdürftiger Lehmziegelbauweise errichteten Taltempel waren die berühmten Gruppenstatuen des *Mykerinos* mit Gaugottheiten aufgestellt. *Schepseskaf* regierte nur wenige Jahre und wich bemerkenswerterweise von der Form der Pyramide als Grabmal ab und errichtete in Sakkara-Süd eine Mastaba (Mastaba el-Faraun). Er knüpft damit an die Form der königlichen Grabmonumente der 1. und 2. Dynastie an. Die verwandtschaftlichen Verhältnisse am Übergang von der 4. zur 5. Dynastie sind nach wie vor nicht abschließend geklärt. Im Mittelpunkt steht Königin *Chent-kaus I.*, die in der Nähe der *Mykerinos*-Pyramide ihr Grabmal besitzt und den außergewöhnlichen Titel »Mutter zweier Könige« trägt. Es scheint aber einen friedlichen, von Kontinuität geprägten Wechsel von der 4. zur 5. Dynastie gegeben zu haben.

5. DYNASTIE

Der Beginn der 5. Dynastie markiert mit der Regierung des *Userkaf* einen Höhepunkt des Sonnenkultes. Der Titel »Sohn des Re« wurde ein zentrales Element der royalen Titulatur. Zudem errichtete *Userkaf* das erste Sonnenheiligtum. Diese Verehrungsstätten für den Sonnengott mit einem großen, begehbaren Obelisken im Zentrum und einem gut organisierten Opferkult, der eng mit dem königlichen Totenkult verbunden war, sollten auch für fünf seiner Nachfolger dieser Dynastie ein zentrales Bauprojekt werden. Möglicherweise durch die Errichtung der Sonnenheiligtümer nahmen die Ausmaße der königlichen Pyramiden bescheidenere Formen an. *Userkaf* errichtete sein Grabmonument in der Nähe der Stufenpyramide des *Djoser* in Sakkara (Plan 2), während sein Sohn und Nachfolger *Sahure* als Bauplatz für seine Pyramidenanlage Abusir wählte (Plan 3), worin ihm fast alle seine Nachfolger der 5. Dynastie folgen sollten. Die Anlage des *Sahure* ist durch ihre stimmige Architektur, die Wahl der Baumaterialien und die Spitzenqualität der Dekoration ein Meilenstein ägyptischer Funerärarchitektur. Erst *Djedkare Asosi* und *Unas* sollten ihre Pyramiden wieder in der Nekropole von Sakkara errichten, wobei die Grabkammer des *Unas* erstmalig mit den sogenannten Pyramidentexten dekoriert wurde. In den Pyramidentempeln des *Neferirkare* und seines Sohnes *Neferefre* wurden die bislang ältesten Papyrusarchive in Ägypten entdeckt. Die sogenannten Abusir-Papyri enthalten vielfältige Informationen über die komplexe Organisation der Tempelverwaltung und des Totenkultes sowie die religiösen Vorstellungen dieser Zeit und gehören somit zu den wichtigsten Quellen über die ägyptische Verwaltung im Alten Reich. Die Informationen über das Expeditionswesen und andere außenpolitische Aktivitäten Ägyptens nehmen in der 5. Dynastie zu, da neben den Inschriften ägyptischer Beamter in den Expeditionsgebieten auch zunehmend biographische Grabinschriften detaillierter über die Abläufe solcher Reisen berichten. Rohstoffabbau wurde traditionell auf dem Sinai, in der Ostwüste (z.B. Wadi Hammamat), in Assuan und in den nubischen Gebieten betrieben. Zudem sind regelmäßige Handelskontakte mit dem vorderasiatischen Raum (Byblos) und afrikanischen Ländern (Punt, Jam) belegt. Innerhalb der Verwaltung setzt sich der Trend der 4. Dynastie fort, hohe Staatsämter nicht mehr exklusiv mit Prinzen und anderen Angehörigen des Königshauses zu besetzen. Es entwickelte sich ein vielschichtiges Beamtentum, in dem Ämter oft innerhalb der Familien vererbt werden konnten. Während zuvor die Versorgung der Beamten zu Lebzeiten und in Hinblick auf ihr Grab und den Totenkult amtsgebunden vom König zugeteilt wurde, verfügten die hohen und mittleren Beamtenfamilien immer mehr über unabhängigen materiellen Wohlstand, Landbesitz und Verfügungsgewalt über Ressourcen. Neben der Königsfamilie hatte sich damit eine neue einflussreiche Größe im ägyptischen Gesellschaftsgefüge etabliert. Mit einem wachsenden Aufgabenspektrum in den Provinzen ist zudem eine Dezentralisierung der Verwaltung feststellbar und die Beamtenfamilien waren zunehmend weniger mit der Residenz als mit ihrem Einsatz- und Wohnort im Delta und im Niltal verbunden, wo sie sich auch oft bestatten ließen. Unabhängig vom Bestattungsort nimmt die Größe und die Qualität der Ausstattung der Gräber von Spitzenbeamten stetig zu, zudem besitzen auch immer mehr mittlere und niedere Amtsinhaber eigene Gräber samt Grabausstattung und damit die Möglichkeit zur Einrichtung eines eigenen Totenkultes. In der 5. Dynastie beginnen die Beamten zudem, in ihren Gräbern detaillierte Biographien aufzuzeichnen, die eine Fülle von Informationen über Geschichte, Kultur und individuelle Ereignisse im Leben der Menschen enthalten. Es entwickelt sich mit der »Beamtenbiographie« eine neue literarische Kunstform, in der die Texte immer idealisierender werden. Obwohl bereits

Djedkare kein Sonnenheiligtum mehr errichten ließ, blieb der Kult des Sonnengottes der religiöse Schwerpunkt. Der Toten- und Unterweltsgott Osiris, der seinen Hauptkultort in Abydos besaß, tritt allerdings immer mehr in Erscheinung. Indem er die Rolle des Königs in der (ideellen) Versorgung der Toten übernimmt, ist das Schicksal der Menschen nicht mehr an den irdischen Herrscher, sondern an eine Gottheit gebunden und damit ein jenseitiges Leben auch unabhängig von der sozialen Stellung für jeden Ägypter – zumindest theoretisch – möglich.

6. DYNASTIE

Aus welchem Grund mit der Regierung von König *Teti* die Zählung einer neuen Dynastie einsetzt, ist nicht sicher geklärt. Möglicherweise ist *Teti* als Schwiegersohn des *Unas*, des letzten Herrschers der 5. Dynastie, einzuordnen, so dass die royale Linie über die Königstochter *Iput I.* fortgeführt wurde, mit der *Teti* verheiratet war. Auch in der Verwaltung ist eine Konstanz festzustellen. Viele hochrangige Beamte wie die Wesire *Mehu* und *Kagemni* und der Provinzgouverneur *Izi* aus Edfu waren bereits unter *Djedkare* und *Unas* tätig und führten ihre Karriere unter *Teti* fort. Insgesamt setzt sich die Entwicklung in der Strukturierung der Verwaltung und der Aufwertung der Provinzadministration fort. Damit verbunden ist auch eine zunehmende Verteilung des ehemaligen königlich-staatlichen Besitzes an die Tempel und an Privatpersonen. Ein unter *Teti* verfasstes Dekret befreit beispielsweise den *Chontamenti*-Tempel in Abydos von Steuern und Abgaben. Nur kurze Zeit regierte *Tetis* unmittelbarer Nachfolger *Userkare*, dessen genaue familiäre Zuordnung unklar ist. Nur wenige zeitgenössische Belege sind für diesen König überliefert. Die nicht historisch belegbare Erwähnung der Ermordung *Tetis* durch MANETHO wird gelegentlich mit einer mutmaßlichen Usurpierung des Throns durch *Userkare* in Verbindung gebracht. Schließlich bestieg *Pepi I.*, Sohn von *Teti* und *Iput I.*, den ägyptischen Thron als legitimer Nachfolger seines Vaters. Die Heirat des Königs mit zwei Töchtern des Provinzbeamten *Chui* zeigt die Bemühungen des Herrschers, die Beziehungen zu den hohen Beamtenfamilien zu intensivieren. Die offenbar fast 50jährige Regierungszeit des Königs zeichnete sich durch Kontinuität und Wohlstand aus. Neben den üblichen Handelsbeziehungen sind sowohl militärische Strafexpeditionen nach Nubien, als auch nach Vorderasien belegt. Der Beamte *Uni* führte mit Söldnern aus Nubien einen erfolgreichen Feldzug gegen die »Sandbewohner« Südpalästinas, später eine Schiffsexpedition nach »Gazellennase«, einer Örtlichkeit an der vorderasiatischen Küste. Rohstoffe wurden in den traditionellen Abbaugebieten im Sinai und in der ägyptischen Ostwüste gewonnen. Auffällig viele Hinweise gibt es auf königliche Bautätigkeiten in den Provinzen: sogenannte Ka-Kapellen für den Kult des Königs wurden an mehreren Orten errichtet und die Tempel der Gottheiten *Satet* auf Elephantine, *Min* in Koptos, *Horus* in Hierakonpolis, *Osiris* in Abydos und *Bastet* in Bubastis erweitert und neu ausgestattet. Aus der vergleichsweise kurzen Regierungszeit des *Merienre I.*, eines Sohnes von *Pepi I.*, sind zahlreiche Expeditionen und militärische Aktivitäten überliefert. Der inzwischen zum »Vorsteher von Oberägypten« aufgestiegene *Uni* leitete mehrfach Arbeitseinsätze in den Steinbrüchen von Assuan und Hatnub sowie Kanalbauarbeiten. Drei Reisen, die sich über mehrere Monate erstreckten, führten den Expeditionsleiter *Harchuef* nach Nubien, wobei er unter anderem in einen militärischen Konflikt mit libyschen Gruppen hineingezogen wurde. Die letzte lange und bedeutende Regierungszeit der 6. Dynastie war diejenige von *Pepi II.*, der seinem Halbbruder *Merienre I.* bereits als Kind auf den Thron folgte und für den seine Mutter *Anch-nes-Merire II.* zunächst die Regentschaft führte. Seine lange mit 94 Jahren gezählte Herrschaft ist wohl zu 64 Jahren zu korrigieren. Wie bereits unter seinem Vorgänger sind unter *Pepi II.* viele in- und ausländische Expeditionen bekannt. Hinzu kommen Bauvorhaben wie die Herstellung zweier Obelisken und der Bau der dafür benötigten Transportschiffe. Die Pyramide *Pepis II.* liegt wie die seiner Vorgänger *Teti, Pepi I.* und *Merienre I.* in Sakkara und auch ihre Innenräume waren mit Pyramidentexten dekoriert. Dieses Bauwerk sollte der letzte größere Pyramidenbau und das letzte fertiggestellte Grabmal eines ägyptischen Königs des Alten Reiches – des Pyramidenzeitalters – sein.

Auf *Pepis II.* Regierung folgten kurze Herrschaftszeiten, unter anderem diejenige der Königin *Nitokris*. Die anschließende 8. Dynastie (eine bei Manetho aufgeführte 7. Dynastie lässt sich historisch nicht belegen) ist gekennzeichnet von Machtkämpfen um den ägyptischen Thron und schnellen Herrscherwechseln. Die Provinzgouverneure gewinnen weiter an Bedeutung, die politische Einheit Ägyptens zerbricht. Viele einzelne Ursachen sind für diese Entwicklung postuliert worden: Eine nicht mehr funktionstüchtige Verwaltung, die Verknappung von Ressourcen, Missernten, Klimawandel und militärische Bedrohungen. Der Verlust der Zentralgewalt mündet in der sogenannten Ersten Zwischenzeit, die als Zeit des Chaos und des Verlustes von Stabilität, Sicherheit und Verlässlichkeit in politischer, wirtschaftlicher und religiöser Hinsicht im kulturellen Gedächtnis der Ägypter in Erinnerung blieb.

Literatur:

J. v. Beckerath, *Abriss der Geschichte des alten Ägypten*, Oldenbourgs Abriss der Weltgeschichte, München/Wien 1971. E. Hornung, *Grundzüge der ägyptischen Geschichte*, Darmstadt 1996⁴. J. v. Beckerath, *Chronologie des pharaonischen Ägypten*, MÄS 46, Mainz 1997. M. Verner, in: *OEAE* (2001) S. 585–591. J. Kahl, in: *OEAE* 2 (2001) S. 591–593. R. Stadelmann, in: *OEAE* 2 (2001) S. 593–597. H. Altenmüller, in: *OEAE* 2 (2001) S. 597–605. Hornung/Krauss/Warburton, *Ancient Egyptian Chronology* (2006), Jánosi, *Gräberwelt* (2006). v. Falck/Schmitz, *Das Alte Reich* (2009).

Djoser

Titel	Name	Übersetzungsvorschlag
Horus	*Netjeri-chet*	»Göttlich(st)er der Körperschaft«
König von Ober- und Unterägypten	*Netjeri-chet-Nebti*	»Göttlich(st)er der Körperschaft der beiden Herrinnen«
	*Djeser (Djoser)**	
	Nebu	»Goldener«

* postum überlieferter Thron- und/oder Eigenname

Erst seit Mitte der 1990er Jahre ist durch Siegelabdrücke im Grab des *Chasechemui* zu Abydos gesichert, dass der letzte König der 2. Dynastie von König *Djoser* als seinem Nachfolger bestattet wurde und die Reihenfolge der Königsliste von Sakkara denen der Listen von Turin und Abydos vorzuziehen ist. Damit darf *Djoser* zweifelsfrei als erster Herrscher der 3. Dynastie und somit auch des Alten Reiches (ca. 2592–2152 v. Chr.) gelten. Da sich erst die 3. Dynastie durch den umfassenden Einsatz des Baumaterials Stein auszeichnet, erscheint diese Einteilung aus heutiger Sicht folgerichtig, tritt doch Ägypten damit als »Staat aus dem Stein« in sein erstes monumentales Zeitalter ein. Aber auch die alten Ägypter selbst empfanden *Djosers* Herrschaft wohl als Zeitenwende: So hob der Schreiber des Turiner Königspapyrus einzig den Namen des *Djoser* mit roter Tinte hervor. In der Königsliste von Abydos findet er sich mit einem sonst nicht belegten Zusatz unter dem Namen *Djoser-Sa*. Nach dem Turiner Papyrus, dessen Angabe hier zuverlässig zu sein scheint, regierte *Djoser* 19 Jahre. Schätzungen seiner Regierungsdauer anhand der erhaltenen Fragmente des Annalensteins belaufen sich (nach Wilkinson) allerdings auf 28 Jahre.

Eine genealogische Zäsur zwischen 2. und 3. Dynastie hingegen existiert nicht, halten doch die meisten Forscher *Djoser* für einen Sohn des *Chasechemui* und seiner Gemahlin *Ni-Maat-Hap*. Eine seiner Ehefrauen, *Hetep-her-Nebti*, und seine Tochter *Inetkaes* sowie eine Frau deren Namen stark beschädigt ist, sind als maßstäblich verkleinerte Nebenfiguren an der erhaltenen Fußpartie einer Reliefdarstellung des thronenden *Djoser* zu sehen.

Zeitgenössisch überliefert ist *Djoser* nur unter dem damals prominenteren *Horus*-Namen *Netjeri-chet*. Die Identifikation dieses *Netjeri-chet* mit *Djoser* geht aus den von späteren Besuchern seiner Grabanlage hinterlassenen Graffiti, einer während der Ptolemäerzeit in seinem Namen verfassten Felsinschrift, der sogenannten Hungersnot-Stele, und einer spätzeitlichen Priesterstatue, auf der beide Namen in einer Kartusche zusammengefasst sind, hervor.

Im Gedächtnis seiner Nachwelt blieb *Djoser* unter dem Namen »Öffner-des-Steins« als Auftraggeber des ersten monumentalen, ganz in Stein erbauten Architektur-Komplexes in Ägypten lebendig. Wie die ersten Könige der 2. Dynastie verlegte auch er sein Grab von Abydos nach Sakkara (Plan 2). Sein genialer Baumeister *Imhotep* kombinierte erstmals den umwallten Bezirk für die Ritualfeiern mit dem eigentlichen Königsgrab zu einem gewaltigen Gesamtkomplex (Abb. 2, 3). Nach gegenwärtigem Kenntnisstand scheint *Imhotep* mit dem König nicht verwandt gewesen zu sein, sondern seine Stellung allein seiner Kompetenz verdankt zu haben. Aus *Djosers* Regierungszeit sind von *Imhotep* nur ein Siegelabdruck und sein Name und Titel auf einer Statuenbasis des Königs überliefert. Neben hohen Rangtiteln könnte der Titel »Der den Großen schaut«, den später der Hohepriester von Heliopolis trug, am ehesten auf Verantwortung im Expeditions- und Bauwesen hinweisen.

Das eigentliche Grab *Djosers* wird von der weithin sichtbaren Stufenmastaba markiert, die den Bestattungs-Komplex überragt. Sie basiert auf einer einfachen Mastaba (arab. »Bank« für massiven Graboberbau) und wurde sukzessive zu einem sechsstufigen Bauwerk überhöht, das die Vorform der reinen Pyramide darstellt. Interpretiert werden kann das Bauwerk sowohl als

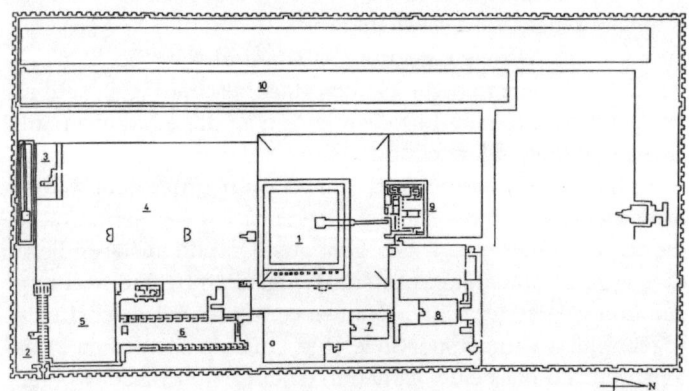

1 – Pyramide, 2 – Eingangskolonnade, 3 – Südgrab, 4 – Südhof, 5 – Tempel «T», 6 – Komplex des sed-Festes, 7 – Südhaus, 8 – Nordhaus, 9 – Totentempel, 10 – Westmassive.

Abb. 2: Djoser Bestattungskomplex, Grundriss (nach Lauer)

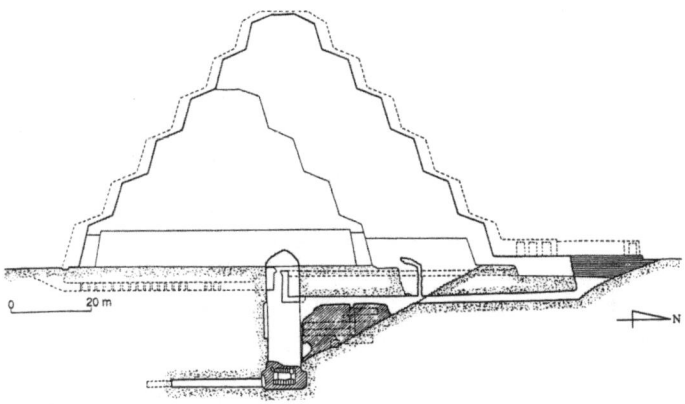

Abb. 3: Nordsüdlicher Schnitt durch die Stufenpyramide (nach Lauer)

monumentale Himmelsleiter für den nächtlichen Aufstieg der königlichen *Ba*-Seele als auch als »Urhügel«, dem Ort der (Neu)-Schöpfung. Die Stufen sind in einer aus dem Ziegelbau übernommenen Technik aufgemauert, bei der von innen nach außen eine vertikale Ummantelung um die vorige geführt wurde. Tief unter der Stufenmastaba liegt die allseitig von einem weitverzweigten Galeriesystem umgebene Sargkammer. Die Galerien bilden einen unterirdischen jenseitigen Wohnbereich sowie Magazine aus. Kammern und Gänge des Wohnbereichs waren ganz mit grünen Fayence-Kacheln ausgekleidet, welche die geflochtenen Matten eines Königspalastes imitieren. Drei mit Reliefs des Königs geschmückte Scheintüren in der Westwand des östlichen Korridors eröffnen dem verstorbenen Herrscher ideell die Möglichkeit, seinen unterirdischen Palast von der Sargkammer aus zu betreten oder zu verlassen. Östlich der ursprünglichen Mastaba erschlossen elf Schächte, die möglicherweise für die Mitglieder der königlichen Familie bestimmt waren, entsprechend nach Westen abgehende Galerien. In einer der nördlichen Galerien fand der Ausgräber Quibell Schädel, Becken- und Oberschenkelknochen einer jungen Frau von 16–17 Jahren, bei der es sich den C^{14}-Daten nach um die Überreste einer der dort bestatteten Töchter des *Djoser* handeln könnte. Die südlichen Galerien enthielten abertausende von Steingefäßen aus der

Zeit *Djosers* und seiner frühdynastischen Vorgänger. Durch eine Planänderung erweiterte man die ursprüngliche Mastaba zunächst nach Osten und versiegelte so die Schächte, bevor die Mastaba ihrerseits dann ganz unter den aufgetürmten Stufen verschwand.

Im Osten der Stufenmastaba gelegene massive Scheinkapellen und ein Podest für den königlichen Pavillon dienten als monumentale Kulisse für die Krönungsjubiläen des *Djoser*, die hier symbolisch für alle Ewigkeit stattfinden sollten. Eine nischengegliederte Außenmauer mit 14 Scheintoren als ideellen Durchgängen umschließt den gesamten Bezirk. Durch einen Zugang am Südende der Ostmauer betritt man zunächst eine langgezogene Eingangshalle, über die man in den großen Hof gelangt. An der Südseite dieses Hofes liegt das unterirdische »Südgrab«, ein Kenotaph, dessen Korridore ebenso wie der Wohnbereich der Grabgalerien unter der Stufenmastaba mit Fayence-Kacheln ausgekleidet sind. In den 1990er Jahren fanden sich zwei in einer späteren Totenkultanlage wiederverwendete Fragmente eines dreiseitig mit Reliefs dekorierten Türpfeilers aus der Anlage des *Djoser*, dessen ursprünglicher Aufstellungsort bislang unbekannt ist. Die gesamte Anlage war zudem von einem monumentalen, 40 m breiten und bis zu 26 m tiefen Graben umgeben, der im wesentlichen als Schutzvorrichtung interpretiert werden muss.

Die konsequente Umsetzung vegetabiler Materialien der Alltagsbauweise in Stein durch *Imhotep* sollte für die künftige Entwicklung des Bauschmucks in der ägyptischen Steinarchitektur die Richtung vorgeben. Zwar waren bereits während der Frühzeit Steingefäße geschaffen worden, die Beutel, Körbe und andere organische Behältnisse liebevoll imitierten, aber erst *Imhotep* übertrug das im Bestattungswesen für Beigaben wirksame Prinzip auf die von ihm geschaffene Steinarchitektur: So gerannen aufgereihte Palmwedel, mit denen die Lehmziegelmauern bekrönt waren, zur steinernen Hohlkehle; Binsenbündel, die schützend an den Kanten entlangliefen, versteinerten zum Rundstab. Die ersten, noch mit der Wand verbundenen Dreiviertelsäulen imitierten dünne Stützen oder gebündelte Pflanzenstängel, die nur ein leichtes Dach tragen konnten. Jüngst wurde die Frage aufgeworfen, ob architektonische Innovationen wie eine ganz aus Granit gemauerte Grabkammer, die Steigerung von einem einstufigen Tumulus zu einer sechsstufigen Pyramide, eine über 10 m hohe Umfassungsmauer und der schützende Graben von 40 m Breite nicht primär von einem Schutzbedürfnis motiviert waren. Jedenfalls könnten negative Erfahrungen wie politische Unruhen und zeitnah zur Bestattung einsetzende Grabräuberei wie im Falle des Königsgrabes von *Chasechemui* aufwendige Schutzmaßnahmen dringlich gemacht haben. Die durch die Vereinigung von Grabanlage und Festbezirk bewirkte architektonische Verdichtung des *Djoser*-Bezirkes dürfte aber religiös-konzeptionell begründet gewesen sein. Zudem liegt hier keine rein funktionale Sicherheitsarchitektur vor, vielmehr sollte doch wohl die Dauerhaftigkeit der gewählten Formen und Materialien insbesondere bei den Scheinbauten eine Ritualbühne auch materiell verewigen, um die dort begangenen Rituale »magisch« zu perpetuieren.

Im Verlauf des von *Imhotep* geleiteten Bauprojektes brannte man die für damalige Verhältnisse ungeheure Anzahl von rund 36.000 Fayence-Kacheln. Zum Glasieren der quasi industriell gefertigten Kacheln war Türkis erforderlich, der während aufwendiger Expeditionen auf dem Sinai gewonnen werden musste. Eine Felsinschrift von königlichen Beauftragten im Wadi Maghara zeigt *Djoser* beim »Erschlagen der Feinde« und fixiert ihn so bildlich als übelabwehrenden Herrscher. Auch bis dahin nie gekannte Volumina an hochwertigem Kalkstein wurden für die Anlage verbaut. Das Material für die Verkleidung wurde in den Steinbrüchen von Tura auf dem östlichen Nilufer gebrochen. Abbau, Transport und Verarbeitung der Materialien erforderten eine hochentwickelte Logistik, die ohne einen stabilen Organisationsrahmen nicht denkbar ist. Damit legt dieses frühe Großprojekt der Menschheit indirekt auch ein Zeugnis für die Leistungsfähigkeit des altägyptischen Staates ab.

Auch die erste Sitzstatue Ägyptens, die einen König in Lebensgröße wiedergibt, stellt *Djoser* dar. Sie war in einem allseits geschlossenen Raum nördlich der Stufenmastaba aufgestellt, der nach Norden hin orientiert war. Über zwei in die Stirnwand der Statuenkammer gebohrte Löcher nahm die leicht nach hinten geneigte Statue Verbindung zur Außenwelt auf und konnte so an den Ritualen der ewigen Jubiläumsfeiern teilnehmen. Diese Interpretation legt auch der eng anliegende Mantel nahe, den der König mit der rechten Hand zuhält und der anlässlich dieser Feiern getragen wurde. Wie bei ägyptischen Kalksteinstatuen später generell üblich, war die Statue mit Stuck überzogen und vollständig bemalt. *Djoser* trägt einen langen, mit Bartbinden fixierten Kinnbart als göttliches Attribut und auf dem Kopf eine voluminöse Götterperücke. Eine Frühform des typisch pharaonischen gestreiften Nemes-Königskopftuches liegt auf der Perücke. Der leicht nach hinten geneigte Oberkörper, der kubische Thronsitz und die königlichen Attribute sollten in der hier erstmals auftretenden Form für Rundplastiken ägyptischer Könige vorbildlich werden.

Schließlich gehen auch die komplexen Text-Bild-Kompositionen, wie sie für den ägyptischen Tempelbau seitdem maßgeblich bleiben sollten, auf *Djoser* zurück: Relieffragmente aus Heliopolis mit Darstellungen sitzender Götter und dazwischen eingestreuten längeren Texten stammen sehr wahrscheinlich von einem Bau, der in Verbindung mit einem Fest errichtet wurde. Die Texte sind als Götterreden verfasst, von den erhaltenen Götterdarstellungen ist nur die des *Seth* eindeutig identifizierbar. Heliopolis als Zentrum der Sonnentheologie bot dem König eine geeignete Lokalität, seine Verbindung zu den Göttern und die Legitimität seiner Herrschaft darzustellen.

Weil Gaue erstmals in einer Gefäßaufschrift unter *Djoser* belegt sind, verbindet man realpolitisch die Aufteilung des ägyptischen Flächenstaates in ober- und unterägyptische Gaue mit seiner Regierungszeit. Die so bewirkte administrative Durchdringung des Landes diente wohl der flächendeckenden Sammlung von Abgaben, denn die Gaue besaßen regionale Zentren, in denen sich repräsentative Bauten erhoben. Offenbar wirkte diese neu entwickelte Bauform des königlichen Grabmals auf ihre damaligen Betrachter so gewaltig, dass sie für königliche Präsenz schlechthin stehen konnte. So ließen *Djosers* Nachfolger (*Huni, Snofru*) in Siedlungen und an Verkehrsknotenpunkten der Provinz kleinere Stufenmastaben als Zeichen royaler Ge-

genwart errichten. Naturgemäß erzwangen die mit dem Einsammeln von Abgaben und ihrer Weiterleitung an die Residenz verbundenen organisatorischen Anforderungen den Ausbau des bestehenden Beamtenapparates. Belege für die staatliche Verwaltung der *Djoser*-Zeit sind allerdings außerhalb des memphitischen Raumes erstaunlich wenige überliefert, darunter vier Krug-Siegel auf der Insel Elephantine.

Zeitgenössische Privatgräber haben sich vor allem im oberägyptischen Bet Challaf und Sakkara-Nord erhalten: Die monumentale Mastaba K1 in Bet Challaf stellt mit ihren Ausmaßen (85,5 x 46,2 m²) selbst die Ur-Mastaba des *Djoser* (71,5 x 71,5 m²) in den Schatten. Verstreute Siegel von *Peribsen*, *Ni-Maat-Hap* und *Djoser* erlauben keine sichere Zuweisung mehr, doch gilt *Djosers* Mutter *Ni-Maat-Hap* einigen Forschern als wahrscheinlichste Kandidatin für die dortige Bestattung. Durch das Ziegelmassiv der Mastaba führt von Osten eine Rampe auf das Dach. Von dort gelangt man über eine zweifach umknickende Treppe in einen um 30° absteigenden Korridor, der die unterirdisch in den Fels geschlagenen Grabkammern erschließt. Der Korridor ist mit 6 Fallsteinen versehen, die durch separate Schächte herabgelassen wurden, und ist mit dem bislang ältesten erhaltenen Ziegelgewölbe Ägyptens eingedeckt. Die mit Kalkstein ausgekleidete Sargkammer stellt lediglich eine Ausbuchtung des weiter nach Süden führenden Hauptkorridors dar. Während die östlichen und westlichen Kammern Beigaben enthielten, standen die südlichen Kammern leer, weil sie wohl als Privatgemächer aufgefasst wurden.

Von den drei durch Siegel sicher der Regierungszeit des *Djoser* zugewiesenen Elitegräbern in Sakkara-Nord erlangte das des hohen Verwaltungsbeamten *Hesi-Re* wegen der darin gefundenen reliefierten Holzpaneele besondere Berühmtheit. Die erhaltenen sechs von einst 11 Paneelen stellen den schreitenden Grabherrn dar und nur das wohl ehemals südlichste zeigt ihn sitzend vor dem Speisetisch. Während die unterirdischen Kammern weiter als Wohnbereich des Verstorbenen fungieren, wird der oberirdische Bau jetzt als Kontaktzone des Grabherrn mit dem Diesseits architektonisch ausgestaltet. Bei der Mastaba des *Hesi-Re* sind mehrere Bauphasen erkennbar: In einer 1. Phase wird dem Ziegelmassiv im Osten ein Korridor mit 8 Nischen in der Westwand vorgelegt. In einer 2. Phase legte man einen weiteren Korridor mit diesmal 11 Nischen vor den ersten. Diese waren mit einem Dekor versehen, der Wandbehänge imitierte, und enthielten die Holzpaneele. Die der Nischenwand gegenüberliegende, glatte Ostwand des Korridors war hingegen mit gemalten Beigaben ausgeschmückt, die eindeutig als jederzeit aktivierbarer Ersatz für die stets von Raub bedrohten realen Beigaben dienten. Später wurde den beiden älteren noch ein 3., innen ausgemalter Korridor vorgesetzt. Der diesem vorgelagerte Eingangsbereich im Süden erhielt einen Statuenraum. Hier waren Statuen des Verstorbenen und seiner Angehörigen aufgestellt, die als deren Stellvertreter die von den Hinterbliebenen an den Kultstellen dargebrachten Opfergaben entgegennahmen. Damit hat sich im Laufe der 3. Dynastie der Bedeutungsschwerpunkt des Grabes vom Haus für den Verstorbenen stärker zu einer Bühne für seinen Totenkult hin verlagert. Die späteren beiden Bauphasen des Grabes könnten durchaus nach der Zeit des *Djoser* datieren. Von den drei unterirdischen Ebenen des Grabes ist nur die obere vollständig ausgebaut. Die Galerie der 1. Ebene wurde über einen von Norden kommenden Treppenabgang sowie durch einen rechteckigen Schacht erschlossen. Dass der Hausgedanke weiterhin Gültigkeit besaß, zeigt der von der Sargkammer im Süden abzweigende Gang, der in eine kleine, als »Toilette« zu deutende Nebenkammer führt. Außer dem Grab des *Hesi-Re* datieren Siegel des *Djoser* auch die Elitegräber 2305 und 3518 in seine Regierungszeit. Bei Grab 3518 handelt es sich um ein Doppelgrab, das für ein Ehepaar angelegt wurde.

In der ägyptischen Überlieferung blieb die Erinnerung an *Djosers* bis in die Römerzeit lebendig, was nicht zuletzt der Prominenz seines Baumeisters *Imhotep* zu verdanken war: In der Märchensammlung des Papyrus Westcar, der in das Mittlere Reich bzw. die 13. Dynastie datiert, wird der mit dem Titel »König von Ober- und Unterägypten« versehene Name des *Djoser* am Beginn einer Erzählung erwähnt, die heute verloren ist. In der 12. Dynastie stiftete *Sesostris* II., ebenso wie vorher sein Großvater *Sesostris* I., Statuen früherer Könige Ägyptens in das Heilig-

tum des *Amun* in Karnak,: Von einer unter *Sesostris* II. gefertigten Sitzstatue des *Djoser*, die vermutlich ebenfalls in Karnak aufgestellt war, ist nur noch das heute in Berlin aufbewahrte Unter-
teil erhalten. Mit Recht ist vermutet worden, die berühmte
Königsliste von Karnak aus der Zeit *Thutmosis* III. stelle eigentlich ein Inventar aller hier seit der 12. Dynastie aufgestellten Statuen früherer Könige dar. In dieser Liste dürfte *Djoser* als erster
König ganz am Anfang gestanden haben. Vermutlich waren
hier nur Statuen von Königen aufgestellt, deren Totenkult auch
während des Neuen Reiches noch fortbestand, so dass die verstorbenen Könige sowohl in ihren ursprünglichen Bestattungsanlagen wie auch über ihre in Karnak präsenten Statuen als
Mittler zu den Göttern fungieren konnten.

Die teilweise noch zugängliche Anlage des *Djoser* in Sakkara
wurde fast das gesamte Neue Reich hindurch von Schreibern,
teils in Begleitung ihrer Schüler, und sogar ganzen Schulklassen
besucht. Diese Besucher hinterließen im »Haus des Nordens« genannten Gebäude ihre hieratisch geschriebenen Graffiti, in denen der Bezirk mit einem Tempel verglichen wurde, der nach
ägyptischem Verständnis den Kosmos selbst abbildet. Auch Opferformeln und Gebete wurden aufgezeichnet, so dass hier *Djoser* für diese Besucher wohl ganz persönlich als Mittler fungierte. Explizit als solcher dargestellt ist er mit dem zusammengesetzten Namen *Djoser-Nebu* neben den Königen *Teti* (hier für *Sechemchet*) und *Userkaf* auf einem Relieffragment, das vom Grab
des *Mehu* in Sakkara aus der 19. Dynastie stammt. Zugunsten des
Grabherrn heben die längst verstorbenen Könige anbetend eine
Hand vor *Harachte*, *Atum* und mindestens einem weiteren Gott.
Vielleicht sind nicht zufällig Könige ausgewählt, deren Pyrami-
den-Anlagen *Chaemwese*, der Hohepriester des *Ptah*, im Auftrag
seines Vaters *Ramses* II. freilegen und restaurieren ließ. *Mehu*
könnte zu diesem Restaurationsteam gehört haben, das auf eins-
tigen Verkleidungsblöcken der Stufenmastaba des *Djoser* eine Re-
staurierungsinschrift *Chaemweses* angebracht hat. Ebenfalls aus
der Regierungszeit *Ramses* II. stammt ein hieratisches Graffito
mit einer Anrufung des *Teti*, »geliebt-von-*Ptah*« und des *Djoser*,
»Öffner des Steins« auf einem Block des Pyramidentempels von
Chendjer, einem in Sakkara bestatteten König der 13. Dynastie.

Eine dem *Osiris Apis* geweihte Stele der 22.–24. Dynastie aus dem Serapeum in Sakkara stellt den *Apis*-Stier im oberen, Opfertische und eine Statue des knienden Königs *Djoser* im unteren Register dar. Das Opfergebet des Stifters richtet sich zwar an den Apis, doch ist in der Darstellung *Djoser* in Gestalt seiner Statue offenbar als Mittler vorgeschaltet. Entsprechend wurde vor die *Apis*-Wiedergabe die auf *Djoser* bezogene Titulatur »König von Ober- und Unterägypten *Netjeri-chet-Nebti Nebu*« geschrieben, die man bis in Details hinein von einem Türsturz aus den unterirdischen Galerien der Stufenmastaba kopiert hat. In der 26. Dynastie wurde ein breiter Gang zum Grabschacht unter der Pyramide gelegt und in der unterirdischen Anlagen sind sowohl Restaurierungsarbeiten durchgeführt, als auch die dortigen Reliefdarstellungen kopiert worden. Das zeigen Quadratnetze, welche den damaligen Kopisten zum Übertragen der Reliefmasse dienten. Damit korrespondieren archäologische Funde von Reliefs im spätzeitlichen Palast von Memphis, die nach Vorlagen aus dem *Djoser*-Bezirk gefertigt waren.

Aus der Regierungszeit des persischen Großkönigs *Darius* hat sich im Wadi Hammamat eine Felsinschrift eines »Oberbaumeisters« *Chnum-ib-Re* erhalten, die dessen Stammbaum über 22 Generationen zurück verfolgt. Dieser setzt mit einem *Rahotep* ein, »der den Ruhm des *Imhotep*, des Vorlesepriesters von König *Djoser*« übertroffen haben soll. Auch wenn der Stammbaum streckenweise fiktiv sein dürfte, zeigt der Bezug auf *Imhotep* doch ein fortdauerndes Bewusstsein von dessen Bedeutung und damit auch von der Zeit *Djosers* an. Die bereits kurz erwähnte Priesterstatue aus der Perserzeit nennt unter vielen weiteren Priestertiteln des Stifters *Ahmose* im Gebiet der memphitischen Nekropole auch den eines Priesters des (vergöttlichten) *Imhotep*, den eines »(Toten)-Priesters des Königs von Ober- und Unterägypten *Netjeri-chet Djoser*« und den eines Priesters der Statuen des Königs *Amasis* im Tempel der Domäne der *Bastet*. Anscheinend war der Totenkult für *Djoser* zu dieser Zeit bereits als Filialkult in den Tempel der *Bastet* überführt worden und wurde nicht mehr im alten *Djoser*-Bezirk gepflegt. Auf dem in Berlin aufbewahrten ptolemäerzeitlichen Sarg des Priesters *Senbef* ist als ein Titel seines Besitzers auch der eines Priesters des »Königs von Ober- und Unterägypten *Djoser*« aufgeführt. Das berühmteste Denkmal der Ptolemäerzeit mit Bezug zu *Djoser* ist jedoch eine Felsinschrift auf der Nilinsel Sehel im Gebiet des 1. Kataraktes, die sogenannte Hungersnot-Stele, die fiktiv in das 18. Jahr des »*Horus Netjeri-chet* ... Goldhorus *Djoser*« datiert ist. Dort wird geschildert, wie *Djoser* einer siebenjährigen Hungersnot in Ägypten wegen den obersten Vorlesepriester *Imhotep* nach der Lage der Nilquellen befragt und dieser sie in Elephantine, dem Gebiet des Gottes *Chnum*, lokalisiert. Daraufhin erscheint *Chnum* dem *Djoser* im Traum und kündigt das Ende der Hungersnot an. Im Gegenzug erhält er von *Djoser* das unternubische Zwölfmeilenland zum Besitz. Noch auf einem demotischen Papyrus (P. Carlsberg 85) aus den ersten nachchristlichen Jahrhunderten findet sich die märchenhafte Erzählung, *Djoser* und sein Wesir *Imhotep* seien gegen Assyrien zu Felde gezogen, um dort Götterbilder zu erbeuten. Es handelt sich wohl um die nachträgliche Historisierung einer schon von HERODOT erzählten, aber mit (Pseudo)-»*Sesostris*« verbundenen Legende.

Da *Imhotep* sich seit der Spätzeit als Heilgott im ägyptischen Pantheon etablierte, blieb auch das Gedächtnis an seinen früheren Dienstherrn *Djoser* lebendig. *Djoser* selbst, dessen Totenkult während des Mittleren und Neuen Reiches in seinem Bezirk weitergepflegt wurde, übernahm spätestens im Neuen Reich eine Mittlerrolle, die er dann auch während der 3. Zwischenzeit beibehielt. In den Rang einer Gottheit mit eigenem Tempelkult sollte er jedoch, anders als sein Gefolgsmann *Imhotep*, nicht aufsteigen.

Literatur:

A. ERMAN, in: *ZÄS* 38 (1900) S. 114–123. WILDUNG, *Rolle* (1969) S. 57–93. J. v. BECKERATH, in: *LÄ I* (1975) Sp. 1111–1112. J.-P. LAUER, in: *Mélanges Mokhtar II* (1985) S. 61–67. W. HELCK, in: *Festschrift Brunner-Traut* (1992) S. 143–150. W. KAISER, in: *Festschrift Brunner-Traut* (1992) S. 167–190. Z. HAWASS, in: *JEA* 80 (1994) S. 45–56. J. KAHL/N. KLOTH/U. ZIMMERMANN, *Die Inschriften der 3. Dynastie, ÄA 56* (1995) S. 7–128. F. D. FRIEDMAN, in: *JARCE* 32 (1995) S. 1–42. SCHNEIDER, *Lexikon* (1996) S. 175–177. G. DREYER, in: *Festschrift Stadelmann* (1998) S. 31–34. VERNER, *Pyramiden* (1998) S. 128–129, 131–165. WILKINSON, *Early Dynastic Egypt* (1999) S. 95–98. M. BAUD,

Djéser et la IIIe dynastie, Paris 2002. J. Kahl, in: *Festschrift Graefe* (2003)
S. 149–159. R. Germer, in: *Sokar* 7 (2003) S. 36–41. L. D. Morenz, in: *5.
Ägyptologische Tempeltagung* (2002) S. 137–158. Dodson/Hilton, *Royal Families* (2004) S. 44–49. Jánosi, *Gräberwelt* (2006) S. 21–32. H. Navrátilová,
*The Visitors' Graffiti of Dynasties XVIII and XIX in Abusir and Northern
Saqqara*, Prag 2007, S. 65ff. M. v. Falck, in: v. Falck/Schmitz, *Das Alte
Reich* (2009) S. 29–32 und 52–53 (Nr. 3). K. Ryholt, in: Ghislaine Widmer/
Didier Devauchelle (Hrsg.), *Actes du IXe Congrès International des Études
Démotiques: Paris, 31 août–3 septembre 2005*, Kairo 2009, S. 305–315.
R. Stadelmann, in: *Festschrift Gaballa* (2010) S. 31–38. M. Haase, in: *Sokar*
22 (2011) S. 18–23. R. Stadelmann, in: *Festschrift Verner* (2011) S. 375–389.

Snofru

Titel	Name	Übersetzungsvorschlag
Horus	*Neb-Maat*	»Herr der Maat«
König von Ober- und Unterägypten	*Neb-Maat-Nebti*	»Herr der Maat der beiden Herrinnen«
Falke des Goldenen	*Senefer-wi (Snofru)*	»(Er) hat mich vollkommen gemacht« > postum als »Der Wohltäter« aufgefasst

Snofru war der Begründer und erste König der 4. Dynastie. Von
seinen Eltern ist nur seine Mutter *Meries-anch I.* bekannt. Diese
trug den Titel einer »Gottesmutter«, was darauf hindeutet, dass
sie keine Hauptgemahlin des *Huni*, des letzten Königs der 3. Dynastie, sondern höchstens seine Nebenfrau gewesen sein könnte und vielleicht nicht einmal der königlichen Familie entstammte. Ob *Huni* überhaupt oder irgendein anderer Prinz des
Königshauses Vater des *Snofru* war, bleibt gegenwärtig ungeklärt. Einer älteren Generation von Söhnen *Snofrus* rechnet man
den unbekannten, in der Mastaba M17 von Meidum bestatteten
Prinzen, Prinz *Nefer-Maat*, den Bauleiter der Pyramidenanlagen, sowie die Prinzen *Ra-hotep* und *Ra-nefer* zu. Aber erst *Cheops*, ein Sohn seiner jüngeren Hauptgemahlin *Hetep-heres I.*,
wurde *Snofrus* Nachfolger. Den in Mastaba M17 bestatteten anonymen Prinzen sieht Stadelmann als einen vorzeitig verstor-

benen Kronprinzen an, da seine Mastaba aus dem Bauschutt der Meidum-Pyramide errichtet ist. Die meisten Forscher halten *Ka-nefer* und *Anch-haf* für jüngere Söhne des *Snofru*. Ersterer ist in Dahschur, letzterer bereits in Giza bestattet, während die älteren Söhne wie *Nefer-Maat* und *Ra-hotep* noch in Meidum beigesetzt wurden. Eventuell sind auch *Netjer-aperef*, Besitzer einer großen Mastaba in Dahschur sowie *Iinefer* Söhne des Königs. Neuerdings wird von R. GUNDACKER auch Prinz *Ka-wab*, der bislang als Sohn des *Cheops* galt, als Sohn der *Hetep-heres I.* und des *Snofru* angesehen und wäre demnach der Bruder des *Cheops*. Nach GUNDACKER soll *Snofru* auch *Merit-ites I.* in seinen Harem aufgenommen haben, bevor diese seinen Nachfolger *Cheops* ehelichte. *Nefret-kau* ist als Tochter *Snofrus* belegt. Vermutlich waren aber auch *Ahau-ka* und *Umetet-kai*, deren Statuen sich im sogenannten Taltempel des *Snofru* in Dahschur fanden, dessen Sohn bzw. Tochter. Es wurde vorgeschlagen, dass die Statue der *Umetet-kai* zusammen mit einer größeren Figur ihres Vaters, die heute verloren ist, in einen gemeinsamen Sockel eingelassen war. Auch eine Statue des *Nefer-Maat II.*, eines Sohnes der *Nefret-kau* und Enkels des *Snofru* war im Taltempel von Dahschur aufgestellt.

Bei dem Eigennamen *Snofru* handelt es sich – im Gegensatz zu seinen Vorgängern – auch um den Namen, unter dem sein Träger sowohl zeitgenössisch belegt als auch postum bekannt bleiben sollte. Dem bereits unter *Huni* in Kartusche geschriebenen Eigennamen steht in *Snofrus* Fall häufig der mit einem Zusatz versehene Goldtitel »Falke des Goldenen« voran, der hier erstmals in der Kombination Titel + Name belegt ist, während die Könige vorher lediglich mit dem Zeichen für »Gold« gebildete Titel ohne folgenden Eigennamen trugen. Für die 4. Dynastie sollte die folgende Sequenz des königlichen Namensprotokolls maßgeblich werden: *Horus*-Name – Thronname mit Herrinnen-Element – Goldtitel – Eigenname in Kartusche. Der als »Herr der *Maat*«, d.h. der Weltordnung, übersetzbare *Horus*-Name stellt eine theologische Aussage dar.

Das in Palermo aufbewahrte Annalensteinfragment belegt in der 6. Reihe drei komplette Regierungsjahre des *Snofru*. Zwei

Jahre nennen das 7. und das ausnahmsweise direkt darauffolgende 8. Mal der Viehzählung, ohne dass der sonst übliche
zweijährige Zählrhythmus berücksichtigt wurde. An sonstigen
Ereignissen werden der Bau von Schiffen, die Herstellung von
Statuen, die Gründung von 35 Domänen für den Totenkult, die
Einrichtung von 122 Viehweiden (d.h. großen Viehherden), der
Bau einer Festung, die Ankunft von 40 Schiffen mit Zedernholz
(aus Vorderasien), die Anlage eines neuen Palastes sowie Feldzüge in Nubien und Libyen aufgezählt. Allerdings hat die Tatsache, dass auf dem Annalenstein das Jahr der 8. Zählung direkt auf das der 7. folgt, Zweifel am durchgehenden Zweijahres-
rhythmus der Viehzählung verursacht. Um diesen nicht grundsätzlich in Frage zu stellen, gehen manche Forscher von einer
einmaligen ereignisbedingten (z.B. wegen eines Feldzuges) Ver-
zögerung der Viehzählung aus. Ein in Dahschur neu gefundenes Datum gibt das »24. Mal der Viehzählung« an und sichert
somit für *Snofru* mindestens 47 bzw. 48 Regierungsjahre. Wenn
daher im Königspapyrus von Turin nur 24 Regierungsjahre genannt sind, mag dem eine falsche Übertragung der Zählungs-
weise des Alten Reiches zugrundeliegen.

Eng verbunden mit der Regierungszeit des *Snofru* ist das Phänomen der sogenannten »inneren Kolonisation«. Nach einer
weithin akzeptierten Theorie machten das von *Snofru* lancierte
Pyramidenbauprogramm sowie die nachfolgend notwendige
Sicherstellung der Totenversorgung für den verstorbenen König
und seine Gefolgsleute die Etablierung von Versorgungseinrichtungen wie den genannten 35 Domänen und 122 Viehweiden notwendig. Dies beschleunigte eine ungeahnte Expansion
der königlichen Bürokratie, musste doch die Aushebung, Ver-
köstigung und Ausstattung der Bautrupps sowie die Verwaltung der neu angelegten Gutshöfe gewährleistet sein. Kleine
Stufenmastaben, von denen sich 7 Exemplare erhalten haben,
sollten offenbar in den Provinzen die königliche Präsenz anzei-
gen und zeugen von dem strukturierteren Zugriff auf die Ressourcen des Landes durch die Zentralgewalt des Herrschers.
Auch die Einteilung Ägyptens in Verwaltungsregionen, die sogenannten Gaue, scheint unter *Snofru* vorangetrieben worden
zu sein.

In zwei Felsinschriften Unternubiens heißt es einander ergänzend: »*Cha-bau-Bet*, Gauverwalter des 17. oberägyptischen
Gaus: Er kam mit 20.000 Soldaten, um Wawat (Unternubien) zu
zerhacken.« »*Sau-ib*, Gauverwalter des Nordteils des unterägyptischen Ostgaus: Man fing 17.000 Nubier.« Möglicherweise ist
die Zahl der Gefangenen sogar zu »7000 Nubier« zu korrigieren,
was der Angabe auf dem Palermostein entsprechen würde. Dieser zählt nämlich 200.000 Stück Vieh und 7.000 nubische Gefangene sowie ergänzend 1.100 Gefangene und 13.000 Stück Vieh
als Beute einer Razzia in Libyen auf. Nach HELCK erhöhte die
Einrichtung königlicher Güter den Bedarf an Arbeitskräften,
die im Lande selbst nicht mehr zur Verfügung standen. In den
genannten Nubien-Expeditionen sollte man daher weniger Er-
oberungsfeldzüge, als vielmehr militärische Expeditionen zur
Beschaffung von Rohstoffen und Arbeitskräften erkennen.

Das Grab des wohl unter *Snofru* verstorbenen Beamten *Metjen*
wurde noch in Sakkara angelegt, bevor die Gräber der hohen
Beamten in der Nähe von *Snofrus* Pyramiden in Meidum und
Dahschur errichtet wurden. Die Wände des Eingangskorridors
der kreuzförmigen Opferkammer tragen die ältesten längeren
juristischen Dokumente Ägyptens. Es handelt sich um die Belehnung *Metjens* mit Stiftungsgütern, eine königliche Genehmi-
gung zum Hausbau und die erbrechtliche Übertragung des vä-
terlichen Besitzes, womit die Texte alle einen biographischen
Hintergrund aufweisen. Die Belehnung mit Liegenschaften der
königlichen Totenstiftung, die hier meist im Delta gelegen waren, umfasste für *Metjen* die Erlaubnis, als Verwalter derselben
auch von einem Teil ihrer landwirtschaftlichen Produkte persönlich zu profitieren. Die jeweiligen von ihm verwalteten Güter sind explizit in den nunmehr etablierten ägyptischen Gauen
lokalisiert. *Metjen* konnte als Angehöriger der Zentralverwaltung von Unterägypten nach Oberägypten wechseln, wo er bis
zum »Gauherren« aufstieg. Dieser von *Metjen* getragene Titel
wird später durch den Titel eines »Gauvorstehers« ersetzt, doch
handelt es sich in beiden Fällen um den Spitzenposten in der als
Gau bezeichneten regionalen Verwaltungseinheit. Da *Metjen* sowohl den Titel »Aufseher der königlichen Domäne des *Huni*« als

auch »Vorsteher der Reinigungs-Priester im Tempelbezirk des *Snofru*«, führte, datiert man seine Laufbahn gemeinhin in die Regierungszeiten der beiden Herrscher. Seine Bestattung in Sakkara lässt aber auf ein Ableben in *Snofrus* früheren Regierungsjahren schließen, als die jüngere Nekropole in Dahschur noch nicht belegt wurde. Als indirekte Quelle für den Stand der ägyptischen Zentralverwaltung unter *Snofru* sind die biographischen Dokumente des *Metjen* von unschätzbarem Wert. Heute befinden sich Grabkammer und Grabstatue des *Metjen* im Museum in Berlin.

Unter *Snofru* begann das eigentliche Zeitalter der Pyramiden und erreichte auch bereits seinen Höhepunkt. Dem verbauten Steinvolumen nach hat dieser Herrscher als größter Bauherr Ägyptens zu gelten. Da er seine Residenz anfänglich bei Meidum einrichtete, ließ er in Meidum eine Stufenmastaba errichten, die noch ganz in traditioneller Schalenbauweise ausgeführt wurde. Die zunächst sieben- dann achtstufig ausgebaute Stufenpyramide erhielt als neues architektonisches Element eine nordsüdlich ausgerichtete Grabkammer mit Kraggewölbe. In Sichtweite der Stufenpyramide von Meidum wurde die kleinere Stufenpyramide von Seila errichtet und mit einer Opferstelle für den Königskult versehen. Offenbar aber verlegte *Snofru* zwischen den Regierungsjahren 12 und 15 seine Residenz und gab daher Meidum als Begräbnisplatz auf. Stattdessen ließ er in Dahschur eine echte Pyramide mit glatten Seitenwänden errichten, womit auch die Stufenmastaba als Grabform für immer abgelöst wurde. Des schlechten Baugrundes wegen kam es bei seiner ersten Pyramide zu Setzungen und Rissen, so dass der ursprünglich gewählte, steile Böschungswinkel abgeflacht werden musste und sich die charakteristische Form der »Knickpyramide« ergab. Im Inneren der Pyramide verliefen ein wie üblich von der Nordseite her betretbares und ein ungewöhnlicherweise von der Westseite her betretbares Gangsystem, die beide in Grabkammern mit Kraggewölbe mündeten. Allerdings ließen sich dort keine Spuren einer königlichen Bestattung nachweisen. Auch bei der Anlage der zur Pyramide gehörigen Kultanlagen wich *Snofru* erstmals von der traditionellen Nord-

Südausrichtung zugunsten einer an der Sonnenbahn orientierten Ost-Westausrichtung ab: Eine Kapelle mit Stelen an der Ostseite der Pyramide war über einen Aufweg mit einem dem am Rande des Fruchtlandes errichteten Taltempel verbunden. Zwischen Pyramiden- und Taltempel führte der Aufweg durch eine weitere Kultstätte. Aus den dortigen Kapellen haben sich ca. 2 m hohe Schreitfiguren des Königs erhalten, die allerdings mit der Architektur verbunden waren. Demnach handelte es sich strenggenommen nicht um echte Rundplastiken, sondern um Hochreliefs; doch kann man darin schon einen Vorgriff auf das quasi-architektonische Element des Rückenpfeilers erkennen, der später kanonisch werden sollte und den Charakter der ägyptischen Steinskulptur als nicht all-, sondern frontal- und seitenansichtige Plastik bestimmen wird.

Im 29. Regierungsjahr *Snofrus* gab man die Knickpyramide wegen desaströser Bauschäden als Grabanlage auf und begann in Dahschur mit dem Bau einer neuen Pyramide. Gleichzeitig wurde zwischen den Jahren 29 und 33 auch die Stufenmastaba von Meidum durch Verkleidung der Stufenabsätze in eine echte Pyramide umgewandelt und stand somit für den Fall eines plötzlichen Ablebens als zeitgemäße Grablege bereit. Erst in seiner dritten, der sogenannten Roten Pyramide ließ sich *Snofru* schließlich auch bestatten, wobei der Pyramidentempel an der Ostseite postum offenbar eilig in Ziegeln fertiggestellt wurde. Im Pyramideninneren gelangte man über zwei Vorkammern in die ostwestlich orientierte Grabkammer, deren Zugang sich in 8 m Höhe befand. Die neue Ost-Westausrichtung königlicher Grabanlagen an der Sonnenbahn, in der sich die nun dominante Stellung des Sonnengottes manifestierte, wurde von nun an auch unter den folgenden Herrschern und Dynastien beibehalten.

Mit dem Pyramidenbau einhergehend ließ König *Snofru* planmäßig Gräberfelder für seine Familie und die übrige Staatselite anlegen. Diesem Personenkreis bedeutete ein vom König in der Nähe seiner Pyramidenanlage zugewiesenes Grab ein erstrebenswertes Gut, weil der für das Weiterleben ausschlaggebende Totenkult ganz auf den König zentriert war. Dieses Versorgungsverhältnis kommt in der unter *Snofru* eingeführten

Opferformel »ein Opfer, das der König geben möge« mit der Variante »ein Opfer, das Snofru geben möge« geradezu klassisch zum Ausdruck. Nur im Gefolge des Königs war der Status eines »Versorgten« zu erlangen.

Die vier Gräberfelder von Meidum wurden noch in gewisser Entfernung zur Pyramide angelegt. Nur die mit dem Bauschutt der Stufenmastaba verfüllte und mit Ziegeln ummantelte Mastaba M17 errichtete man unmittelbar neben ihr. Erstmals verkleidete man hier bei einer Nekropole auf dem Westufer die Sargkammern der Privatgräber ganz mit Kalksteinen. Die Wände der Kultkammern wurden in Relief, Malerei oder dem neu entwickelten Pastenrelief mit den seitdem klassischen Szenen von Vogeljagd, Fischfang, Bootsbau und Feldarbeiten ausgeschmückt. Die recht bald wieder aufgegebene Technik des mit Farbpaste verfüllten Pastenreliefs wurde vom Königssohn *Nefer-Maat* erfunden, der auch die Verantwortung für den Pyramidenbau des *Snofru* trug. In einem weiteren Prinzengrab fanden sich die großformatigen Statuen des Königssohns *Ra-hotep* und seiner Frau *Nofret*, die ihre ursprüngliche Farbigkeit bewahrt haben, weil sie in einer nachträglich vermauerten Kultkammer aufgestellt waren.

Erst mit dem Wechsel des Bestattungsplatzes nach Dahschur und der Errichtung der Roten Pyramide wurde jedoch das nach seinem Entdecker benannte Lepsius-Gräberfeld angelegt, welches zum Vorbild für die Nekropole von Giza werden und dem Steinbau auch im privaten Bereich zum Durchbruch verhelfen sollte. In dieser Nekropole wurden Gräber in vier regelmäßen Reihen zwischen den beiden Pyramiden des *Snofru* im Osten errichtet. Die dortigen, stark standardisierten Mastabas bestanden aus einem Kernmassiv, das mit Blöcken aus lokalem Kalkstein ummantelt und mit Bruchsteinen verfüllt war. Darum wurde eine weitere Steinschicht und Füllmauerwerk gelegt, das mit der Außenverkleidung aus qualitätvollem Tura-Kalkstein verzahnt war. An der Ostseite der Mastaba saßen zwei als Scheintüren gestaltete Kultnischen. Die südliche von beiden war über eine Ziegelkapelle zugänglich, in der ein Opferaltar und zwei Stelen aufgestellt waren. Vom Dach des Kernbaus aus erschloss ein Grabschacht die Sargkammer. Nach der Versiege-

lung der Sargkammer durch den Fallstein wurde der Grabschacht mit Bauschutt verschlossen.

In der Wahl der Idealform Pyramide für das Königsgrab und
der architektonischen Reduktion der genormten Mastaba-Neu-
bauten auf wesentliche Kernelemente liegt ein Zug zur Abstrak-
tion und Vereinheitlichung, der ein absolutistisches Selbstbild
des ägyptischen Königs zu dieser Zeit widerspiegeln dürfte.
Der Nachwelt aber galt *Snofru* als weiser Herrscher. Er hat mit
geschätzten 3.682.500 m³ die gewaltigste Masse an Steinen be-
wegt, die jemals im Alten Ägypten verbaut wurde.

Der Totenkult für *Snofru* wurde bis zum Ende des Alten Reiches
ununterbrochen in Gang gehalten. Sein Schwerpunkt lag in
Dahschur. Unzählige mit *Snofrus* Namen gebildete Domänenbe-
zeichnungen und Ortsnamen verdeutlichen den mit der umfassenden Vorsorge für den eigenen Totenkult und den seiner Gefolgsleute verbundenen materiellen Aufwand. So werden in einem Dekret in Dahschur aus dem 1. Jahr des *Pepi*, des dritten
Königs der 6. Dynastie, die Angestellten und Priester »des Königs von Ober- und Unterägypten *Snofru* in (der Pyramidenstadt) *Snofru*-ist-erschienen« von Abgaben und Zwangsdiensten
befreit. Die genannte Pyramidenstadt beherbergte das Kultper-
sonal für die beiden dortigen Pyramiden des *Snofru*. Vermutlich
vom Sinai stammt der Torso einer Falkenstatue, die mit einer
Kartusche beschriftet ist: »Der vollkommene Gott, der Herr der
beiden Länder *Snofru*«. Es wird vermutet, die Statue sei am Ende des Alten Reiches entstanden und würde den Lokalkult des
Snofru in Gestalt eines Falken bezeugen. Zu Beginn der 4. Dynastie war es wohl nur Familienangehörigen erlaubt, ihre Statu-
en im Taltempel der Knickpyramide zu Dahschur aufzustellen.
Seit der 5. Dynastie dienten mittlere Residenz-Beamte als Totenpriester: Belegt sind zwei Schreiberstatuen eines *Dua-Re* aus der
5. sowie die hölzerne Statuette eines *Snofru-hotep* aus der 6. Dynastie.

Während der 1. Hälfte der 12. Dynastie nahm der Totenkult
im Taltempel der Knickpyramide einen neuen Aufschwung,
was wohl mit dem Pyramidenbau des *Amenemhet II.* in Zusammenhang stehen dürfte. Aus der 13. Dynastie existieren keine

Belege, weswegen mit einer Einstellung des Totenkultes zu rechnen ist. Bei der überwiegenden Zahl der dortigen archäologischen Zeugnisse handelt es sich um Hockerstatuen von im Kult des *Snofru* während der 12. Dynastie tätigen Priestern, die vornehmlich der postumen Opferversorgung ihrer Stifter dienten. Da der Taltempel der Knickpyramide während der 19. Dynastie als Steinbruch genutzt wurde und man dabei auch die Steinplastiken verwertete, ist eine große Anzahl dort gefundener Statuen nur noch fragmentarisch erhalten. Als »Vorsteher des Tempels« stand ein gewisser *Fai-tu-hedj* an der Spitze der Priesterhierarchie des Tempels, dessen Inschrift den Tempelbesucher direkt anredet: »… jeder, der in den Tempel eintreten wird und die Opferformel sprechen wird für *Snofru*, …«. Fragmente einer Statue belegen den »Hausvorsteher« *Ra-hotep*, einen Verwaltungschef der Tempelliegenschaften. Einige Inschriften der Statuen richten sich an zukünftige Priester des Tempels, die versprechen, dass *Snofru* denjenigen belohnen wird, der zugunsten des Statueninhabers ein Opfergebet spricht (»Ein Geliebter des *Snofru Horus Neb-Maat* ist … jeder Priester der sagen wird …«). Auch in der Opferformel selbst tritt der (vergöttlichte) *Snofru* an die Stelle des regierenden Königs und anderer Götter: »Ein Opfer, das *Snofru* gibt …«. Auf einer Statuenbasis werden offenbar die Bewohner der Pyramidenstadt angeredet, die von der Fortsetzung des Totenkultes für *Snofru* direkt profitieren: »So wahr ihr wollt, dass *Snofru Horus Neb-Maat* lebe …«. In sämtlichen Inschriften der genannten und denen zahlreicher weiterer Denkmäler von Priestern und Angestellten aller Ränge taucht *Snofru* in der Opferformel auf. Nicht selten wird der Verstorbene auch als »versorgt durch *Snofru*« bezeichnet. Doch selbst im fernen oberägyptischen Abydos wurde eine kapellenförmige Stele aufgestellt, die eine an *Sokar*, *Osiris* und *Snofru* gerichtete Opferformel trägt. Diese Götteraufzählung legt nahe, dass die Stele vermutlich von einer memphitischen Familie gestiftet wurde.

Die als Lehre für den Wesir *Kagemni* aus der 6. Dynastie bezeichnete Lebenslehre stammt vermutlich aus dem Mittleren Reich und enthält folgende Passage: »Da starb … *Huni* und es wurde erhoben … *Snofru* zu einem wohltätigen König in diesem

ganzen Land.« Offenbar erwarb sich *Snofru* aufgrund der Neu-
artigkeit seiner umfassenden Jenseitsvorsorge für die gesamte
Elite im Bewusstsein seiner Nachwelt den Rang eines Wohltä-
ters. Auch die sogenannte Prophezeiung des *Neferti*, ein meist
als loyalistische Schrift aus der Zeit *Amenemhets I.* interpretier-
ter Text, berichtet in der Rahmenerzählung, dass *Snofru* seinen
Hofstaat zusammentreten lässt und höchstselbst die Worte des
Neferti niederschreibt. Schließlich spielt eine der Erzählungen
des märchenhaften Papyrus Westcar zur Zeit des *Snofru*, der im
Gegensatz zu seinem Sohn *Cheops* als leutseliger Herrscher geschildert wird. Das häufige Auftreten *Snofrus* in diesen Texten
wird von D. RAUE mit der erneuten königlichen wie privaten
Nutzung des Nekropolengebietes von Dahschur seit *Amenemhet II.* in Verbindung gebracht, wodurch die Erinnerung an *Snofru* wieder in den Fokus rückte. Mehrere Gemeinsamkeiten der
Texte könnten neben diesen archäologischen Fakten für einen
späteren (späte 12./frühe 13.Dynastie) Entstehungszeitpunkt der
genannten Texte sprechen.

Im Sinai wird *Snofru* bis zum Ende des Mittleren Reiches als
Lokalgott Verehrung zuteil, da man – historisch nicht korrekt –
annahm, *Snofru* hätte den Sinai erstmals für Ägypten erschlossen. So nennt eine Opferformel »*Snofru* ... den die Götter lieben«
am Ende der Götteraufzählung. Auf einer Stele sowie einer Statuette wird König *Amenemhet III.* aus der 12. Dynastie als »geliebt von ... König *Snofru*, dem Gerechtfertigten« bezeichnet. Eine Felsinschrift im Wadi Maghara enthält einen »Anruf an die
Lebenden«, die als »gelobt von *Hathor*, *Sopdu* und *Snofru*« bezeichnet werden, wobei *Snofrus* Name mit dem Falken determi-
niert ist, was auf seine Verehrung in Falkengestalt anspielt. Eine von Expeditionsleitern aus der Zeit *Amenemhets III.* und seines Nachfolgers *Amenemhets IV.* errichtete Kapelle in Serabit el-
Khadim zeigt ersteren beim Opfer vor *Snofru* und bezeichnet
letzteren als »geliebt von *Ptah*, *Sopdu* und *Snofru*«. Zahlreiche Expeditionsleiter vergleichen ihre Taten mit denen »der sehr zahlreichen Expeditionsleiter, die nach *Snofru* kamen ...«. So steht
Snofru in der lokalen Tradition für den Anbeginn der Zeiten.

Während des Neuen Reichs haben Besucher im Querraum
der Stelen-Kapelle an der Pyramide von Meidum hieratische

Graffiti hinterlassen. Sie enthalten u.a. Opferformeln »für den Ka des *Horus Snofru*«. Ein Besucher ist »... gekommen, um die sehr große Pyramide des *Horus Snofru* zu sehen«, ein anderer ist »gekommen, um den Tempel des *Horus Snofru* zu sehen«. Auch in Meidum wurde der vergöttlichte *Snofru* in Gestalt eines Falken verehrt. Die Liste der Könige bzw. der seit dem Mittleren Reich aufgestellten Königsstatuen in Karnak nennt *Snofru* an 2. Stelle. In der Königsliste von Abydos steht er zwischen einem König *Neferkare* und *Cheops*, in der Sakkara-Liste und im Turiner Königspapyrus korrekt hinter dem Eigennamen des *Huni* und vor *Cheops*.

Auf der ptolemäerzeitlichen Stele des *Hor-Imhotep* gibt sich der Stifter als Enkelsohn »... des Priesters des *Snofru ... Nesqedu*« zu erkennen und auf dem Sarkophag des *Anch-Hapi* aus Sakkara bezeichnet sich dieser als Sohn »... des Priesters des *Snofru ... Hor-Imhotep*«, dem die soeben genannte Stele gehört. Offenbar wurde *Snofru* in Sakkara als Urkönig und Ortsgott der Nekropole verehrt. Ebenfalls aus der Ptolemäerzeit stammt eine schreitende Königs-Figur mit der königlichen Titulatur des *Snofru* auf dem Rücken, der als »geliebt von *Horus*« bezeichnet wird.

Ausschlaggebend für die Vergöttlichung des *Snofru* war einerseits sein lang anhaltender Totenkult, der auf der Implementierung einer neuartigen Jenseitsvorsorge für sich und seine Gefolgsleute basierte. Andererseits wurde er im Sinai als Gründungsheros des Bergbaus wahrgenommen und vergöttlicht. Auch die literarische Sitilisierung des *Snofru* als Wohltäter geht letztlich auf seinen umfassenden Neuansatz bei der Jenseitsvorsorge zurück.

Literatur:

Wildung, *Rolle* (1969) S. 105–152. W. Helck, in: *SAK* 1 (1974) S. 215–225. R. Stadelmann, in: *MDAIK* 36 (1980) S. 437–449. R. Stadelmann, in: *LÄ* V (1984) Sp. 992–994. R. Stadelmann, in: *MDAIK* 43 (1987) S. 229–240. D. Raue, in: *MDAIK* 49 (1993), S. 289. A. Spalinger, in: *SAK* 21 (1994) S. 281–283, 316–319. R. Stadelmann, in: *Kunst des Alten Reiches* (1995) S. 155–166. Schneider, *Lexikon* (1996) S. 436–439. Verner, *Pyramiden*

(1998) S. 185–196, 201–218. R. Stadelmann, in: *Egyptian Museum Collections* 2 (2002) S. 1133–1139. Dodson/Hilton, *Royal Families* (2004) S. 50–61. A. Verbovsek, *»Als Gunsterweis des Königs in den Tempel gegeben ...«*, *ÄAT 63* (2004) S. 31–76, 211–344. Jánosi, *Gräberwelt* (2006) S. 33–48. R. Gundacker, *Chronologie* (2006). R. Gundacker, in: *Sokar 13* (2006) S. 70–73. R. Gundacker, in: *Sokar 16* (2008) S. 22–51. M. v. Falck, in: v. Falck/Schmitz, *Das Alte Reich* (2009) S. 32–34. O. Zorn/D. Bisping-Isermann, in: *Sokar 20* (2010) S. 12–21. D. Raue, in: *Festschrift Gaballa* (2010) S. 77–90. N. Alexanian/W. Bebermeier/D. Blaschta/St. J. Seidlmayer, in: *Sokar 23* (2011) S. 6–9. R. Gundacker, in: *LingAeg 21* (2013) S. 52–63.

Cheops

Titel	Name	Übersetzungsvorschlag
Horus	*Medjedu*	»Der (die Feinde) zerdrückt«
König von Ober- und Unterägypten	*Medjedu-er-Nebti*	»Der (die Feinde) zerdrückt gemäß den beiden Herrinnen«
Die beiden Falken des Goldenen	*Chnumu-chuief-wi*	»Er, (nämlich) Chnum, schützt mich«
	Chuief-wi (Cheops)	»Er schützt mich«

Snofrus und der *Hetep-heres I.* gemeinsamer Sohn *Cheops* bestieg als 2. König der 4. Dynastie den Thron Ägyptens. Seine Gemahlin *Merit-ites I.* dürfte er aus dem Harem seines Vaters übernommen haben, worauf ihr Titel »mit großen Auszeichnungen durch *Snofru*« hindeutet. Einige Forscher sehen in ihr die Mutter des *Chephren*, des vierten Königs der 4. Dynastie, wird sie doch als »die irgendeine Sache ausspricht, die gleich für sie getan wird« und damit als »weisungsbefugt« angesprochen. Laut R. Gundacker könnte zudem auf einem nur bruchstückhaft erhaltenen Relief *Merit-ites I.* ihrer Tochter *Hetep-heres II.* gegenüber stehend dargestellt gewesen sein, die ihrerseits mit *Cheops* Vollbruder (und ihrem Onkel) *Ka-wab* verheiratet war. Ein älterer Sohn des *Cheops*, sein unmittelbarer Nachfolger *Djedefre*, stammt von einer anderen Mutter. An weiteren Söhnen des *Cheops* werden *Djedef-Hor, Hor-baef/Baef-Re, Chufu-chaief, Min-chaief, Djedef-Min* und *Dua-en-Hor* genannt. *Djedef-Hor,* der später vergöttlicht wurde, hielt man in der ägyptischen Tradition für den

Verfasser einer Weisheitslehre. An Töchtern des *Cheops* sind außer *Hetep-here*s II. noch *Merit-ites II.*, *Meres-anch II.* und *Chaimerer-nebti I.*, letztere auch Frauen seines Sohnes *Chephren*, bekannt. Möglicherweise kann auch *Nofret-iabtet*, deren besonders qualitätsvolle und samt Bemalung gut erhaltene Kalksteintafel im Louvre aufbewahrt wird, zu *Cheops* leiblichen Töchtern hinzugerechnet werden.

Nach dem Turiner Königspapyrus regierte *Cheops* 23 Jahre, die vielleicht 46 tatsächlichen Regierungsjahren entsprechen, weil der zweijährige Viehzählungszyklus fälschlich mit der späteren Zählung nach Regierungsjahren gleichgesetzt wurde. Auf dem Annalensteinfragment von Kairo sind die Herstellung von Statuen (eine Göttinnenstatue (?) und 14 Königsstatuen) sowie die Gründung einer Domäne als Einträge erhalten geblieben. Auf den Rückseiten von Verkleidungssteinen der Mastaba des obersten Bauleiters *Hem-iunu*, eines Neffen des *Cheops*, haben sich Steinbruchmarken gefunden, die Daten aus den Jahren des 8. bzw. 10. Mals der Zählung angeben. Das derzeit höchste belegte Datum ist das Jahr nach dem 13. Mal der Zählung, also das 27. Regierungsjahr. Es ist sowohl auf einem Papyrus, der kürzlich am Roten Meer in einer Hafenanlage des Alten Reiches gefunden wurde, dokumentiert, als auch durch eine Expeditionsinschrift in der Westwüste am »Wasserberg des Djedefre«.

In den Königslisten von Abydos und Sakkara steht *Cheops* korrekt zwischen *Snofru* und *Djedefre*, in letzterer allerdings mit verderbter Orthographie.

Die unter *Snofru* begonnene »innere Kolonisation« scheint unter *Cheops* weiter forciert worden zu sein, sind doch aus seiner Regierungszeit ganze 60 Domänen aus Inschriften bekannt. Die Wesire, die zur Zeit des *Cheops* an der Spitze der ägyptischen Beamtenschaft und somit der Exekutive wie der Jurisdiktion standen, entstammen dem engsten familiären Umfeld des Königs: Zunächst war *Anch-haf*, ein Halbbruder des *Cheops*, für ca. 10 Jahre Wesir. Auf diesen folgte laut Gundacker ein unbekannter Amtsinhaber, dem vielleicht die größte Mastaba des Westfriedhofes (G 2000) zuzuweisen ist, und dieser wurde von *Cheops'* Neffen *Hem-iunu* abgelöst. Schließlich bekleidete in den letzten Jahren des *Cheops* sein leiblicher Bruder *Ka-wab* das Wesirat.

Außerhalb des ägyptischen Kernlandes ist im Wadi Magha-ra auf dem Sinai ein Felsbild mit einer ikonischen Szene vom »Erschlagen der Feinde« aus der Zeit des *Cheops* erhalten. Eine Stele, die auf eine Ausbeutung von Hartgesteinvorkommen hin-deutet, fand sich in den Dioritbrüchen bei Abu Simbel in Unter-nubien. Eine jüngst entdeckte Hafenanlage am Roten Meer (Wa-di al-Jarf) war zur Zeit des *Cheops* Ausgangspunkt für Schiffsex-peditionen, die möglicherweise an die gegenüberliegende Küs-te des Sinai oder nach Süden Richtung Punt führten. Südwestlich der Oase Dachla belegen Felsinschriften und Keramikreste ei-nen Lagerplatz (»Wasserberg des Djedefre«), der unter *Cheops* und *Djedefre* genutzt wurde. Expeditionen in die westliche Wüs-te, die zur Gewinnung von Rohstoffen oder Handelszwecken durchgeführt wurden, sind für das Alte Reich selten belegt, so dass dieses »Expeditionscamp« interessante Einblicke in die Reisebedingungen dieser Zeit bietet. Mit *Cheops*' Namen be-schriftete Fragmente von Alabastergefäßen in Byblos bezeugen weiterhin anhaltende Handelskontakte mit dieser levantini-schen Hafenstadt. Abgesehen von der gewaltigen Pyramiden-anlage in Giza hat sich wenig Architektur aus der Zeit des *Che-ops* erhalten: In den Delta-Städten Bubastis und Tanis aufgefun-dene Blöcke mit Reliefs wurden offensichtlich dorthin ver-schleppt. In Lischt fanden sich weitere wiederverbaute Blöcke von Bauten des *Cheops* und zwar im Kernmauerwerk sowie der Hofpflasterung der Pyramide *Amenemhets I.*, des 1. Königs der 12. Dynastie, und im Fundament der unmittelbar benachbarten Mastaba des *Rehu-er-djesersen*. Ein in Tîda bei Buto gefundener Granitblock könnte auf dortige Bauaktivitäten hinweisen. Indi-rekt lässt eine Restaurationsinschrift *Thutmosis III.* in Dendera auf einen dort von *Cheops* errichteten Vorgängertempel schlie-ßen. Sonst bezeugen Einzelfunde wie ein Alabasterkrug in Ko-ptos und eine Dioritplatte in Hierakonpolis sowie Graffiti in Hatnub, Wadi Hammamat, el-Kab und Elephantine die Herr-schaft des *Cheops*.

Das einzigartige Bauwerk des *Cheops*, die erste und mit 147 m höchste Pyramide von Giza, überstrahlt alle übrigen Monumen-te der Epoche und verlieh dem Bauherrn unsterblichen Ruhm (Plan 4; Abb. 4). Offenbar sind in der Pyramide nacheinander drei verschiedene Grabkammersysteme ausgespart worden, die je nach Baufortschritt als Grablege zur Verfügung stehen mussten. Vom Eingang führt ein absteigender Gang zunächst bis in die unterste, nicht vollendete Grabkammer. Ein von diesem abzweigender aufsteigender Gang mündet in die große Galerie, deren aus 7 Schichten bestehendes Kraggewölbe diese unter *Snofru* entwickelte Form der Raumgestaltung zu einem absoluten Höhepunkt führt. Die vollständig aus Granit bestehende Königskammer birgt den formal schlichten Rosengranit-Sarkophag des Königs. Das auf der Kammer lastende Gewicht wird durch fünf über ihr angelegte Entlastungskammern abgemildert.

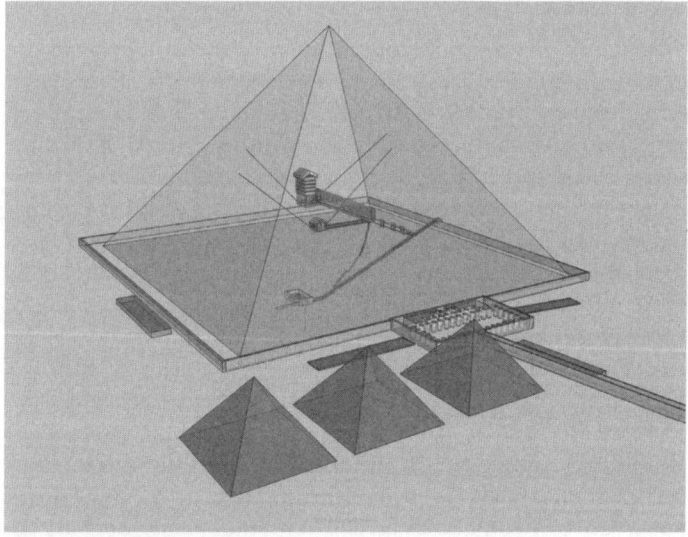

Abb. 4: Cheopspyramide, 3D-Modell

Zwei Bootsgruben im Süden der Pyramide bargen zwei als solare Morgen- und Abendbarke gedachte Königsbarken in Echtgröße. Graffiti in der östlichen Bootsgrube bezeugen *Cheops'* Sohn *Djedefre* als für die Beisetzung Verantwortlichen und damit als direkten Nachfolger seines Vaters. Drei weitere Bootsgruben im Osten der Pyramide waren leer. Sowohl die Königs-

kammer wie auch die bereits oberhalb des Baugrundes gelegene zweite Grabkammer wiesen je einen nördlichen und einen
südlichen, schräg aufsteigenden Modellkorridor auf, die als We-
ge für den Aufstieg der verklärten Ach-Seele zu den Sternen erklärt werden. Früher interpretierte man die Korridore als Luft-
schächte, was im Fall der zweiten Grabkammer nicht zutreffen
kann, weil ein 18 cm breites Stück am Korridorende gar nicht
ausgeschnitten war, so dass keine offene Verbindung in die
Kammer bestand. Hinter dem blockierten Ende des nördlichen
Korridors fanden sich Modellwerkzeuge, die vielleicht seiner
magischen Öffnung dienen sollten. Außerdem hat sich im gegenüberliegenden südlichen Korridor der zweiten Grabkammer
ein originaler Modell-Verschlussstein erhalten, während andere Korridore Aussparungen zur Aufnahme eines solchen aufwiesen. Die Anlage derartiger Modell-Korridore findet jedoch
in den Pyramiden der Nachfolger des *Cheops* keine Fortsetzung.

Im Osten der großen Pyramide liegen drei für Königinnen
bestimmte kleinere Nebenpyramiden: Die südliche Nebenpyramide wurde laut Gundacker erst unter *Mykerinos* für die Bestattung der *Cheops*-Tochter *Hetep-heres II.* errichtet. Die mittlere der
Nebenpyramiden diente als Grablege für *Cheops'* Gemahlin
Merit-ites I. Die nördliche Pyramide in der Reihe war für *Cheops'*
Mutter *Hetep-heres I.* bestimmt, die allerdings in einem Schacht
beigesetzt wurde. Dieser war wohl nur als provisorisches Grab
bis zur Fertigstellung der Königinnenpyramide gedacht, doch
ist es zur projektierten Umbettung nicht mehr gekommen. Hinter der südlichen Königinnenpyramide wurde noch eine Kultpyramide angelegt, so dass die Anlage insgesamt vier Nebenpyramiden umfasste. Vom Pyramidentempel, der mit Reliefs
ausgestattet war, haben sich nur die Pflasterung und Relieffragmente erhalten. In den 1990er Jahren wurde endlich auch Pflaster und Mauerwerk des Taltempels entdeckt. Nördlich des Aufwegs war das Gangsystem der Pyramide im Maßstab 1 : 5 in den
Boden geschlagen worden. Offenbar dienten diese Versuchs-
gänge den antiken Architekten als Modell.

Von seinem Vater *Snofru* übernahm *Cheops* auch das Konzept
einer staatlich alimentierten Jenseitsvorsorge für seine Spitzenbeamten und ließ westlich seiner Pyramide mehrere, aus regel-

mäßigen Reihen genormter Mastabas bestehende Gräberfelder anlegen. Jede der ursprünglich nur für eine Einzelperson bestimmten Mastabas wies einen Grabschacht auf, der die nach Süden gerichtete unterirdische Sargkammer erschloss. Noch während der Regierungszeit des *Cheops* wurden die zunächst unverkleideten Kernbauten der Mastabas den jeweils verstorbenen Spitzenbeamten zugewiesen. Verstarben die Grabherren vor Fertigstellung der Verkleidung, wurden Relieftafeln, die sie vor dem Opferspeisentisch sitzend zeigen, in die Kultnische der Ostwand eingelassen, so dass die Anlage funktionstüchtig und der Grabbesitzer eindeutig bezeichnet war. Die Kultnische erhielt einen einfachen Vorbau aus Ziegeln. Meistens ersetzten die Grabherren jedoch später die provisorische Ziegelkapelle durch eine steinerne Kultkammer mit Eingang und Scheintür. Die Kultkammern konnten auch am Südende der Mastaba angebaut oder in den Mastabakern eingeschnitten werden, so dass sich der vormals streng normierte Grundriss der Mastabas des Westfriedhofes individuell ausdifferenzierte. Während die Opfertafeln mit der Speisetischszene nur das allernotwendigste darstellten, boten die Kultkammern ausreichend Wandflächen für Reliefwiedergaben des Opferkultes, was als bildmagische Zusatzsicherung der Opferversorgung ganz im Interesse der Grabherren lag. Mit den sogenannten Ersatzköpfen kommt unter *Cheops* eine Objektgruppe der ägyptischen Rundplastik auf, die gleichermaßen interessant wie rätselhaft ist. Diese porträthaften, meist aus Kalkstein gefertigten, lebensgroßen Köpfe stammen aus den unterirdischen Bestattungsanlagen der Gräber hoher Beamter. Der qualitätsvollen Gestaltung stehen grobe Ritzungen an Hals, Kopf und Haaransatz sowie absichtlich zerstörte (oder fehlende) Ohren entgegen. Offenbar wurde an den Köpfen ein Ritual durchgeführt, das möglicherweise die potentielle Gefahr durch den Verstorbenen bannen sollte.

Angehörige der Königsfamilie, zum Beispiel *Kawab*, ein Sohn des Snofru, wurden hingegen auf dem zeitgleich angelegten Ostfriedhof bestattet, der zunächst aus drei Reihen zu je vier Mastabas bestand. Die acht Mastabas der beiden westlichen Reihen legte man später zu vier Zwillingsmastabas zusammen, um Raum für einen weiteren Grabschacht mit Sargkammer zu gewinnen, in dem die Ehefrau beigesetzt werden konnte. Die Erweiterung zu Zweischachtgräbern stellte offensichtlich für die Grabbesitzer einen Prestigezugewinn dar.

Lediglich ein kleines Elfenbeinfigürchen kann seiner Beschriftung wegen eindeutig als Wiedergabe des berühmten *Cheops* angesprochen werden. Neuerdings wird auch im großen Sphinx von Giza ein Abbild des *Cheops* erkannt, weil die Gesichtszüge dieser größten ägyptischen Rundplastik aller Zeiten doch stark von den Bildnissen des *Chephren* abweichen, dessen Taltempel in unmittelbarer Nähe liegt.

Im Bereich der Privatplastik erreichte man in der Regierungszeit des *Cheops* einen ersten absoluten Höhepunkt. Spitzenbeamte, wie sein Halbbruder, der Wesir *Anch-haf*, und sein Neffe, der Wesir *Hem-iunu*, lassen sich in veristischer Manier nach dem Leben porträtieren. Die Büste des *Anch-haf* ragt unter den Porträts der ägyptischen Kunstgeschichte einsam heraus. Die Sitzstatue des sehr korpulent wiedergegebenen *Hem-iunu* prägte die Bildformel »Fettleibigkeit« für die Wiedergabe saturierter Beamter. Außerdem wurde die Handhaltung des *Hem-iunu* mit der geballt aufliegenden Rechten und der flach ausgestreckten Linken auf dem Schurz für ägyptische Sitzstatuen zum kanonischen Standard. Auch das Auftreten der bereits erwähnten Ersatzköpfe ist ein typisches Phänomen, das zur Zeit des *Cheops* aufblühte und dann nur wenige Generationen Bestand hatte.

In vielem, vor allem in der königszentrierten Jenseitsversorgung der Spitzenbeamten wurden unter *Cheops* die von seinem Vater ausgelösten Entwicklungen fortgeführt. Als Einzelbau überragt die große Pyramide von Giza alle früheren und späteren Bauwerke Ägyptens. In der Plastik wurde der unter *Snofru* erreichte Standard sogar noch übertroffen.

Mindestens 10 Totenpriester des *Cheops* sind bis zum Ende 4. Dynastie belegt, die überwiegend der königlichen Familie angehörten. Während der 5. Dynastie nahm die Zahl der Priesterämter noch zu, die inzwischen von rangniedrigeren Beamten wahrgenommen wurden. Über 60 Domänennamen von Stiftungsgütern für den Totenkult des *Cheops* sind aus der 4. und 5. Dynastie überliefert, Belege aus der 6. Dynastie scheinen hingegen zu fehlen, was auf deren Umbenennung und damit eine Reduktion des Aufwandes für den Totenkult des *Cheops* hindeuten könnte. Auch zwei Ortsnamen sind mit dem Namen des *Cheops* gebildet. Das Pyramidenfeld von Giza heißt nach dem Erbauer der größten Pyramide »Horizont des Cheops«. Die noch im Mittleren Reich bedeutende Stadt *Menat-Cheops*, »Die-Cheops-ernährt«, ist mit der heutigen mittelägyptischen Stadt Minia identisch.

Die Rahmenerzählung des wohl in der 12./13. Dynastie verfassten Papyrus Westcar wurde in die Regierungszeit des *Cheops* verlegt. Dort wird geschildert, wie sich der Weise *Djedi* durch die Wiederanfügung eines Gänsekopfes an eine geköpfte Gans als Zauberer und Prophet erweist und daraufhin die bevorstehende Geburt der Könige der 5. Dynastie aus nichtköniglichem Geschlecht vorhersagt. Eine Felsinschrift von Steinbrucharbeitern des Mittleren Reiches im Wadi Hammamat nennt *Cheops* sowie seine Nachfolger *Djedefre* und *Chephren* aber auch die Prinzen *Djedef-Hor* und *Bauef-Re*, die keine Könige geworden waren. Offenbar wollten sich die Expeditionsteilnehmer unter den Schutz der alten Könige stellen. Da dieselben Könige und Prinzen im Papyrus Westcar auftreten, könnten die Verfasser der Inschrift ihre Kenntnis von dort bezogen haben. Der Pyramidentempel des *Cheops* wurde zu Beginn der 12. Dynastie abgerissen, so dass die traditionelle Kultbühne für seinen Totenkult nicht mehr vorhanden war. Doch wurde das Areal der Pyramiden von Giza im Mittleren Reich offenbar als »das Gebiet der Pyramiden von Horizont des *Cheops*« bezeichnet: Der im Totentempel des *Teti* als Priester tätige *Teti-em-saef* schildert nämlich auf seiner Würfelhocker-Statue, dass ihn der »älteste Königssohn *Amenemhet*« dort eingesetzt habe. Eine in Moskau aufbewahrte rundplastische Gruppenstatuette eines Ehepaars trägt eine an *Cheops* gerichtete Opferformel. Es wird ihre Herkunft aus Koptos vermutet, weil *Cheops* als Gründer des dortigen Tempels in der Lokaltradition lange lebendig blieb.

Auf der sogenannten Sphinx-Stele schildert König *Amenophis II.* aus der 18. Dynastie wie er sich als Prinz die Bauten von *Cheops* und *Chephren* angesehen habe und später – König geworden – dort eine Kapelle für *Harmachis* (»*Horus*-im-Horizont«) errichten ließ. Besucher aus der 19. Dynastie brachten in den Gräbern der Gaufürsten *Chnum-hotep* und *Amenemhet* des Mittleren Reiches von Beni Hassan Inschriften an, in denen die besuchten Felsgräber als »Tempel des *Cheops-Re*« bezeichnet werden. Vielleicht wurde zu dieser Zeit die gesamte Nekropole von Beni Hassan als ein dem *Cheops* geweihter Bezirk aufgefasst. Jedenfalls residierten die dort bestatteten Gaufürsten einst in der gegenüber gelegenen Stadt *Menat-Cheops*. Dass *Cheops* in Koptos während des Neuen Reiches als Tempelgründer vor Ort noch lebendig blieb, legt die Fundlegende eines medizinischen Papyrus (British Museum EA 10059) nahe. Darin heißt es, der Papyrus sei zur Zeit des *Cheops* vom Himmel gefallen und im Tempel von Koptos aufgefunden worden. Auch die im Tempel von Karnak gefundene Statuette der säugenden *Weret-Hekau* könnte vorher in Koptos aufgestellt gewesen sein. Sie trägt die auf den in Karnak als Bauherr noch überhaupt nicht tätigen *Cheops* bezogene Inschrift: »*Sa-Amun* ist es, der erneuert hat, was für mich gemacht hat König *Cheops*, der ewig lebt.«

Im Gebiet des zu einem Tempel der »*Isis*, Herrin der Pyramiden« umgebauten Totentempels der südlichen Nebenpyramide (*Hetep-heres II.*) fanden sich zahlreiche Fayenceringe von Königen des Neuen Reiches. Während der 3. Zwischenzeit wurde der Tempel dann von König *Psusennes* erweitert und schließlich in der 26. Dynastie weiter ausgebaut. Eine einst dort aufgestellte Stele schreibt die Gründung des *Isis*-Tempels dem König *Cheops* selbst zu, stammt aber mit Sicherheit aus der Spätzeit und gibt daher eine fiktive Gründungslegende wieder. In einem der Räume des *Isis*-Tempels brachten dort tätige Priester, die alle derselben Familie angehörten, 14 hieroglyphische Graffiti an. Darin bezeichnen sie sich und ihre Vorfahren nicht nur als »Priester des Königs *Cheops*«, sondern auch als solche des *Chephren* und *Mykerinos*, der Erbauer der beiden anderen Pyramiden von Giza. Angehörige derselben Priesterfamilie, die sich über 7 Generationen verfolgen lässt, hinterließen auch eine Stele in den *Apis*-Grüften von Sakkara und auch ein goldener Siegelring stammt aus ihrem Besitz. Selbst eine Gründungsinschrift im ptolemäischen Tempel von Dendera führt die unter *Thutmosis III.* erfolgte Erneuerung des Heiligtums auf einen Fund alter Schriften aus der Zeit des *Cheops* zurück. Schließlich berichtet der Verfasser des geographischen Papyrus Tanis, eines Tempelhandbuches aus der Römerzeit, dass er unter einer Statue des *Cheops* das Ellenmaß des Weisheitsgottes *Thot* gefunden habe.

Für die moderne Rezeption des *Cheops* hat das ungünstige Zeugnis des griechischen Historikers Herodot eine nachhaltig negative Wirkung bis in die gegenwärtige Populärliteratur hinein entfaltet: Herodot zufolge soll *Cheops* die Ägypter vom Tempeldienst abgehalten und stattdessen zu Zwangsarbeit verpflichtet haben. So hätten während der dreimonatigen Überschwemmungszeit hunderttausend Zwangsverpflichtete beim Pyramidenbau geschuftet. Beigesetzt war der König angeblich in einer unterirdischen, von Wasser umflossenen Grabkammer. Offenbar war zu Herodots Zeit nur das unterirdische Kammersystem zugänglich und seine Schilderung der von Wasser umflossenen Kammer erinnert an die Architektur der »Osirisgräber«, insbesondere des Osireions in Abydos. Dem Geographen Strabo war jedoch der hochgelegene Originaleingang bekannt. Unter dem arabischen Kalifen al-Mamun wurde die Pyramide neuerlich auf der Suche nach Gold aufgebrochen, weswegen diese vorher, vielleicht während der römischen Kaiserzeit, wieder verschlossen worden sein muss.

Literatur:

Wildung, *Rolle* (1969) S. 152–192. S. Morenz, in: *ZÄS* 97 (1971) S. 111–118. J. v. Beckerath, in: *LÄ I* (1975) Sp. 932–933. L. Kákosy, in: *SAK* 16 (1989) S. 145–169. Z. Hawass, in: *VI Congresso Internazionale di Egittologia I* (1992) S. 241–242. A. Spalinger, in: *SAK* 21 (1994) S. 283–285. R. Stadelmann/R. Gantenbrink, in: *MDAIK* 50 (1994) S. 285–294. F. Junge, in: *Kunst des Alten Reiches* (1995) S. 103–109. Schneider, *Lexikon* (1996) S. 149–152. R. Stadelmann, in: *Critères de datation* (1998) S. 353–387. Verner, *Pyramiden* (1998) S. 218–247. R. Tefnin, in: *OEAE* 3 (2001) S. 145–147. Dodson/Hilton, *Royal Families* (2004) S. 50–61. K.-P. Kuhlmann, in: *MDAIK* 61 (2005) S. 243–289. Jánosi, *Gräberwelt* (2006) S. 48–59. R. Gundacker, in: *Sokar* 16 (2008) S. 22–51. P. Jánosi, in: *Sokar* 17 (2008) S. 58–65. P. Tallet/G. Marouard/D. Laisney, in: *BIFAO* 112 (2012) S. 399–446. R. Gundacker, in: *LingAeg* 21 (2013) S. 64–78. P. Tallet, in: *BSFE* 188 (2014) S. 25–49.

CHEPHREN

Titel	Name	Übersetzungsvorschlag
Horus	*User-ib*	»Stark an Willen«
König von Ober- und Unterägypten	*User-em-Nebti*	»Stark durch die beiden Herrinnen«
Göttliche Macht des Goldenen	*Chaief-Re (Chephren)*	»Er, (nämlich) Re, erscheint«

Chephren, ein Sohn des *Cheops* mit seiner Gemahlin *Merit-ites I.*, kam nach seinem Halbbruder *Djedefre* als vierter König der 4. Dynastie an die Macht. Eine seiner Gemahlinnen war *Meresanch III.*, Tochter seiner Schwester *Hetep-heres II.* und seines Onkels *Ka-wab*. Die Söhne des Paares, *Neb-em-achet*, *Dua-Re*, *Niuser-Re* und *Chenter-ka* sind auch im Grab der *Meres-anch III.* dargestellt. Als weitere Gemahlin des *Chephren* ist *Chai-merer-nebti I.* gesichert, die inzwischen nicht mehr als Mutter seines Sohnes und Nachfolgers *Mykerinos* gesehen wird. An sonstigen Söhnen namentlich bekannt sind *Sechem-Ka-Re*, *Iun-Re* und *Anch-em-Re*, an Töchtern *Chai-merer-nebti II.*, *Schepseset-kau* und *Rechit-Re*. Im Grab des Prinzen *Sechem-Ka-Re* ist dessen Mutter *Hekenu-Hedjet* dargestellt, deren eigenes Grab aber bislang noch nicht gefunden wurde. Prinz *Sechem-Ka-Re* erlebte noch den Regierungsantritt des *Sahure*, des 2. Königs der 5. Dynastie. Auch der Königssohn und spätere Wesir *Ni-kau-Re*, dessen Testament erhalten ist, gilt als Sohn des *Chephren*. Die ebenfalls lange für eine Tochter *Chephrens* gehaltene *Hemet-Re* gehört in die 2. Hälfte der 5. Dynastie und stammt daher nicht direkt von ihm ab. STADELMANN möchte in dem Prinzen *Chaief-Chufu*, für den die nicht genutzte Mastaba G 7130/40 auf dem Ostfriedhof des *Cheops* ursprünglich bestimmt war, den späteren König erkennen, der sich nach der Thronbesteigung in *Chaief-Re (Chephren)* umbenannt habe. In diesem Fall müssten die dort belegte Ehefrau *Nefret-kau* als weitere Gemahlin des *Chephren* sowie die gleichfalls genannten *Wet-ka* und *Jun-ka* als seine Söhne angesetzt werden. Allerdings fehlt für STADELMANNS These der zwingende Beweis und wir haben in *Chaief-Chufu* vielleicht nur einen weiteren Sohn des *Cheops* vor uns, der bis zum Wesir aufstieg.

Der Turiner Königspapyrus schreibt *Chephren* über 20 Regierungsjahre zu. Bei Manetho findet sich die überhöhte Zahl von 66 Regierungsjahren, die wohl zu 26 Jahren zu emendieren ist. Eine Schale des Königs fand sich im syrischen Ebla, Siegelzylinder in der Hafenstadt Byblos; die üblichen Handelskontakte zur syrischen Küste liefen auch unter *Chephren* offenbar wie gewohnt weiter. Auf königliche Expeditionen zur Rohstoffgewinnung deuten ein Graffito im Wadi Hammamat sowie Inschriften von Beamten an der Wasserstelle Bir Menih in der Ostwüste hin. An Zeugnissen seiner Bautätigkeit hat *Chephren* außer seiner Pyramidenanlage wenig hinterlassen: Ein Granitarchitrav wurde während des Mittleren Reiches sekundär in Lischt verbaut, einzelne Blöcke nach Tanis und Bubastis verschleppt. Immerhin aber sind aus meist privaten Inschriften der 4.–5. Dynastie rund 50 Wirtschaftsdomänen bekannt, deren Bezeichnungen mit dem Königsnamen des *Chephren* gebildet sind und von ihm offensichtlich vornehmlich zum Unterhalt des Opferkultes in seiner Pyramidenanlage gegründet wurden. Eine einzige dieser Domänen ist für die 6. Dynastie belegt, was auf einen Rückgang oder einen Umbau der Versorgungsbasis für seinen Totenkult hindeutet.

Nachdem sein Halbbruder und Vorgänger *Djedefre* das Giza-Plateau verlassen hatte, kehrte *Chephren* für die Anlage seiner Pyramide wieder dorthin zurück (Plan 4). Die mittlere der drei Pyramiden von Giza war wohl ursprünglich noch größer ausgelegt, wie ein aufgegebenes Gangsystem belegt, dessen Zugang heute ca. 30 m nördlich der Pyramide in den anstehenden Stein geschlagen wurde. Der von dort zunächst absteigende, dann horizontal verlaufende und schließlich ansteigende Korridor mündet in den Horizontalgang eines zweiten Korridors, der über den regulären Zugang erschlossen wird. Ungefähr in der Mitte des horizontalen Korridorteils zweigt ein Gang zu einem Seitenraum für Grabbeigaben ab. Der reguläre Pyramidenzugang öffnet sich in ca. 12 m Höhe an der Nordseite und führt in einen zunächst absteigenden und dann horizontal verlaufenden Korridor, der in die Grabkammer mündet. Diese wurde bis auf die Decke aus dem Felsen getrieben und bildet ein ostwestlich ausgerichtetes Rechteck, das mit einem Giebeldach aus Kalksteinblöcken eingedeckt ist. Die ursprüngliche Höhe der Pyramide betrug 143,5 m und lag damit 3 m unter der nördlich benachbarten *Cheops*-Pyramide, welche sie von ferne jedoch optisch überragt, da sie an einer erhöhten Stelle errichtet wurde. Nur die untersten Lagen der Verkleidung bestehen aus Granit, alle übrigen aus Kalkstein. Kurz unterhalb der Spitze sind noch die oberen Lagen der Verkleidung noch erhalten, was die monumentale Wirkung des Baus auf den heutigen Betrachter verstärkt.

Die hervorragend erhaltene Totenkultanlage des *Chephren* sollte für die entsprechenden Bauten späterer Dynastien des Alten Reiches zum Prototyp werden. Die beiden von Sphingen flankierten Eingänge seines Taltempels führten über Vorräume in einen Pfeilersaal, der einst mindestens 23 Statuen enthielt. Von diesen sind oft nur noch die Standspuren am Ort erhalten. Während einige intakte Statuen in später angelegte Schächte verbracht wurden, hat man die meisten übrigen verschleppt und zur Gewinnung von Material zerschlagen. Aus diesem Statuenkonvolut stammt auch die berühmteste aller erhaltenen Sitzstatuen des Alten Reiches, die wie keine andere die Idee des Gottkönigtums verkörpert: Dargestellt ist der thronende Herrscher *Chephren*, um dessen Hinterkopf ein auf der Thronlehne hockender Falke seine Schwingen legt. Der in der ägyptischen Königsideologie als lebende Inkarnation des Falkengottes *Horus* angesehene König wird so vom diesem selbst in Gestalt eines göttlichen Falken schützend umfangen.

Im Pyramidentempel, der über einen fast 500 m langen, reliefgeschmücktem Aufweg mit dem Taltempel verbunden war, durchschritt man erst eine sich nach hinten verjüngende Pfeilerhalle, bevor man in eine längs gerichtete Halle gelangte, in der einst ebenfalls zahlreiche Sitz-, Stand und Gruppenstatuen des *Chephren* aufgestellt waren. In den gedeckten Umgang des darauf folgenden offenen Hofes mündeten im Westen fünf Kapellen, in denen die Kultstatuen standen, die Gegenstand und Ziel des hier vollzogenen postumen Statuenkultes waren. Von der Südwestecke des Hofes gelangte man durch einen mehrfach abknickenden Korridor schließlich in den mit einer Scheintür versehenen schmalen Opfersaal, der das Kultzentrum des Pyramidentempels bildete.

Zunächst an der Steinbruchkante westlich seiner Pyramide ließ Chephren mit der Anlage neuartiger Felsgräber beginnen, deren ältestes wohl dasjenige seines Sohnes *Neb-em-achet* sein dürfte. Die neue Grabform bedeutete eine völlige Abkehr vom Konzept der in Reihen angelegten Mastaba-Felder, erbrachte aber eine erhebliche Reduktion des Arbeitsaufwandes und führte die hoch anstehenden Steinbruchwände einer sinnvollen Nutzung zu.

Aber auch nicht belegte Mastabas auf dem West- und Ostfriedhof der Cheopspyramide ließ *Chephren* neu zuweisen, nachdem er die königliche Nekropole auf das Plateau von Giza zurückverlegt hatte: So sollte die gegen Ende der Regierung des *Cheops* angefangene Doppelmastaba G 7520/30 wohl von *Hetepheres II.*, der Schwester des *Chephren*, übernommen werden wie ein Graffito aus dem Jahr eines 7. Mals des Zensus nahelegt, das in *Chephrens* Regierungszeit datiert wird. Als diese jedoch eine unter Mykerinos an der Cheops-Pyramide erbaute Königinnenpyramide erhielt, wurde die Anlage an ihre Tochter *Meresanch III.* weitergegeben, zur Doppelmastaba G 7530/40 umgestaltet und mit einem unterirdischen Felsgrab G 7530sub versehen. *Meres-anch III.* überlebte ihren Gemahl eine lange Zeit und wurde erst unter seinem übernächsten Nachfolger *Schepseskaf* beigesetzt. Beide Eltern der *Meres-anch III.*, *Hetep-heres II.* und *Kawab*, sind in ihrem unterirdischen Grab genannt. Die Erweiterung dieses Grabes und sein vielschichtige Dekorationsprogramm gehen aber noch auf die Regierungszeit von *Chephrens* direktem Nachfolger *Mykerinos* zurück.

In seinem Testament, das in das Jahr des 12. Mals der Zählung datiert ist, vermacht der Königssohn *Ni-kau-Re* nicht nur seinen beiden Söhnen jeweils drei und seiner Tochter zwei Dörfer, sondern auch seiner »geliebten Ehefrau« *Neken-nebti* insgesamt vier Dörfer und ein Gut. Dieses Testament gehört zu den Zeugnissen, die weiblichen Eigenbesitz bereits im Alten Reich dokumentieren.

Der Totenkult des *Chephren* hielt das ganze Alte Reich hindurch an, wobei die Zahl der belegten Totenpriester aus der

5. Dynastie die aus der 6. übersteigt. Zwei der Priester tragen Titel, die sich explizit auf die Statuen des Königs beziehen. In der kurzen Aufzählung einer in Kairo aufbewahrten Schreibtafel steht *Chephren* direkt hinter *Djedefre*.

Als Protagonist einer Rahmenerzählung des wohl im späten Mittleren Reich oder zu Beginn der Zweiten Zwischenzeit verfassten märchenhaften Papyrus Westcar erzählt *Chephren* die Geschichte von einer untreuen Ehefrau. Es scheint fast so, als sei *Chephren* wie andere Prinzen analog zur wichtigen Figur des *Cheops*-Sohnes *Djedef-Hor* nachträglich eingeführt worden. Auch in der berühmten Felsinschrift im Wadi Hammamat sind neben den ehemaligen Herrschern *Djedefre* und *Chephren* die Prinzen *Djedef-Hor* und *Bauef-Re* als Schutzherren der Expeditionsteilnehmer in Kartusche geschrieben worden. Die Genannten entsprechen also ganz den Protagonisten des Papyrus Westcar.

Zwei königliche Stelen des Neuen Reiches, die Sphinxstele *Amenophis' II.* und die Traumstele *Thutmosis' IV.*, bezeichnen das Pyramidenfeld von Giza als »Ruheplatz des *Cheops* und des *Chephren*«. In der ramessidischen Königsliste von Abydos steht *Chephren* zwischen *Djedefre* und *Mykerinos*. In der Königsliste von Sakkara müssen hingegen 5 weitere Königsnamen der 4. Dynastie gestanden haben, die allerdings zerstört sind. Möglicherweise liegt hier eine ausführlichere Annalentradition vor, während in Abydos nur die wichtigsten Könige Aufnahme in die Liste fanden. In der Liste *Thutmosis' III.* der im Tempel aufgestellten Statuen von Karnak fehlt der Name des *Chephren*, weil sein Totenkult zu dieser Zeit wohl auch in Giza nicht mehr fortgesetzt wurde. In ramessidischer Zeit hinterließ der Bauleiter *Mai* zwei Inschriften an der Felskante, die bei der Vorbereitung des Baugrundes für *Chephrens* Pyramide entstanden war. Sie stehen wohl mit den denkmalpflegerischen Aktivitäten in den Nekropolen von Memphis in Zusammenhang, die Prinz *Chaemwaset*, ein Sohn *Ramses' II.*, durchführen ließ.

Vier der Graffiti in Raum A des *Isis*-Tempels von Giza, die alle auf Angehörige derselben Priesterfamilie zurückgehen, nennen in den jeweiligen Genealogien Titel von Vorfahren, die »Priester des Königs *Cheops*, Priester des *Chephren*« und in zwei

Fällen auch »Priester des *Mykerinos*« waren. Der Stifter einer Stele im Serapeum von Sakkara war u.a. wie sein Großvater »Priester des Königs *Cheops*, Priester des *Chephren*« und »Priester des *Djedefre*«.

Chephrens Bedeutung für die Nachwelt basiert vor allem auf der Wirkung seiner Pyramidenanlage. Die königlichen Annalen bewahrten den Namen des Bauherrn und ermöglichten so die Neuimplantation eines Toten- oder Gedächtniskultes im Kontext der spätzeitlichen Verehrung der »*Isis*, Herrin der Pyramide«. Erhaltene Bauten aus der Zeit des *Chephren* wurden bislang außerhalb von Giza nicht entdeckt. Spuren seiner Regierungsaktivität im Ausland und in den Expeditionsgebieten sind relativ spärlich. Als zukunftsweisend sollte sich jedoch die Anlage neuartiger Felsgräber im Residenzfriedhof von Giza herausstellen: Das neue Konzept sollte bald im ganzen Land aufgegriffen werden und für die Anlage von Provinznekropolen im schmalen Niltals Oberägyptens neue Möglichkeiten eröffnen.

Literatur:

WILDUNG, *Rolle* (1969) S. 200–213. J. v. BECKERATH, in: *LÄ I* (1975) Sp. 933. R. STADELMANN, in: *SAK* 11 (1984) S. 165–172. I.E. S. EDWARDS, in *Festschrift Shore* (1994) S. 97–105. A. SPALINGER, in: *SAK* 21 (1994) S. 286–288. SCHNEIDER, *Lexikon* (1996) S. 152–154. VERNER, *Pyramiden* (1998) S. 254–265. DODSON/HILTON, *Royal Families* (2004) S. 50–61. JÁNOSI, *Gräberwelt* (2006) S. 59–73. R. GUNDACKER, in: *Sokar* 16 (2008) S. 22–51. P. JÁNOSI, in: *Festschrift Schmitz* (2008) S. 131–139. R. GUNDACKER, in: *Sokar* 20 (2010) S. 30–44. R. GUNDACKER, in: *Sokar* 21 (2010) S. 30–44.

MYKERINOS

Titel	Name	Übersetzungsvorschlag
Horus	*Ka-chet*	»Stier der Körperschaft«
König von Ober- und Unterägypten	*Ka-Nebti*	»Stier der beiden Herrinnen«
Göttlicher Gott des Goldenen	*Men-kau-Re* (*Mykerinos*)	»Bleibend sind die Ka-Seelen des Re«

Mykerinos, der sechste König der 4. Dynastie, gelangte wohl nach dem ephemeren König *Baka/Bicheris* auf den Thron. Die Eltern des *Mykerinos* sind inschriftlich nicht gesichert: Bislang hielt man die »Königsmutter« *Chai-merer-nebti I.* für seine Mutter, doch wurden an dieser Identifikation in jüngerer Zeit vermehrt Zweifel angemeldet: Ein Zeremonialmesser mit ihrer Titulatur wurde zwar im Bodenloch eines Korridors von *Mykerinos'* Pyramidentempel gefunden, doch sagt dies nichts über ihr gegenseitiges Verhältnis aus, zumal die Kultanlage erst von *Mykerinos'* Nachfolger *Schepseskaf* vollendet und in Betrieb genommen wurde.

Das Grab der *Chai-merer-nebti II.*, einer Gemahlin des *Mykerinos*, liegt im Steinbruchgebiet südlich des *Chephren*-Aufwegs, das erst unter *Mykerinos* freigegeben wurde. In der Dekoration dieses Grabes werden sowohl die Inhaberin *Chai-merer-nebti II.* als auch ihr Sohn *Chui-en-Re* und ihre Mutter *Chai-merer-nebti I.* genannt. Der Königssohn *Chui-en-Re* bekam seinerseits ein Grab im Steinbruch des *Mykerinos* zugeteilt, so dass er wohl als dessen Sohn anzusehen ist, denn dieses Gelände stand erst nach Errichtung der *Mykerinos*-Pyramide zur Verfügung. Das Grab der *Chai-merer-nebti II.* war aber ursprünglich als Grablege für *Chai-merer-nebti I.* geplant, bevor diese es an ihre Tochter abtrat, und wurde erweitert, als *Chai-merer-nebti II.* verstarb. Der Titel »Königsmutter«, den *Chai-merer-nebti I.* trägt, wäre, wenn man *Mykerinos* als ihren Sohn ausschließt, auf dessen Nachfolger *Schepseskaf* zu beziehen. Würde man umgekehrt weiterhin an *Chai-merer-nebti I.* als Mutter des *Mykerinos* festhalten, müsste dieser mit *Chai-merer-nebti II.* seine Vollschwester geheiratet haben, was im Alten Reich nach heutiger Kenntnis wohl ausgeschlossen war. Es kann also davon ausgegangen werden, dass *Mykerinos* zwar weiterhin als *Chephrens* Sohn in Frage kommt, seine Mutter aber eine andere war als die bisher als solche angesehene *Chai-merer-nebti I.*

Als eine weitere Gemahlin des *Mykerinos* wird *Rechit-Re* genannt, die ebenfalls auf dem zentralen Gräberfeld im Steinbruchgebiet südlich des *Chephren*-Aufwegs bestattet wurde. Wegen dessen Freigabe durch *Mykerinos*, darf man wohl auch in *Rechit-Re* zu Recht eine seiner Gemahlinnen vermuten. In der

Inschrift eines Totenpriesters ist sie zudem als eine Tochter des *Chephren* bezeichnet. Als weitere Söhne des *Mykerinos* werden *Sechem-Re* und *Jun-Min* angesehen. Ersterer ist von einer Statue im Grab seiner Mutter *Chai-merer-nebti II.*, letzterer von einem zeittypischen Felsgrab im Steinbruch südlich des *Chephren*-Aufwegs her bekannt. *Jun-Min* bekam also noch von seinem Vater ein Grab zugewiesen, *Sechem-Re* nicht mehr. Weder *Chui-en-Re* noch *Sechem-Re* und *Jun-Min* hielten während der ausgehenden 4. Dynastie offizielle Staatsämter. *Jun-Min* scheint aber in der 5. Dynastie unter *Sahure* zum Wesir aufgestiegen zu sein.

Die im Turiner Königspapyrus zerstörte Angabe der Regierungsjahre des *Mykerinos* könnte zu 18, 28 oder 38 Jahren rekonstruiert werden. Manetho weist ihm eine sicherlich überhöhte Regierungszeit von 63 Jahren zu. Aus den paläographisch in die Regierungszeit des *Mykerinos* datierbaren Gebelein-Papyri lassen sich Datierungen nach dem 2., 3. und 11. Mal der Zählung gewinnen. Aus dem Jahr des 12. Mals der Zählung stammt das Testament des *Ni-kau-Re*, eines *Chephren*-Sohnes, der unter *Mykerinos* verstarb und im Steinbruchgebiet ein Grab zugewiesen bekam. Damit sind mindestens 23 oder 24 Regierungsjahre zeitgenössisch belegt und eine Rekonstruktion der Angabe des Turiner Königspapyrus zu 28 Jahren darf als sehr plausibel gelten.

Mykerinos hat als letzter großer Bauherr auf dem Giza-Plateau zahlreiche noch anhängige Projekte beendet. Seine eigene Pyramide ist aber deutlich kleiner als die seiner beiden Vorgänger und außerhalb von Giza gibt es kaum architektonische Spuren seines Wirkens (Plan 4). Bis zur Höhe von 15 m war die Pyramide des *Mykerinos* mit nicht geglätteten Granitblöcken verkleidet, darüber mit Kalksteinen. Da Pyramidentempel, Aufweg und Taltempel erst von seinem Nachfolger *Schepseskaf* beschleunigt fertiggestellt wurden, sind sie teilweise in Ziegeln ausgeführt. Ebenso wie die offensichtlich nicht abgeschlossene Glättung der Pyramide deuten auch die eilig in Ziegelbauweise vollendeten Kultbauten darauf hin, dass der Tod des *Mykerinos* dem geplanten Abschluss seines Bauprojektes voranging. Im Pyramidentempel fand sich eine kolossale Sitzstatue, die wohl zunächst als Wiedergabe des Königs mit oberägyptischer Krone geplant, dann aber noch während des Aushauens der Rohform zu einem Bilde des Königs mit Nemes-Kopftuch geändert wurde. Bedeutend sind die im Taltempel aufgefundenen Dreiergruppen: Drei von ihnen geben den König schreitend zwischen der Göttin *Hathor* rechts und einer Gaugottheit links wieder. Dabei kommt die rangmäßige Gleichstellung von König und Göttinnen in ihrer Maßstabsgleichheit zum Ausdruck. Eine ebenfalls im Totentempel entdeckte, bedeutende Zweifigurengruppe gibt den von einer annähernd gleichgroßen Frau umarmten König wieder. Die Maßstabgleichheit beim Umarmungsgestus zeigt an, dass die (uns unbekannte) Mutter des *Mykerinos* gemeint sein muss, da Königsmütter im Rang über den jeweiligen Ehefrauen stehen.

Mykerinos ließ kein eigenes Mastaba-Feld mehr anlegen. Dies und die Größenreduktion seiner Pyramide wurde oft als Indiz für den Rückgang staatlicher Kapazitäten und Durchgriffsmöglichkeiten gedeutet. Typisch für die Bautätigkeit unter *Mykerinos* ist aber das neu entwickelte Felsgrab: So erhielt das der *Meres-anch III.*, einer Nichte und Witwe des *Chephren*, durch Erweiterung des Kultraumes und Neuanlage eines Statuenraumes erst unter *Mykerinos* seine endgültige Gestalt. Vorher hatte deren Mutter *Hetep-heres II.*, die schließlich von *Mykerinos* in der südlichen Nebenpyramide des *Cheops* bestattet wurde, ihrer Tochter den für sie selbst bestimmten Sarkophag abgetreten. Das Felsgrab der Königin *Meres-anch III.* zeigte erstmals neue Szenen, die später breiten Eingang in das Bildprogramm ägyptischer Privatgräber fanden, wie das Fischerstechen (ein Kampfspiel zweier Bootsbesatzungen), das Bierbrauen, das »Rascheln für *Hathor*« und das Herstellen von Statuen. Außerdem gehörte es zu den ersten Felsgräbern, die aus dem anstehenden Stein herausgehauene Statuen aufwiesen. Selbst auf dem Westfriedhof des *Cheops* wurden einige Mastabas erst unter *Mykerinos* zugeteilt. Dabei versah man sie nun mit neu angebauten Kultkapellen am Südende, die innen mit zwei Scheintüren ausgestattet waren. Unter *Mykerinos* spielte Giza noch ein letztes Mal die Rolle einer Residenznekropole, bevor es dann als Friedhof für die im Totenkult der alten Könige tätigen Beamten diente.

Erst in den 1990er Jahren fand man südlich seiner Pyramide auch Versorgungseinrichtungen aus der Zeit des *Mykerinos*, in denen die Tagesrationen für tausende von Arbeitern an seiner Pyramidenbaustelle zubereitet wurden. Dabei konnte eine Anlage mit Bänken und Rinnen als Fischverarbeitungsstätte identifiziert werden, in der man Welse hielt und trocknete. Zwei Bäckereien traten zu Tage, in denen glockenförmige Brotformen aus Ton zum Backen schwerer, kuchenartiger Brote verwendet wurden. Diese Brote waren ausgesprochen nahrhaft und boten so eine ökonomisch günstige Möglichkeit, aus vergleichsweise geringen Mengen ein hohes Maß an Lebensmittelenergie zu gewinnen. Nach seiner Aufgabe wurde ein Teil des früheren Bauplatzes zu einer Nekropole für die Pyramidenarbeiter umgewidmet, deren kleine Gräber sich um die größeren Mastabas der Vorarbeiter gruppieren. Waren diese mit bescheidenen Scheintüren als Kultstellen ausgestattet, so wiesen die etwas entfernteren Gräber der Betriebsleiter zusätzlich noch dekorierte Innenwände auf. So spiegelt dieser Friedhof der Pyramidenarbeiter nicht nur die soziale Stratifikation Ägyptens wider, sondern bietet zudem eine der seltenen Gelegenheiten, Bestattungen von Angehörigen der mittleren und vor allem auch der unteren werktätigen Schichten zu analysieren.

Priesterämter der 5. und 6. Dynastie belegen die Fortdauer des Totenkultes von *Mykerinos*. Dieser scheint jedoch nur eine geringe materielle Basis gehabt zu haben, weil nur 2 Stiftungsgüter aus der 5. Dynastie nach *Mykerinos'* Tod belegt sind. Vermutlich hat sein Nachfolger *Schepseskaf*, der auf zwei nur noch in Bruchstücken vorhandenen Stelen von der Fertigstellung des Pyramidentempels berichtet, den postum eingerichteten Totenkult nur mit dem Nötigsten versehen. Im Pyramidentempel des *Mykerinos* fand sich auf Bruchstücken zweier Stelen auch ein Dekret des Königs *Merenre I.* aus der 6. Dynastie, in dem das privilegierte Tempelpersonal, Dienstleistungen für den Kult und Opfergaben aufgezählt waren. Die Schreibung von *Mykerinos* Namen mit dem Determinativ (= Deutzeichen) einer Statue, deutet vielleicht daraufhin, dass hier vor allem seine Statuen Gegenstand des Kultes waren. Schließlich trat im Taltempel des *Mykerinos* ein weiteres Dekret aus der 6. Dynastie zu Tage, diesmal von *Pepi II.*, das die Pyramidenstadt des *Mykerinos* unter Schutz stellt, dafür aber einen Anteil an Opfergaben für den Totenkult des regierenden Königs und seines Vorgängers verlangt. Unter *Pepi II.* wurden anscheinend auch Pyramiden- und Taltempel des *Mykerinos* erneuert.

Seit der 13. Dynastie sind zusätzliche Texteabschnitte zu drei Kapiteln des ägyptischen Totenbuchs nachweisbar, die legendenhaft berichten, wie Prinz *Djedef-Hor* zur Zeit des *Mykerinos* die jeweilige Handschrift im Thot-Tempel von Hermopolis auf einem Barren aus Hämatit unter den Füßen der Statue dieses Gottes fand. Die Fundlegende ist auf den Totenbuchpapyri bis in die Ptolemäerzeit hinein tradiert worden. Der Königssohn *Djedef-Hor*, als dessen historischer Vater eigentlich *Cheops* gilt, war eine Art Ortsheiliger von Giza und galt seit dem Mittleren Reich als Verfasser heiliger Schriften. In der ramessidischen Königsliste von Abydos steht *Mykerinos* zwischen *Chephren* und *Schepseskaf*. Neben drei weiteren Königen ist *Mykerinos* hinter *Djedefre* auf dem Relieffragment einer Grabdekoration aus Sakkara dargestellt. Sicher handelte es sich um eine Anbetungsszene, in der die alten Könige als Lokalgottheiten der memphitischen Nekropole wohl eine Mittlerfunktion für den Grabinhaber wahrnahmen.

Spätzeitliche Graffiti im *Isis*-Tempel von Giza, die von Mitgliedern einer einzigen Priesterfamilie in einem Raum angebracht wurden, führen in zwei Fällen den Titel eines »Priesters des *Mykerinos*« in der jeweiligen Genealogie auf. Zwei in Brüssel aufbewahrte Siegelabrücke für einen Papyrus nennen gar als einzigen Titel ihres Besitzers *Henat* exklusiv den eines »Priesters des *Mykerinos*«. Auch die Neuanfertigung eines anthropoiden Holzsarges für die Mumie des Königs in der Spätzeit lässt auf ein neu erwachtes Interesse am Kult der Könige des Alten Reiches schließen. Da der Name des *Mykerinos* im ersten Jahrtausend v. Chr. die Siegelplatten zahlreicher Skarabäen zierte und die Skarabäenunterseiten regelmäßig mit glücksverheißenden Zeichen dekoriert waren, muss er einen entsprechenden Bekanntheitsgrad aufgewiesen haben.

Unter *Mykerinos* kamen die Arbeiten am Friedhof von Giza als Residenznekropole zu einem Ende. Bereits begonnene Projekte wurden von *Schepseskaf* notdürftig abgeschlossen. Giza wurde in der Folge fast ausschließlich von im Totenkult der drei Pyramidenbauer tätigen Totenpriestern weiter belegt. Obwohl der Totenkult des *Mykerinos* mit dem Alten Reich endete, erlebte seine Verehrung in der Spätzeit auf der Basis alter Aufzeichnungen eine Renaissance, die sogar zu einer pietätvollen Wiederherstellung seiner offenbar geplünderten Bestattung führte. Vielleicht stehen sogar die mit seinem glücksbringenden Namen dekorierten Skarabäenunterseiten mit den in der Jenseitsliteratur überlieferten Fundlegenden in Zusammenhang.

Literatur:

WILDUNG, *Rolle* (1969) S. 213–224. J. v. BECKERATH, in: *LÄ IV* (1982) Sp. 274–275. P. LACOVARA/N. REEVES, in: *RdE* 38 (1987) S. 111–115. A. SPALINGER, in: *SAK* 21 (1994) S. 288–291. SCHNEIDER, *Lexikon* (1996) S. 152–154. VERNER, *Pyramiden* (1998) S. 272–285. DODSON/HILTON, *Royal Families* (2004) S. 50–61. JÁNOSI, *Gräberwelt* (2006) S. 70–73. R. GUNDACKER, in: *Sokar* 16 (2008) S. 22–51. R. GUNDACKER, in: *Sokar* 20 (2010) S. 30–44. R. GUNDACKER, in: *Sokar* 21 (2010) S. 30–43. R. GUNDACKER, in: *LingAeg* 21 (2013) S. 88–93.

USERKAF

Titel	Name	Übersetzungsvorschlag
Horus	*Iri-Maat*	»Der die Maat verwirklicht«
König von Ober- und Unterägypten	*Iri-Maat-Nebti*	»Der die Maat der beiden Herrinnen verwirklicht«
Vollkommener Gott des Goldenen	*User-kaf*	»Starker seines Ka« (?)
König von Ober- und Unterägypten		

In den erhaltenen Königslisten wird *Userkaf* übereinstimmend als erster König der 5. Dynastie geführt. Seine familiäre Abkunft bleibt jedoch Gegenstand einer anhaltenden Debatte: Eine im Papyrus Westcar festgehaltene volkstümliche Überlieferung hielt *Userkaf* für einen der von der Priester-Gattin *Rudj-dje-det* geborenen Drillinge, zu denen auch seine Nachfolger *Sahure* und *Neferirkare* gehört haben sollen. Diese Drillingsgeburt ist je-doch als Legende entlarvt, weil *Sahure* durch inschriftliche und bildliche Zeugnisse eindeutig als Sohn des *Userkaf* und seiner Gemahlin *Nefer-hetepes* bestimmt werden konnte und es sich bei *Neferirkare* um den Sohn *Sahures* mit dessen Hauptgemahlin *Meret-nebti* handeln dürfte. Unter dem Einfluss der damals gera-de publizierten Geburtslegende des Papyrus Westcar wurde seit Anfang des letzten Jahrhunderts *Chent-kaus I.* als Stammmutter der 5. Dynastie ins Spiel gebracht, die den nur in dieser Dynas-tie belegten Titel »Mutter zweier Könige« trägt und in einer ein-zigartigen Grabanlage in Giza bestattet ist. Da aber bei *Chent-kaus I.* die Titel »Königstochter« und »königliche Gemahlin« nicht belegt sind, bleibt ihre familiäre Herkunft unklar. Hinter den beiden in ihrem Titel bezeichneten Königen wurden lange *Schepseskaf* und *Userkaf* vermutet und auch die Möglichkeit dis-kutiert, die beiden seien Zwillinge gewesen. GUNDACKER hat je-doch als Mutter des *Schepseskaf* überzeugend *Chai-merer-nebti I.* wahrscheinlich gemacht, die daher nicht mehr wie bisher als *Mykerinos'* Mutter anzusetzen wäre. Dementsprechend könnte man vorschlagen, *Userkaf* und *Thamphthis*, der nur aus postu-men Quellen bekannte, letzte König der 4. Dynastie, seien die beiden Brüder gewesen, die im Titel der *Chent-kaus I.* gemeint sind. Offenbar war diese aber weder Gemahlin noch Tochter ei-nes regierenden Königs, sondern hatte den für eine zur Königs-mutter aufgestiegene Frau typischen Titel »Gottestochter« inne. Den Titel »Mutter zweier Könige« könnte *Chent-kaus I.* dann folglich erst mit dem Herrschaftsantritt ihres zweiten Sohnes *Userkaf* verliehen bekommen haben. Dieser hätte dann auch für die Dekoration ihres aus Elementen privater und königlicher Architektur kombinierten, außergewöhnlichen Grab-Baus ver-antwortlich gezeichnet, in dem die genannten Titel aufschei-nen. Im Totendienst der *Chentkaus I.* beschäftigte Priester der 5.–6. Dynastie, die den Titel »Gottesdiener« tragen und teils in der Nähe ihres Grabes bestattet sind, belegen für diese den postu-men Status einer Vergöttlichten. Die hier skizzierte hypotheti-sche Genealogie wird jedoch bislang von keinem Beleg gestützt, und versucht nur, die neueren Stammbaum-Rekonstruktionen mit einer prominenten Rolle der *Chent-kaus I.* am Übergang zur 5. Dynastie in Übereinstimmung zu bringen. Tatsächlich bleibt die familiäre Herkunft des *Userkaf* nach wie vor offen.

Laut dem Turiner Königspapyrus regierte *Userkaf* 7 Jahre. Die bei Manetho überlieferte Zahl von 28 Regierungsjahren dürfte zu hoch liegen. Das Kairener Annalensteinfragment zählt im erhaltenen 2. Register der Rückseite u.a. folgende Ereignisse auf: die Ankunft von 303 Tributbringern, die 70 (weibliche?) Gefangene aus den Fremdländern für *Userkafs* Pyramidenanlage im Jahre 3 bringen, Opfer- und Landstiftungen für die Bas von Heliopolis, Re und Hathor im 4. Regierungsjahr. Auf der Rückseite des Annalensteinfragments von Palermo sind sämtlich Einträge des 6. Regierungsjahrs sowie Reste der Angaben zu den Jahren 5 und 7 erhalten: Von den Einträgen des Jahres 5 scheint nur noch der einer Revision vom Inventars des Königspalastes (»Haus von *Horus* und Seth«) erschließbar zu sein. Für das 6. Regierungsjahr sind Stiftungen von Ländereien und täglichen Opferzuweisungen für die Bas von Heliopolis und die Götter des (neu errichteten) Sonnenheiligtums vermerkt. Reine Landzuteilungen erhalten der Sonnengott *Re* und die Göttin *Hathor*. Den »Göttern der Tempel-Domäne von *Djebaut*« wird zusätzlich dazu noch ein Podest im Tempel, dem Gott *Horus* ein Tempelhaus errichtet. Die Göttinnen *Nechbet* und *Wadjet* sowie »die Götter des oberägyptischen Gottes-Palastes« mussten sich in diesem Jahr allein mit Opferzuteilungen begnügen. Die Datierung »3. Mal der Viehzählung« sowie die Angabe der Fluthöhe beenden die Einträge für das Regierungsjahr 6. Reste einer einzigen Angabe zu Landstiftungen sind an Einträgen des Jahres 7 erhalten. Von *Userkafs* Bautätigkeit haben sich außerhalb seiner Pyramidenanlage in Sakkara nur Spuren in Form von Säulenfragmenten in Tôd erhalten. Wiederverwendete Blöcke aus der Zeit *Userkafs* sind unter *Amenemhet I.* in Lischt verbaut worden. Siegelabdrücke aus dem unternubischen Buhen könnten als Indizien für einen Nubien-Feldzug gewertet werden, ein auf Kythera gefundenes Steingefäß mag auf Handelsbeziehungen zur Ägäis hindeuten. Innenpolitisch lässt sich eine Fortsetzung der von seinem Vorgänger *Schepseskaf* begonnenen Strategie beobachten, Posten in der Spitzenbürokratie nicht mehr mit engen Verwandten aus der königlichen Familie zu besetzen.

Userkaf verlegte seine Pyramidenanlage zurück nach Sakkara und ließ sie dort wohl ganz bewusst innerhalb des den *Djoser*-Komplex umgebenden Grabens anlegen (Plan 2). Der dadurch stark verknappten Grundfläche wegen orientierte sich die Gesamtanlage ungewöhnlicherweise an der Nord-Südachse, so dass der Pyramidentempel nach Süden gerichtet war. An seinem angestammten Platz im Osten der Pyramide verblieb nur eine kleine Opferstelle. Die Pyramide selbst wurde, verglichen mit ihren Vorläufern, nicht nur verkleinert, sondern auch materialsparend konstruiert: Ihr Kern besteht aus Schichten von Bruchsteinen, so dass letztlich die Außenverkleidung das Bauwerk stabilisiert. Im Südwesten des Bezirkes erhebt sich die Kultpyramide. Von einer Kolossalstatue des *Userkaf* im Hof des Pyramidentempels konnte noch ein monumentaler Kopf geborgen werden, der in der Rundplastik des Alten Reiches größenmäßig den 2. Platz nach dem Sphinx von Giza einnimmt. Zweiflüglige Türen öffneten sich vom Aufweg in einen rechteckigen Torraum, von dort in zwei hintereinander im rechten Winkel gelegene Vestibüle, vom Ost-West-Vestibül in den offenen Pfeilerhof, von dort in den Hof der Kultpyramide und von diesem schließlich in die Nordostecke des Pyramidenhofes. Diesen Weg wird auch der königliche Bestattungszug genommen haben, da die restlichen Durchlässe zu schmal sind. Baulich getrennt von der Pyramide ihres Ehemanns wurde für *Neferhetepes* eine eigene Pyramidenanlage angelegt. Ihre Königinnenpyramide besitzt einen dreistufigen Kern und im Osten war ihr ein Verehrungstempel vorgelagert. Möglicherweise wurde der Bau erst während der Regierungszeit ihres Sohnes *Sahure* fertiggestellt.

Der beim Bau seiner Pyramide reduzierte Aufwand mag mit einem zeitgleichen Parallelprojekt *Userkafs* zusammenhängen: Als erster von sechs Herrschern der 5. Dynastie ließ er nämlich in Abusir ein großes Heiligtum für den Sonnengott *Re* in seinem Aspekt als untergehende Sonne errichten. Die eng mit den Pyramidenanlagen verbundenen Sonnenheiligtümer verfügten

wie diese über Aufwege und Taltempel mit den dazugehörigen
Siedlungen. Ihr Zentrum bildete jedoch ein betretbarer Sockel
als »Ruheplatz« des Sonnengottes. Vermutlich dienten die Sonnenheiligtümer der Unterstützung des verstorbenen Königs
beim Himmelsaufstieg und seiner Aufnahme in das Gefolge
des *Re*. Der Sonnengott galt gleichzeitig als Stammherr der Dynastie und ein Herrscher dieser Zeit verstand sich als dessen
Sohn. Im Gebiet der memphitischen Nekropole lässt sich eine
Verbindungslinie von der Pyramide des *Userkaf* zu der des *Cheops* ziehen, von der das zwischen beiden gelegene Sonnenheiligtum des *Userkaf* geländebedingt nur unwesentlich abweicht.
Andererseits liegen die Pyramiden von *Neferefre, Neferirkare* und
Sahure, der Nachfolger des *Userkaf*, auf einer Linie, die bis zum
Sonnentempel von Heliopolis auf der anderen Nilseite verlän-
gert werden kann, sie scheinen also auf diesen ausgerichtet gewesen zu sein.

Das interessanteste Privatdokument aus der Regierungszeit des
Userkaf, das Testament des unter ihm eingesetzten *Hathor*-Pries-
ters *Ni-kau-anch* aus seinem Grab im mittelägyptischen Tehna,
gibt wie eine Stichprobe Einblicke in die Organisation der Priesterschaft in der Provinz: Die monatlich eingeteilten Priester verwalteten gleichzeitig sowohl die Domäne der Göttin *Hathor* von
Tehna, als auch die für den Opferkult am Grab eines örtlichen
Edlen gestiftete Domäne, verrichteten also Tempel- und Totendienst gemeinsam und profitierten dafür von den Produkten
der Güter. Im Testament teilt *Ni-kau-anch* sein Erbe und sein
priesterliches Amt unter seine 13 Nachkommen auf: 11 Kinder
übernehmen jeweils einen Monatsdienst, 2 Kinder müssen sich
den letzten Monat teilen. Entsprechend erhalten sie dafür Antei-
le von den Landgütern, die schon unter *Mykerinos* eingerichtet
worden waren.

Neben der Inauguration einer neuen Dynastie stellt die Errichtung des ersten Sonnenheiligtums auf dem Westufer für die
Nachwelt das zentrale Merkmal der Herrschaft des *Userkaf* in
Ägypten dar. Eine Hinwendung zu *Djoser* scheint bei *Userkaf*
durch die Ortswahl für den Bau seiner Pyramide innerhalb des
den *Djoser*-Bezirk umgebenden Grabens offensichtlich.

Literatur:

W. Seipel, in: *LÄ I* (1975) Sp. 930–932. H. Goedicke, in: *LÄ VI* (1986) Sp. 900–901. A. Spalinger, in: *SAK* 21 (1994) S. 294–296. H. Altenmüller, in: *Festschrift Barta* (1995) S. 37–48. M. Baud/V. Dobrev, in: *BIFAO* 95 (1995) S. 23–92. Schneider, *Lexikon* (1996) S. 477–480. Verner, *Pyramiden* (1998) S. 297–298, 306–313. Wilkinson, *Royal Annals* (2000) S. 152–159, 217–219. Roth, *Königsmütter* (2001) S. 87–102. R. Stadelmann, in: *Sokar* 7 (2003) S. 26–35. Dodson/Hilton, *Royal Families* (2004) S. 62–69. Jánosi, *Gräberwelt* (2006) S. 73–78. R. Stadelmann, in: *Sokar* 15 (2007) S. 56–61. M. Verner, in: *Sahure* (2010) S. 44–55. M. Verner/V. Brůna, in: H. Strudwick/N. Strudwick, *Old Kingdom, New Perspectives*, Oxford 2011, S. 286–294.

Sahure

Titel	Name	Übersetzungsvorschlag
Horus	*Neb-chau*	»Herr der Erscheinung«
König von Ober- und Unterägypten	*Neb-chau-Nebti*	»Herr der Erscheinung der beiden Herrinnen«
Die beiden Falken/ Herren des Goldenen	*Sahu-Re*	»Re hat sich mir genähert«
König von Ober- und Unterägypten		

Auf *Userkaf* folgte *Sahure* als zweiter König der 5. Dynastie. Seit dem Fund der Blöcke vom Aufweg seiner Pyramidenanlage in den 1990er Jahren steht eindeutig fest, dass *Sahure* von Königin *Nefer-hetepes* zur Welt gebracht wurde. Aufgrund des Befundes in ihrer Pyramidenanlage ist *Nefer-hetepes* wiederum als Hauptgemahlin des *Userkaf* anzusehen. Damit sind die genealogischen Angaben im Papyrus Westcar, in dem die Priester-Gattin *Rudj-djedet* als Mutter des Königs bezeichnet wird, legendenhafter und nicht historisch-faktischer Natur. Auf demselben Block, der *Nefer-hetepes* als Mutter des *Sahure* zeigt, sind auch die Söhne des Herrschers *Ra-nefer*, *Netjeri-en-Re*, *Cha-ka-Re*, *Ra-em-saf* und *Hor-em-saf* dargestellt. Auf einem weiteren Block steht

Merit-Nebti, die Hauptgemahlin *Sahures,* hinter *Nefer-hetepes* und wird als Rangniedrigere von ihr an der Hand gehalten. *Merit-Nebti* gilt als Mutter des Königs *Neferirkare,* der mit dem »ältesten Sohn« *Ra-nefer* auf dem neu gefundenen Relief des Aufwegs identisch ist. Eine weitere Gemahlin *Nefret-cha-Nebti* und der oben erwähnte Sohn *Netjeri-en-Re* sind in der Nekropole südlich der Pyramide *Sahures* bestattet, ihre Gräber aber noch nicht ausgegraben.

Der Turiner Königspapyrus ordnet *Sahure* 12 Regierungsjahre zu. Manetho überliefert 13 Regierungsjahre, was mit der höchsten Jahresangabe (Jahr nach dem 6. Mal der zweijährlich stattfindenden Zählung) auf dem Annalenstein von Palermo übereinstimmt. Der Palermostein erwähnt an Ereignissen umfangreiche Stiftungen für das tägliche Opfer an die Göttinnen *Nechbet* und *Wadjet,* vier verschiedene Manifestationen des Sonnengottes *Re,* die Göttin *Hathor,* eine Sonderform des Gottes *Ptah,* den »weißen Stier« und zwei weitere, nicht mehr identifizierbare Gottheiten. Für das letzte Regierungsjahr werden weitere Stiftungen an *Re* und *Hathor* sowie die Aufzählung der Erträge einer Sinai-Expedition und Warenlieferungen aus Punt vermeldet. Die Rückseite des Annalensteinfragments von Kairo zeigt im 3. Register Reste von Einträgen für das 2. und 3. Regierungsjahr des *Sahure*: In den beiden noch lesbaren Spalten des 2. Jahres ist von »6 Abbildern (= Statuen) des *Sahure*« und dem »1. Mal der Bekanntgabe des Inventar des Hauses von Horus und Seth« die Rede. Die Einträge für das 3. Regierungsjahr scheinen wie üblich mit einem Stiftungsvermerk zu beginnen.

Ein Felsrelief im Wadi Maghara auf dem Sinai zeigt die typische Darstellung des Königs beim Erschlagen eines Feindes, womit die Unterwerfung der dortigen Beduinenstämme angezeigt wird. Eine unternubische Felsstele belegt Aktivitäten in den Dioritsteinbrüchen bei Abu Simbel. Ein Graffito im Wadi Gudami deutet auf Expeditionen in die Ostwüste hin. In Buhen gefundene Siegelabdrücke könnten auf einen Feldzug in Unternubien schließen lassen. Fortlaufende Handelskontakte mit Byblos belegt ein dort gefundenes Gefäß mit dem Namen des Königs. Auf Denkmälern des *Sahure* sind als Wesire *Sechem-ka-Re* und *Wer-bau-ba* belegt. Eine Statuengruppe, die mit dem Namen des *Sahure* beschriftet ist, zeigt den thronenden Herrscher, neben dem der Gaugott von Koptos in verkleinertem Maßstab schreitend und also rangniedriger dargestellt ist, dem König aber seitlich das lebensspendende Anch-Zeichen hinhält. Die Diskrepanz zwischen der qualitätvollen Ausführung der Skulptur und der nachlässig eingeritzten Inschrift lässt vermuten, dass die Statue erst nachträglich von *Sahure* usurpiert wurde (M. Seidel). Stilistische Gründe sprechen zudem für eine Zuweisung der *Statue* an *Chephren*. Damit hätte sich keine einzige dem *Sahure* zuzuweisende Rundplastik erhalten, obwohl die Gruppenstatue auch in der aktuellen Literatur stets als *Sahure* angesprochen wird.

Zwar ist die Sonnenkultanlage des *Sahure* namentlich bekannt, aber archäologisch bislang noch nicht nachgewiesen. In Abusir (Plan 3), wo bereits das Sonnenheiligtum seines Vaters stand, ließ Sahure seine Pyramidenanlage errichten, die allen späteren Pyramidenanlagen des Alten Reiches zum Vorbild werden sollte: Dabei tritt die Pyramide volumenmäßig zurück, während der Pyramidentempel aufwendiger gestaltet wird. Dieser war über einen Aufweg mit dem Taltempel am Rande des Fruchtlandes verbunden, um den sich die Pyramidenstadt gruppierte. Seit 1994 wurden die oben erwähnten Blöcke freigelegt, die von den Wänden im oberen Bereich des Aufwegs stammen. Die feinen Reliefs der Nordwand zeigen Festlichkeiten mit Opferungen, Opfergabenbringer, Reihen gebeugter Höflinge, Tänze, Wettkämpfe und die Anlieferung von Grabbeigaben, die offenbar mit der Weihe der Pyramidenanlage sowie mit der bevorstehenden Bestattung zusammenhingen. Abbildungen von Architekten beziehen sich aber noch auf den Bau der Anlage und die Darstellung hungernder Beduinen illustriert die in der Ostwüste beim Steinabbau für das Königsgrab vorgefundene Situation. Ähnliche Reliefs von hungernden Beduinen sind auch vom Aufweg der Unas-Pyramide bekannt. In beiden Fällen kontrastiert die Armut der Wüstenbewohner mit der Wohlgenährtheit der Ägypter, die Ausdruck der segensreichen Herrschaft des Königs war. Die Darstellung der Anlieferung des Pyramidions steht schließlich für die erfolgreiche Errichtung der Pyramide selbst. Ein Aufzug von 141 königlichen Domänen versinnbildlicht die materielle Sicherung des Grabkultes. Die von der Südseite des Aufwegs stammenden Blöcke stellen quasi historische Szenen wie die Rückkehr einer Schiffsexpedition aus dem Myrrhen- und Weihrauchland Punt dar, wozu der Vermerk des Palermosteins passt, der Warenlieferungen aus Punt verzeichnet. Auf einem Block sind unten insgesamt vier aus Punt wiederkehrende Schiffe zu erkennen, die mit ägyptischen Seeleuten und aus Punt mitgeführten Familien bemannt sind. Namentlich erwähnt sind der »Aufseher der Steinbrucharbeit« *Ka-aper* und der »Aufseher der Prospektoren« *Menja*. Über den Schiffen ist großformatig der König wiedergegeben, wie er einen der angelieferten Myrrhenbäume mit einem Dächsel anritzt. Die königliche Familie ist auf dem Block versammelt, der die Übergabe von Myrrhe an die Königsmutter *Nefer-hetepes* im Rahmen eines Bankettes zeigt. Szenen wie das simultane Zuziehen von 10 (!) Schlagnetzen mit einem einzigen Zugseil durch den König auf einer Vogeljagd oder eine Schiffsreise zum Heiligtum der unterägyptischen Landesgöttin *Wadjet* stellen Handlungen dar, die eher von ritueller als (im heutigen Sinne) historischer Relevanz sind. Diese Szenen sind frühe Belege, der als »Königsnovelle« bezeichneten Text- und Bildgattung, in der denkwürdige Ereignisse beschrieben werden, bei denen der König handelnd oder den Befehl zur Ausführung gebend im Mittelpunkt steht. Die Schilderungen dienten zur Darstellung der ordnungsgemäßen Ausübung des Königamtes durch den jeweiligen Herrscher, dessen besondere (übernatürliche) Fähigkeiten betont werden.

Der aus Totenopfer- und Verehrungsbereich bestehende Pyramidentempel wurde vom Aufweg aus durch einen »Haus der Großen« genannten langgezogenen Eingangsraum betreten. Anschließend gelangte man in einen Säulenhof, der von einem umlaufenden Korridor umschlossen wurde. Die Wandreliefs des Umgangs wie des Säulenhofes geben mit Jagdszenen und Feldzügen gegen die Nachbarvölker Ägyptens konkrete Aufgabenfelder des vom Königsdogma geforderten königlichen Kampfes gegen die Mächte des Chaos wieder. Dabei zeigen die Reliefs im Nordteil des Hofes einen erfolgreich abgeschlossenen Asienfeldzug mit anschließender Verteilung der Beute, darunter einige syrische Braunbären. Im Südteil des Hofes finden sich Szenen eines Feldzuges gegen Libyen. Die namentliche Nennung von Familienmitgliedern des besiegten libyschen Fürsten lässt doch an einen realen Feldzug als Hintergrund für diese Wanddekoration denken. Den südlichen Teil des Umgangs ziert eine monumentale Wiedergabe des Königs bei der Erlegung von Wüstentieren mit Pfeil und Bogen in einem großen Jagdgatter. Bei der Darstellung von Prinzen und Würdenträgern hinter dem jagenden König wurde der erste Priester im zweiten Register von unten nachträglich mit königlichen Attributen und dem Namen des *Neferirkare,* des Nachfolgers von *Sahure,* versehen. Der Wesir *Wer-bau-ba* erscheint im untersten Register. Auf der Ostwand des Westumgangs sind Schiffe mit Produkten aus Asien abgebildet, wobei die auf friedlichem Handel basierende Wareneinfuhr hier als Lieferung von Tributen interpretiert wird. Die Asiaten auf den hochseetüchtigen Schiffen sind aber als gleichberechtigter Teil der Besatzung wiedergegeben und werden von den Ägyptern an Bord in der angemessenen Verehrung des Königs unterwiesen. Möglicherweise sind asiatische Zimmerleute sogar als Facharbeiter für den Bau der sogenannten »Byblos-Schiffe« angeworben worden.

Die Architektur des Säulenhofes ist ein Abbild der Umwelt, geschickt mit verschiedenen Steinarten umgesetzt: das Pflaster besteht aus dunklem Basalt, die Orthostaten (= untere Wandblöcke) sind aus Rosengranit gefertigt, ebenso die Palmsäulen, auf denen grünliche Hieroglyphenfelder mit der Titulatur des Königs angebracht sind. Die Decke des Umgangs ist blau bemalt und trägt goldgelbe Sterne. Jenseits des Korridorumgangs gelangt man in den Statuenraum mit seinen fünf Kapellen für die Statuen des Königs. Hier endet der Verehrungsbereich des Tempels. Vom Statuenraum aus führen zwei längliche Verbindungsräume im Süden der Tempelachse in den axial gelegenen, ostwestlich ausgerichteten Totenopferraum. Dessen Westwand war als Kapellenfassade ausgestaltet, die eine einst mit Elektron überzogene große Scheintür aufwies. Dort wurde der eigentliche Opferkult für den verstorbenen König vollzogen. Das Kapellenmotiv wurde bald auch von Privatleuten zur Gestaltung ihrer Scheintüren verwendet. Die wegen eines Messfehlers

nicht ganz quadratische Pyramide weist ein einfaches Gang-
und Kammersystem auf, das in der Vertikalachse der Nordwand verläuft. Ein mit Rosengranit verkleideter Eingangsraum
führt in einen ca. 25 m langen Gang, der in der ostwestliche ausgerichteten Sarkophagkammer endet. Diese Kammer besaß ein
Giebeldach aus gewaltigen Kalksteinblöcken, die jedoch unter
der Last der Pyramide zerbrachen. In der stark zerstörten Kammer fanden sich nur noch Reste eines Sarkophages aus Basalt.
Eventuell war *Sahure* auch für die Fertigstellung der Pyramidenanlage seiner Mutter *Nefer-hetepes* im Bezirk seines Vaters
Userkaf verantwortlich. Jedenfalls hat *Sahure* veranlasst, dass ein
aus dem Tempel des *Ptah* von Memphis angeliefertes Umlaufop-
fer für *Nefer-hetepes* schließlich dem Palastaufseher *Per-sen* zu
Gute kam, der in der Nähe des *Userkaf*-Bezirks bestattet war.

Offenbar war es während der 5. Dynastie üblich, dass der König
auch bei mittleren Beamten einzelne Bauteile für deren Grab
stiftete. So berichtet *Ni-anch-Sachmet* in einer Inschrift seines
Grabes, dass König *Sahure* persönlich die Herstellung einer für
den Grabherrn bestimmten Scheintür beaufsichtigt habe. Tatsächlich fand sich in dem sonst eher unscheinbaren Grab des
Ni-anch-Sachmet eine aufwendig gearbeitete Scheintür. Im Übrigen gibt die Inschrift königliche Segenswünsche für den Verstorbenen wieder, dessen Leben in Form idealisierender Stan-
dardphrasen vergegenwärtigt wird. Der *Mykerinos*-Sohn *Jun-
Min* scheint unter *Sahure* das Amt des Wesirs innegehabt zu
haben. Sein Felsgrab LG 92 wurde in einem Abhang des Stein-
bruchs südlich vom *Chephren*-Aufweg angelegt, der erst unter
Mykerinos freigegeben wurde.

Für das spätere Alte Reich war die Ära *Sahures* wegen der
Vorbildhaftigkeit seiner Pyramidenanlage mit ihrer idealtypi-
schen Abfolge von Bauten von Bedeutung. Bei den Relieffunden
vom Aufweg handelt es sich um den besterhaltenen Zyklus königlicher Reliefs aus dem Alten Reich überhaupt. In Kombination mit den länger bekannten Relieffragmenten aus dem Pyramidentempel bilden sie das mit Abstand vollständigste Bildprogramm, das zudem in der Qualität der Ausführung im Alten
Reich als absoluter Höhepunkt gelten darf. Auch die Vielfalt

neuer Motive und Kompositionen sowie die Einführung von Wechselreden der beteiligten Akteure sollten für die Dekoration der Mastabas der Würdenträger der 5.–6. Dynastie wesentlich Anregungen geben.

Eine von *Sesostris I.*, dem zweiten König der 12. Dynastie des Mittleren Reiches, gestiftete Sitzstatue des *Sahure* wurde im Statuendepot von Karnak, der sogenannten Cachette entdeckt. Da *Sahure* auch in der Liste königlicher Statuen von Karnak aufgeführt ist, die in einem Nebenraum der Festhalle *Thutmosis' III.* aufgezeichnet war, entsprechen sich reales Objekt und Kultszene, denn der König opfert den dargestellten Statuen seine Vorgänger. WILDUNG interpretiert die Aufstellung von Statuen längst verstorbener Könige dahingehend, dass die in den memphitischen Nekropolen (Abusir und Sakkara) weitergeführten Totenkulte seit der 12. Dynastie dem *Amun* von Karnak unterstellt waren. Im Neuen Reich war ein Teil des Totentempels des *Sahure* weiter zugänglich, wie die Hinzufügung des Namens von *Thutmosis IV.*, des 8. Königs der 18. Dynastie, in einer Opferszene belegt. Außerdem war die Pyramide Teil des unter dem Prinzen *Chaemwaset*, eines Sohnes Ramses' *II.*, durchgeführten Restaurierungsprogammes. Bis in die Ptolemäerzeit existierte im Totentempel des Sahure ein Kult für die löwengestaltige »*Sachmet* des *Sahure*«.

Literatur:

D. WILDUNG, in: *MDAIK* 25 (1969) S. 212–219. WILDUNG, *Rolle* (1969) S. 170, 198. A. KRUG, *Die Sahure-Reliefs, Liebieghaus Monographie 3*, Frankfurt 1978. Ch. MEYER, in: *LÄ V* (1984) Sp. 352–353. M. BIETAK, in: *Festschrift Edwards* (1988) S. 35–40. A. SPALINGER, in: *SAK* 21 (1994) S. 296–297. Z. HAWASS/M. VERNER, in: *MDAIK* 52 (1996) S. 177–186. SCHNEIDER, *Lexikon* (1996) S. 378–380. M. SEIDEL, *Die königlichen Statuengruppen Bd. I., HÄB* 42 (1996) S. 50–53. VERNER, *Pyramiden* (1998) S. 298–299, 313–324. WILKINSON, *Royal Annals* (2000) S. 159–172, 220–221. ROTH, *Königsmütter* (2001) S. 99–102. DODSON/HILTON, *Royal Families* (2004) S. 62–69. S. MARTINSSEN-V. FALCK, in: *Pharao siegt immer* (2004) S. 186–187. T. EL AWADY, in: *Sokar* 14 (2007) S. 20–24. M. I. KHALED, in: *Sokar* 17 (2008) S. 26–31. *Sahure* (2010) passim. O. ZORN/D. BISPING-ISERMANN, in: *Sokar* 20 (2010) S. 45–59. W. GUGLIELMI, in: *GM* 235 (2012) S. 19–30.

NEFERIRKARE

Titel	Name	Übersetzungsvorschlag
Horus	*User-chau*	»Der an Erscheinungen mächtig ist«
König von Ober- und Unterägypten	*Chai-em-Nebti*	»Der mit den beiden Herrinnen erscheint«
	User-chau-Nebti	»Mächtig an Erscheinungen der beiden Herrinnen«
Mächte des Goldenen	*Nefer-ir-ka-Re*	
König von Ober- und Unterägypten	*Kakai*	

Neferirkare, der dritte König der 5. Dynastie, folgte seinem Vater *Sahure* auf den Thron. Dessen Hauptgemahlin *Merit-Nebti* gilt als Mutter *Neferirkares*. Die in der märchenhaften Erzählung des Papyrus Westcar als Drillinge geborenen Könige *Userkaf, Sahure* und *Neferirkare* verteilen sich also auf drei Generationen. Auf einem der Blöcke vom Aufweg der Pyramidenanlage des *Sahure* findet sich unter den bei einem Bankett dargestellten Prinzen auch sein »ältester Sohn« *Ra-nefer*, in dem allgemein der spätere *Neferirkare* erkannt wird. Die Umänderung eines Schreitenden, wohl des vor einem Priester dargestellten »ältesten« Königssohnes *Ra-nefer*, in der großen Jagdszene im Hof des Totentempels von *Sahure* zu einer Wiedergabe des *Neferirkare* mit Königsbart und Kartuschenbeischrift muss also nicht zum Zwecke einer nachträglichen Legitimierung erfolgt sein, sondern könnte lediglich eine zeitgenössische Aktualisierung unter dem Nachfolger des *Sahure* dargestellt haben. Da in der Jagdszene und in der Bankettszene vom Aufweg des Sahure auch ein Prinz *Netjeri-en-Re* als »ältester Königssohn« bezeichnet ist, wurde vorgeschlagen, es handele sich um Zwillingsbrüder. Nach dem Tod des *Neferirkare* bestieg wohl zunächst ein ephemerer König namens *Schepseskare* den ägyptischen Thron, dessen Herkunft nicht bekannt ist und der von einigen Ägyptologen auch zwischen *Neferefre* und *Niuserre* eingeordnet wird. Vermutlich übernahmen jedoch *Neferefre* und *Niuserre*, die beiden Söhne der *Chent-*

kaus II., der Hauptgemahlin des *Neferirkare*, nacheinander das ägyptische Königsamt. Wie ihre gleichnamige Vorgängerin *Chent-kaus I.* trug auch *Chent-kaus II.* den außergewöhnlichen Titel »Mutter zweier Könige«. Daran haben sich (vermutlich zu weit gehende) Spekulationen geknüpft, *Neferefre* und *Niuserre* könnten Zwillinge gewesen sein.

Von Verwaltungspapyri, zeitgenössischen Eigennamen und aus postumen Quellen ist *Neferirkare* auch unter dem Namen *Kakai* bekannt. Dieser Name stellt eine Ableitung aus dem Eigennamen *Neferirkare* dar und ist, vergleichbar dem »schönen Namen« bei Privatleuten, als eine Art offizieller »Kosename« anzusehen.

Die Regierungsjahre des *Neferirkare* sind auf dem Turiner Königspapyrus nicht erhalten, doch werden ihm aufgrund zweier Graffiti im Totentempel seiner Ehefrau *Chent-kaus II.* sowie seiner eigenen Pyramidenanlage mindestens 10 Jahre zugestanden. Manetho überliefert sogar 20 Regierungsjahre für *Neferirkare*. Der Annalenstein von Palermo endet mit der Regierungszeit des *Neferirkare* und erwähnt Stiftungen an sein Sonnenheiligtum »Lieblingsplatz des Re« im Jahr des 5. Mals (der Zählung), also im 10. Regierungsjahr. Dieser Eintrag steht nun im (stark beschädigten) vorletzten Feld des unteren Registers auf der Rückseite des Annalensteins. Das Feld für das darauffolgende 11. Jahr enthält als Einträge u.a. die Zeremonien »Erscheinen des Königs von Ober- und Unterägypten« und »Erheben der Barke der beiden Wahrheiten« sowie Stiftungen für den Gott *Re-Horus* im Sonnenheiligtum »Lieblingsplatz des Re«, die Ba-Seelen von Heliopolis und den Gott »*Ptah*-südlich-seiner-Mauer«. Im darüber liegenden 4. Register der Rückseite des Steinfragments ist das 1. Regierungsjahr des *Neferirkare* mit seiner Titulatur und der Angabe der nach dem Tod seines Vorgängers *Sahure* verbliebenen Restzeit von 2 Monaten und 7 Tagen des entsprechenden Kalenderjahres erhalten. Neben den bei der Thronbesteigung obligatorischen Zeremonien »Anfertigen von Götter-(Statuen)«, »Vereinigen von Ober- und Unterägypten« sowie »Umzug um die Mauer« sind umfangreiche Landstiftungen für die Götter-Neunheit im memphitischen Gau, die Ba-Mächte von Heliopolis und die Götter von Cheri-acha (Alt-Kairo) sowie Opferstiftungen für Re und Hathor aufgeführt. Von kunstgeschichtlichem Interesse ist der Eintrag über die Anfertigung einer Elektron-Statue des Gottes *Ihi* für den Tempel der »*Hathor,* Herrin der Sykomore in der Domäne »Geliebte-des-*Snofru*«, an der das Ritual der »Mundöffnung« vollzogen wurde. Sollte die von zahlreichen Forschern vertretene Platzierung des kleinen Londoner Annalensteinfragments in das 2. Regierungsjahr des *Neferirkare* zutreffen, sind auch für dieses Datum Stiftungen von Ackerland nachgewiesen.

Als wichtigstes offizielles Dokument hat sich das an den Priestervorsteher adressierte Dekret des *Neferirkare* im Tempel des Nekropolengottes *Chontamenti* in Abydos erhalten, welches die dortige Priesterschaft vom staatlichen Frondienst freistellt. Für den dort als »Arbeit des Gaues« bezeichneten Arbeitsdienst (genauer: den entsprechenden Anteil des Abydos-Gaus) ist das Dekret des *Neferirkare* eine frühe und wertvolle Quelle.

Neferirkare errichtete die zweite Pyramide von Abusir und begann auch mit dem Bau der Pyramidenlage für seine Gemahlin *Chent-kaus II* (Plan 3). Außerdem ist, wie oben erwähnt, das bislang noch nicht aufgefundene Sonnenheiligtum *Neferirkares* namens »Lieblingsplatz des Re« bekannt. Daneben nahm er Um- und Anbauten beim Sonnenheiligtum des *Userkaf* vor. Weder seine eigene noch die Pyramidenanlage seiner Gemahlin *Chentkaus II.* konnte der Herrscher jedoch vollenden. Die Pyramide der Königin wurde nach einer Bauunterbrechung im 10. Jahr des *Neferirkare* zunächst von seinem Sohn *Neferefre* fortgeführt und dann erst unter seinem anderen Sohn, dem folgenden König *Niuserre* fertiggestellt.

Bei *Neferirkares* eigener Pyramide handelt es sich zwar um das höchste und höchstgelegene Bauwerk von Abusir, doch wurden nur die unteren Lagen ihrer Verkleidung realisiert, womit sie unvollendet blieb. Der außergewöhnliche Umstand, dass die Pyramide zunächst als sechsstufige Stufenpyramide geplant und dann als achtstufige ausgeführt wurde, ehe man sie zu einer echten Pyramide umwandelte, harrt noch einer Erklärung, wurde die Bauform der Stufenpyramide doch seit rund 300 Jahren in Ägypten nicht mehr verwendet. Vom Totentempel des *Neferirkare* wurde nur der wohl bereits von seinem Sohn *Neferefre* erbaute Verehrungsteil in Stein ausgeführt, den Rest errichteten seine Nachfolger in Ziegelbauweise und statteten ihn mit Holzsäulen aus. Aus dem kalksteinernen Teil des Totentempels hat sich ein wichtiger Block erhalten, der eine Darstellung des Königs, seiner Gemahlin *Chent-kaus (II.)* und ihres gemeinsamen Sohnes *Nefer(ef)re* trägt. Im südwestlichen Magazintrakt dieses Tempels fand sich ein Teil der berühmten Abusir-Papyri, die aber größtenteils aus der Zeit des *Djedefre* und zu einem geringeren Anteil aus der des *Niuserre* stammen. Die Abusir-Papyri, von denen weitere in den Pyramidenanlagen der *Chent-kaus II.* und des *Neferefre* gefunden wurden, sind eine der wichtigsten Quellen zu Tempelverwaltung und Kultablauf im Alten Reich. Über einen Querkorridor gelangt man vom kalksteinernen Westteil in den offenen säulenumstandenen Hof des ziegelgemauerten Ostteils. Dieser weist in der südlichen Säulenreihe eine zusätzliche Holzsäule auf, die wegen eines Brandes eingezogen werden musste, der auch im Papyrusarchiv erwähnt wird. Der nur im unteren Abschnitt begonnene Aufweg des *Neferirkare*-Bezirkes wurde von *Niuserre* übernommen und auf seinen eigenen Pyramidenbezirk umgelenkt.

Außerordentlich viele bedeutende Männer, die unter *Neferirkare* gedient haben, sind von ihren Tatenberichten her bekannt geworden. Als wichtigster unter ihnen ragt der im größten Privatgrab des Alten Reiches in Abusir bestattete Hohepriester des *Ptah* von Memphis *Ptah-schepses* heraus, der unter den Königskindern des *Mykerinos* aufwuchs, Schwiegersohn des *Schepseskaf* wurde, bereits unter *Userkaf* und *Sahure* diente und erst unter *Niuserre* verstarb. Die auch bei einer solch hochgestellten Persönlichkeit bestehende Distanz zum gottgleichen Herrscher wird durch das von *Ptah-schepses* geschilderte Privileg illustriert, er habe *Neferirkare* die Füße küssen dürfen. Der vom Hoffriseur zu hohen Würden gelangte *Ra-wer* berichtet, wie er die versehentliche Berührung eines Stab-Zepters nur überlebte, weil ihm der König geistesgegenwärtig »Heil« zugerufen habe. *Ra-wer* besaß einen riesigen Grabkomplex in Giza, in dem das größte Statuenkonvolut des gesamten Alten Reiches aufgestellt war. Ausgehend von einem einfachen Felsgrab südlich des *Chephren*-Aufwegs erweiterte *Ra-wer* seine Grabanlage sukzessive

um selbständige Raumfolgen im Norden, die einem vom Toten-
opferkult abgekoppelten Statuenkult gewidmet waren. Um diesen Komplex gruppierten sich die kleineren Gräber seiner höhe-
ren Bediensteten zu einer Art Sub-Nekropole.

Auch der unter *Neferirkare* verstorbene *Schepseskaf-anch* ließ
seine Mastaba (G 6040) in Giza anlegen, obwohl er vornehmlich
im Totendienst der in Abusir bestatteten Könige tätig war. Vor
dem Massiv der ursprünglichen Kern-Mastaba ließ er im Osten
einen separat zugänglichen Hof mit Pfeilerstellung anlegen und
sogar die originale Kultkammer nachträglich zu einer Statuen-
Kammer (Serdab) vermauern. Damit kennzeichnet seine Anlage das erste Stadium des Übergangs von der massiven Kern-
Mastaba zum späteren Mehrraumgrab.

Menschlich anrührend erscheint die Schilderung vom Tod
des Wesirs *Wasch-Ptah*, die sein Sohn *Mer-netjer-seteni* im Grab
des Vaters anbringen ließ: Bei einem Besuch *Neferirkares* auf einer Baustelle, konnte der Wesir und Chefarchitekt *Wasch-Ptah*
die lobenden Worte seines Königs offensichtlich gar nicht mehr
hören. Der Schlimmes befürchtende König ließ *Wasch-Ptah* daraufhin in den Palast bringen und Ärzte sowie Vorleseriester her-
beirufen. Während sich der König voller Gram in seine Gemä-
cher zurückzog, starb der Wesir. Daraufhin gab der König selbst
die Grabanlage des Wesirs nahe bei der Pyramide des *Sahure* in
Auftrag und ließ ihn in einem kostbaren Ebenholzsarg beisetzen. Schließlich ist vielleicht auch der in den zurückkehrenden
Punt-Schiffen der Reliefs des *Sahure*-Aufwegs dargestellte »Aufseher der Steinbrucharbeit« *Ka-aper* mit einem in Giza bestatteten *Ka-aper* identisch, der unter *Neferirkare* diente.

Literatur:

J. v. Beckerath, in: *LÄ IV* (1982) Sp. 375. A. Spalinger, in: *SAK* 21 (1994)
S. 297–298. Schneider, *Lexikon* (1996) S. 265–267. Verner, *Pyramiden*
(1998) S. 324–331. Wilkinson, *Royal Annals* (2000) S. 167–168, 172–180,
251–252. Roth, *Königsmütter* (2001) S. 87–113. Dodson/Hilton, *Royal Families* (2004) S. 62–69. Jánosi, *Gräberwelt* (2006) S. 92–98, 100–103.
K. Scheele-Schweitzer, in: *GM* 215 (2007) S. 91–94. M. Verner, in: *Sahure* (2010) S. 44–55, 250–263.

NIUSERRE

Titel	Name	Übersetzungsvorschlag
Horus	*Set-ib-taui*	»Liebling der beiden Länder«
König von Ober- und Unterägypten	*Set-ib-Nebti*	»Liebling der beiden Herrinnen«
Göttlicher Falke des Goldenen	*Ni-user-Re*	»Der zur Stärke des Re gehörige«
König von Ober- und Unterägypten	*Ini*	

Auf den ephemeren Zwischenkönig *Schepseskare* und seinen älteren, früh verstorbenen Bruder *Neferefre* folgte *Niuserre* als sechster König der 5. Dynastie. Wie *Neferefre* war auch *Niuserre* ein Sohn des *Neferirkare* und seiner Hauptgemahlin *Chentkaus II.*, der »Mutter zweier Könige«. Durch das Fragment einer Statue aus *Niuserres* Totentempel ist eine Frau namens Reput-nebu als seine Ehefrau nachgewiesen. *Niuserres* Tochter *Cha-merer-Nebti* war mit dem Wesir *Ptah-schepses* verheiratet, der den Ehrentitel eines »ältesten Königssohns« führte.

Die im Königspapyrus von Turin angegebenen Regierungsjahre für *Niuserre* sind entweder zu 21 bzw. 25 oder zu 31 bzw. 35 Jahren zu ergänzen. Die in der manethonischen Überlieferung genannten 44 Jahre werden allgemein als zu hoch angesetzt gewertet. Anhand der unterschiedlichen Bauphasen der Mastaba seines berühmten Schwiegersohnes *Ptah-schepses* gesteht die neuere Forschung dem *Niuserre* aber über 30 Regierungsjahre zu. Auch von diesem Herrscher ist eine Darstellung des »Erschlagens der Feinde« mit entsprechender Inschrift im Wadi Maghara auf dem Sinai bekannt. Ein mit seinem Namen beschriftetes Gefäßfragment aus Byblos belegt die üblichen Handelskontakte zur libanesischen Küste, ein Rollsiegel mit seinem Namen aus Buhen in Nubien die Präsenz Ägyptens in den südlichen angrenzenden Ländern. Dafür, dass die königlichen Annalen, deren Fragmente heute in Kairo und Palermo aufbewahrt werden, während der 5. Dynastie, frühestens nach der Regierung des *Neferirkare* zusammengestellt wurden, spricht auch die mehrfache Erwähnung der Annalen (äg. »genut«) auf

Rollsiegeln des Königs *Niuserres*. Die Verwaltung erlebte unter Niuserre eine Straffung, die sich vor allem in der Zusammenführung wichtiger Verwaltungsbereiche (Scheune, Schatzhäuser des Landes und des Königs) in den Händen des Wesirs *Ptahschepses* zeigte. Der Wesir *Kai* übernahm bei seiner Berufung zusätzlich die Oberaufsicht über alle juristischen Angelegenheiten des Landes und schließlich auch die Provinzverwaltung.

Eine längere Regierungszeit des *Niuserre* erscheint auch angesichts seiner vergleichsweise umfangreichen Bautätigkeit plausibel (Plan 3): Für den Totenkult seines Bruders *Neferefre* erweiterte er den Pyramidentempel um aus Ziegeln gemauerte Raumgruppen, die zwar vom Osten her begehbar waren, ihre größte Ausdehnung aber in Nord-Süd-Richtung aufweisen. Ein Magazintrakt im Norden mit 10 zweistöckigen Lagerkammern barg das Tempelarchiv, von dem sich 2000 Papyrusfragmente vornehmlich aus der Zeit des *Djedkare* erhalten haben. Der Südteil des Tempels umschloss einen großen Saal mit 20 Säulen. Schon außerhalb der Umfassungsmauer des Pyramidenbezirks schloss sich im Osten das »Messer-Heiligtum«, ein Schlachthof für den Totenkult, an. Es ist das bisher einzige erhaltene Gebäude dieser Bestimmung aus dem Alten Reich, für das archäologische Funde eine reale Nutzung beweisen. Andere Anlagen, wie diejenige im Sonnenheiligtum des *Niuserre*, hatten wohl lediglich rituelle Bedeutung.

Auch den Pyramidenbezirk seiner Mutter *Chent-kaus II.* ließ *Niuserre* in Ziegelbauweise fertigstellen, indem er einen Erweiterungstrakt mit Magazinen und neuem Pfeilerportikus dem bestehenden Totentempel im Osten vorblendete. Außerdem scheint auf ihn die Anlage einer Kultpyramide innerhalb der Einfassung ihrer Grabpyramide zurückzugehen, die den besonderen Status der Königsmutter unterstreicht. Vom Reliefschmuck ihres Totentempels hat sich ein bedeutsames Fragment gefunden, auf dem Niuserre vor der Königin steht und der verstorbenen Königsmutter – seiner Pflicht als Sohn nachkommend – vielleicht ein Opfer darreicht.

Die Reliefdekoration verweist auf den göttlichen Status der *Chent-kaus II.*: Sie trägt wahlweise die Geierhaube oder die Urä-

usschlange an der Stirn, was sie mit der oberägyptischen Geiergöttin *Nechbet* und der unterägyptischen Schlangengöttin *Wadjet* verbindet. Auch das göttliche Attribut des Anch-Zeichens
trägt sie in Händen.

Seinen eigenen Pyramidenbezirk musste *Niuserre* aus topographischen Gründen zwischen den Anlagen seiner Vorgänger
Neferikare und *Sahure* errichten: Im Süden schmiegt sich die Umfassungsmauer eng an die Nordwand des Pyramidentempels
seines Vaters *Neferirkare* an. Auch nutzte *Niuserre* den unteren
Abschnitt des von seinem Vater begonnen Aufwegs und vollendete diesen, indem er ihn nach Nordwesten in Richtung seiner
eigenen Pyramide abknicken ließ. Von der Dekoration des Aufwegs haben sich Reliefs mit Asiaten, Libyern, Nubiern und einem Mann aus Punt erhalten. Der Pyramidentempel wird über
eine lange Eingangshalle mit Basaltpflasterung und Orthostaten aus Granit betreten, die je 5 Lagerkammern seitlich flankieren. Sie erschließt einen offenen Hof, den einst 16 Papyrussäulen umstanden. Den Verehrungsteil des Tempels schließt im
Westen eine Fünfnischenkammer mit Magazintrakt ab, die über
einen Querkorridor zu erreichen ist. Dieser weist im Nordab-
schnitt der Westmauer eine Nische auf, die einst die Statue eines liegenden Löwen aus Rosengranit enthielt. Am Nordende
ist die Fünfnischenkammer mit einem Einsäulensaal verbunden, der bis in das frühe Mittlere Reich ein Bestandteil der königlichen Totentempel werden sollte. Vom Einsäulensaal gelangt man im Norden in die ostwestlich orientierte Opferhalle,
an die im Norden wieder ein Magazintrakt anschließt. Toten-
kultteil und Verehrungsteil sind also hier nicht auf einer Ost-
West-Achse hintereinander sondern auf einer Nord-Süd-Achse
nebeneinander aufgereiht. Die Pyramide selbst besteht aus einem siebenstufigen Kern, der abschließend verkleidet wurde.
Dicht unter dem Bodenniveau wurde der Zugangskorridor von
oben ausgehöhlt. Das Satteldach von Vorkammer und Grabkammer besteht aus drei Schichten gegeneinander gesetzter De-
ckenblöcke.

Für seinen heutigen Nachruhm stellt das von *Niuserre* errichtete Sonnenheiligtum jedoch das wichtigste Denkmal dar. Es
besteht aus einem gemauerten Monumentalobelisken, der in ei-

nem Hof mit Altar und Nebengebäuden steht und über einen Aufweg zu erreichen war. In den Umgang im Sockel des Obelisken gelangte man von Süden her durch eine langgestreckte Kammer. Diese Kammer enthielt die berühmte Jahreszeitendekoration und führte über einen Korridor in den Umgang im Obeliskensockel mit Zugang zur Obeliskenplattform. Korridor und Umgang waren mit Reliefzyklen ausgekleidet, die Ritualszenen des sogenannten Sedfestes zeigen: Einige dieser Szenen wie das »Aufhacken der Erde«, das »Streichen der Ziegel« und das »Stricke spannen« stehen mit der Gründung von Heiligtümern in Verbindung, andere wie die Viehzählung, der Einzug des Königs in den Pavillon für das Sedfest, das Herbeitragen seiner »Löwenmöbel«, der Kultlauf des Königs mit Wedel und Mekes, seine Rückkehr zum Sedfest-Pavillon in einer Sänfte und sein Besuch in den »Reichsheiligtümern« von Ober- und Unterägypten sind Rituale, die der Erneuerung und Kontinuität der königlichen Herrschaft dienen sollten. Die Reliefs der »Jahreszeitenkammer« zeigen die weiblichen Personifikationen der Überschwemmungs- und der Erntejahreszeit (äg. Achet und Schemu). Dazwischen entfalten sich Reliefszenen höchster Qualität, wobei auch solche der dritten ägyptischen Jahreszeit, der Aussaat (äg. Peret) eingestreut sind. In geradezu enzyklopädischer Manier entfalten sich Naturerscheinungen wie Vogelzüge und Fischwanderungen. Den Sommermonaten wurden die Paarung des Viehs und die Feigenernte, den Herbstmonaten die Imkerei und den Frühjahrsmonaten beispielsweise Wildtiere beim Werfen von Jungen zugeordnet. Menschen sind hier nur bei Tätigkeiten in freier Natur, beispielsweise als Fischer, Vogelfänger oder Feldarbeiter geduldet: So überwachen Wildhüter die Geburten im Freien, Imker blasen Rauch in Tonbehälter, die als Bienenstöcke dienen, um des Honigs habhaft zu werden, und Vogelfänger transportieren lebende Vögel zum Mästen in Käfigen ab. Als übergreifendes Thema entfaltet dieser Reliefzyklus einen Lobpreis der Schöpfung und kann geradezu als bildhafter Hymnus an den Sonnen- und Schöpfergott *Re* bezeichnet werden.

Der unter *Niuserre* zu höchsten Würden aufgestiegene Wesir *Ptah-schepses* übernahm in seine mehrfach erweiterte Mastaba architektonische Elemente königlicher Pyramidentempel wie den rechteckigen, ostwestlich orientierten Totenopferraum mit kapellenimitierender Scheintür, einen Dreinischensaal und eine Zweisäulenportikus mit achtbündigen Lotussäulen. Später ließ er im Südosten noch einen Pfeilerhof anbauen, dessen Altar auf einen Statuen-Raum ausgerichtet war und offensichtlich dem Statuenkult im Freien diente. Das Grab des *Ptah-schepses* steht somit am Beginn der Entwicklung von der klassischen, massiven Mastaba hin zu einem Mehrraumgrab ohne massiven Kern, dessen Raumeinheiten durch königliche Vorbilder inspiriert waren. Der Grabherr war noch während der Regierungszeit des *Niuserre* verstorben, so dass der König den Grabpalast vollenden ließ, der die größte private Grabanlage des Alten Reiches darstellt. Auch die durch ihre wunderbaren Reliefs berühmte Grabanlage des in Sakkara bestatteten Oberfriseurs *Ti* steht am Beginn der Entwicklung hin zum Mehrraumgrab: Dort ist an den mit drei Schächten versehenen Kernbau ein Pfeilerhof angebaut, so dass sich insgesamt ein L-förmiger Grundriss ergibt. Übernahmen königlicher Architekturelemente stellen die Portikus und der ost-westlich orientierte, pfeilergestützte Totenopferraum dar. Zum »Leiter aller königlichen Arbeiten« aufgestiegen, stand der Grabherr *Ti* den Pyramidenanlagen des *Neferirkare* und des *Neferefre* sowie 100 Domänen vor, ließ sich aber trotz seiner in Abusir zentrierten Tätigkeit in Sakkara bestatten.

Offenbar nahm Abusir nicht mehr den Rang einer für die höchste Elite verbindlichen Nekropole ein wie beispielsweise Giza in der vorangehenden 4. Dynastie. Dort ließen sich auch während der 5. Dynastie weiterhin viele höhere Beamte beisetzen, wie *Seschem-nefer II.*, der »Aufseher der Schreiber der königlichen Akten«, und sein Sohn, der Wesir *Seschem-nefer III.* Beide übernahmen Mastabas der 4. Dynastie, deren Massive sie am Südende abtrugen und durch Räume ersetzten, die dem Statuenkult des Grabbesitzers dienten: Im Kernmauerwerk rund um eine langgezogene Halle waren Kammern eingelassen, in denen einzeln (*Seschem-nefer II.*) oder in Gruppen (*Seschem-nefer III.*) die Grabstatuen standen. Lediglich kleine Sehschlitze öffneten sich von den Statuenkammern in die Halle – über diese Schnittstelle war der Kontakt für den Opferkult zwischen

Statuen und Opferpriestern gewährleistet. Bei beiden Gräbern wird in dieser neuen architektonischen Gewichtung eine Bedeutungsverlagerung hin zum Statuenkult innerhalb des Totendienstes deutlich.

Unter dem postum belegten Kurznamen *Ini* ist *Niuserre* auch in der Liste königlicher Statuen von Karnak aufgeführt. Diese in einem Nebenraum seiner Festhalle angebrachte Komposition zeigt *Thutmosis III.* beim Opfer vor den Statuen seiner Vorgänger, die in Karnak seit der 12. Dynastie des Mittleren Reiches aufgestellt waren. Daher dürfte die in London aufbewahrte Sitzstatuette des Königs *Ini* bzw. *Niuserre*, die von *Sesostris I.* gestiftet wurde, ebenfalls aus Karnak stammen. Ob WILDUNG bei seiner Interpretation, die Aufstellung der Statuen belege die Unterstellung der mit den entsprechenden Königen verbundenen Totenkulte im fernen Memphis unter die Hoheit des Götterkönigs *Amun* von Karnak, zu folgen ist, muss letztlich offen bleiben, scheint aber nicht unplausibel.

Literatur:

D. WILDUNG, in: *MDAIK* 25 (1969) S. 212–219. J. v. BECKERATH, in: *LÄ IV* (1982) Sp. 517–518. P. KAPLONY, in: *MDAIK* 47 (1991) S. 195–204. SCHNEIDER, *Lexikon* (1996) S. 281–282. VERNER, *Pyramiden* (1998) S. 346–355. ROTH, *Königsmütter* (2001) S. 102–113. M. VERNER, in: *Egyptian Museum Collections* 2 (2002) S. 1195–1203. VERNER, *Abusir* (2002) S. 78, 92–109, 129–132. DODSON/HILTON, *Royal Families* (2004) S. 62–69. JÁNOSI, *Gräberwelt* (2006) S. 89–92, 100–103, 115–119. S. VOSS, in: *Sahure* (2010) S. 224–233. K. FINNEISER, in: *Sahure* (2010) S. 234–247. M. VERNER, in: *Sahure* (2010) S. 250–263.

DJEDKARE

Titel	Name	Übersetzungsvorschlag
Horus	*Djed-chau*	»Dauernd an Erscheinungen«
König von Ober- und Unterägypten	*Djed-chau-Nebti*	»Dauernd an Erscheinungen der beiden Herrinnen«
Dauernder Falke des Goldenen	*Djed-ka-Re*	»Dauernd ist der Ka des Re«
König von Ober- und Unterägypten	*Isesi (Asosi)*	
	*Tancheres**	

Djedkare war der achte und vorletzte Herrscher der 5. Dynastie. Sein Geburtsname *Asosi* wurde niemals in zeitgenössischen offiziellen Dokumenten, dafür aber in postumen Texten verwendet. Das verwandtschaftliche Verhältnis des *Djedkare* zu seinem Vorgänger *Menkauhor* ist unklar: Hielt man ihn traditionellerweise für einen Sohn *Menkauhors*, geht man jetzt eher davon aus, dass es sich bei *Djedkare* um dessen Bruder oder sogar Cousin handeln könnte. Während *Djedkare* seinen eigenen Pyramidenbezirk nach Sakkara-Süd verlegte, wurden sein Sohn *Neser-kau-Hor* sowie seine Töchter *Nebti-em-neferes*, *Chekeret-Nebti* und *Hedjet-nebu* in Abusir-Süd bestattet.

Das höchstbelegte Datum aus der Regierungszeit des *Djedkare* lautet: »21. (evt. 22.) Mal (der Zählung), 4. Monat der Überschwemmungsjahreszeit, Tag 12«. Somit ergeben sich mindestens 42 (bzw. 44) Regierungsjahre. Sollte es sich bei den in seiner Pyramide gefundenen Mumienresten eines zwischen 50 und 60 Jahre alten Mannes tatsächlich um die des *Djedkare* handeln, wäre der König bei seiner Thronbesteigung zwischen 8 und 18 Jahren alt gewesen. MANETHO schreibt dem bei ihm *Tancheres* genannten König mögliche 44 Regierungsjahre zu, der Turiner Königspapyus führt für *Djedkare* 28 Jahre auf. Papyri aus den Archiven von Abusir und einige Inschriften und Objekte aus Privatgräbern führen in ungewöhnlicher Dichte Daten aus fast jedem Regierungsjahr des Königs auf.

---

* postum überlieferter Eigenname

Mehrere Inschriften im Wadi Maghara belegen Expeditionen unter *Djedkare* zu den Türkisminen des Sinai. Auch für wirtschaftliche Tätigkeiten in Nubien finden sich mehrere Hinweise. Eine in den Diorit-Brüchen von Toschka gefundene Stele verrät den Abbau von Hartgestein. Siegelabdrücke aus Buhen sowie Inschriften aus Tomâs und an der Wegstrecke zwischen Dachla und Dungul stammen ebenfalls von Expeditionen unter *Djedkare*. Diese blieben offenbar folgenden Generationen markant im Gedächtnis. Noch in der 6. Dynastie ließ der Expeditionsleiter *Harchuef* in seinem Grab in Assuan einen Brief von König *Pepi II.* aufzeichnen, in dem von einem »Tanzzwerg« berichtet wird, der unter König *Djedkare* durch den »Gottessiegler« *Bawerdjed* aus dem Land Punt gebracht wurde. Eine autobiographische Inschrift aus dem Grab des *Ini*, auch aus der 6. Dynastie, nimmt ebenfalls auf *Djedkares* Expeditionsleiter *Bawerdjed* Bezug. *Ini*, seineszeichens selber Expeditionsleiter und »Gottessiegler«, stellt durchaus unbescheiden fest, er sei in den Augen seines Königs noch angesehener, als sein Amtsvorgänger *Bawerdjed* unter König *Djedkare*. Vermutlich stammt auch die bemerkenswerte Darstellung der Erstürmung einer asiatischen Festung im Grab des *Inti* in Deschascha aus der Zeit des *Djedkare*. Ägyptische Soldaten entern mit Hilfe einer Sturmleiter die gegnerische Stadt oder Festung. Die Gegner sinken von Pfeilen getroffen zu Boden oder werden im Nahkampf durch Beile unschädlich gemacht. Nach dem Sieg der ägyptischen Truppe werden Männer, Frauen und Kinder als Gefangene abgeführt. Hier läge, die Richtigkeit der Datierung vorausgesetzt, ein Beleg für militärische Aktivitäten des *Djedkare* in Asien vor. Den herkömmlichen Handel mit der Levante belegt ein in Byblos gefundenes Alabastergefäß und auf Beziehungen zur Ägäis deutet ein goldbeschlagenes Siegel eines Beamten aus der Zeit des *Djedkare* hin. Aus dem Totentempel des *Djedkare* stammt ein Fragment der Wanddekoration mit Resten von fünf Schriftkolumnen: Der Eintrag der 2. Kolumne wäre mit »das Einfangen aller Eidechsen der Ostwüste« zu übersetzen, in der 3. Kolumne ist die Rede von »30 Stück hohen *Menek*-Bäumen«, die aus »den Flachländern« bezogen werden, und die 4. Kolumne nennt unter der auf Afrika bezogenen Überschrift »Land des Goldes«

drei afrikanische Ortsnamen, die vermutlich ebenfalls Ziele staatlicher Unternehmungen waren. Die drei im Totentempel genannten Expeditionsziele Ostwüste, Flachländer und afrikanische Länder entsprechen weitgehend den oben aufgeführten archäologischen Belegen.

Die einzige von *Djedkare* bekannte Statue ist lediglich ein mit seinem Namen beschriftetes Statuenunterteil, das im Osiristempel in Abydos gefunden wurde. Im Gegensatz zu sämtlichen ihm vorangehenden Königen der 5. Dynastie errichtet *Djedkare* kein Sonnenheiligtum mehr. Als markanter Eingriff in die gesamtägyptischen Verwaltungsstrukturen ist die unter *Djedkare* erfolgte Bündelung von Kompetenzen im Wesirsamt zu nennen, wobei es zusätzlich zu einer Trennung von Residenz- und Provinzialverwaltung kam. Es wurde das Amt des »Vorstehers von Oberägypten« eingeführt, dessen Inhaber die Überwachung des Einzugs von Steuern und der Erbringung von Dienstpflichten oblag.

Die Papyri des im 19. Jh. entdeckten Archivs der am Totentempel des *Neferirkare* tätigen und dort wohnhaften Priester datieren hauptsächlich in die Regierungszeit des *Djedkare* und geben einzigartige Aufschlüsse zur damaligen Tempelwirtschaft. Die Akten umfassen königliche Dekrete, Dienstpläne der Priesterschaft für die vielen religiösen Feste, Inventare heiliger Gegenstände und vor allem Verzeichnisse der täglichen, dekadischen (d.h. der 10-tägigen = wöchentlichen) und monatlichen Lieferungen für den Opferkult. In den Verzeichnissen wurden die erwarteten den tatsächlichen Lieferungen am Monatsende gegenübergestellt und die Differenz ermittelt. Insgesamt verbrauchten die Totenpriester des *Neferirkare* im Monat 60 Ochsen und 660 Stück Geflügel. Je nach Rang wurden einer Person zwischen 7 und 200 Krüge Bier sowie zwischen 60 und 600 Brote zugeteilt. Zwar gehen die Lieferungen zum einen direkt vom Palast oder den königlichen Magazinen aus, wurden aber zunächst überwiegend im Sonnentempel des *Neferirkare* als Opfer verwendet und erst dann an den Totentempel weitergeleitet. Der Totentempel unterstand also verwaltungstechnisch dem Sonnenheiligtum des *Neferirkare*. Die aus »Gottesdienern« und »Reinen« bestehende Priesterschaft versah ihren temporären

Dienst rotierend, wobei die Amtsinhaber eigentlich Berufe wie Frisör, Arzt, Schreiber oder Sänger ausübten. Außer den Priestern waren für die Versorgung des Tempels sogenannte »Pächter« tätig.

Ein weiteres Papyrusarchiv trat im Totentempel des nach kurzer Regierung verstorbenen Königs *Neferefre* zutage. Auch die Dekrete dieses Archivs datieren von *Djedkare* bis *Unas*. An Berufen der Priester und Tempelangestellten werden Frisör, Barbier, Arzt, Schatzinspektor, Zeughausaufseher und »Ruderer der Barke« genannt. Eine Inventarliste führt u.a. Holzstatuen eines Reihers und eines Nilpferdes auf. Es macht ganz den Eindruck, als seien unter *Djedkare* die Totenkulte seiner Vorgänger einer Reorganisation unterzogen worden. Dabei wird in mehreren Dekreten mit stereotypen Formeln der jeweils namentlich aufgeführten Totenpriesterschaft des *Neferefre* der Zugang zu den in seinem Totentempel dargebrachten Opferspeisen gewährt.

Djedkare verlegte seine Pyramidenanlage nach Sakkara-Süd (Plan 2). Der Pyramidenkern wies ursprünglich sechs Stufen auf, die aus mit Mörtel verbundenen Kalksteinstücken gemauert waren. Der Eingang zur Pyramide lag im Hofpflaster an der Nordseite. Wie bis dahin üblich knickt der absteigende Korridor leicht nach Osten ab. Er mündet in ein Vestibül, in dem sich zer schlagene Töpfe fanden, die möglicherweise noch vom Bestattungsritual stammen könnten. Vor- und Sargkammer bedeckt eine dreifache Satteldecke. In der Sargkammer fand sich ein Granitsarkophag, der Reste einer Mumie enthielt, die allgemein für die des *Djedkare* gehalten wird.

An Ostfassade des Totentempels ragen zwei pylonartige Türme auf. Der Tempel wird über eine langgestreckte Eingangshalle mit gewölbter Decke betreten, die seitlich von je sechs Lagerkammern flankiert wird. Den mit Alabaster gepflasterten Säulenhof umgeben 16 Palmsäulen. Über den Querkorridor im Westen erreicht man die Fünfnischenkapelle für die Statuen. Von dort aus geht es über den quadratischen Einsäulensaal im Süden zur Opferhalle, deren Westende bereits direkt in die Pyramide selbst eingelassen wurde. Dieser axial ausgerichtete westliche Verehrungstrakt wird im Norden und Süden von Lagerkammern umgeben. Von der stark zerstörten Dekoration haben sich nur Fragmente erhalten, die aber dennoch die Innovationskraft dieses Herrschers erkennen lassen. Dazu gehört die oben erwähnte Liste von fremdländischen Pflanzen, Tieren und Städten, sowie die unten vorgestellte erste Darstellung des Gottes Osiris. Ein weiteres Beispiel ist der erste und früheste flachbildliche Beleg für den Zyklus von der Geburt des Gottkönigs, der erst unter *Hatschepsut* im Neuen Reich vollständig erhalten ist.

Direkt an der Nordost-Ecke des *Djedkare*-Bezirkes schließt der Pyramidenbezirk einer Königin an, bei der es sich um eine namentlich nicht bekannte mutmaßliche Gemahlin des *Djedkare* handeln dürfte. Ihre Pyramide weist einen dreistufigen Kern auf. Der Totentempel ist nördlich des *Djedkare*-Bezirkes von Westen her zu betreten. Über einen Korridor gelangt man durch einen Sechssäulensaal in den nördlich anschließenden, offenen Hof mit 16 Papyrussäulen. Westlich davon liegt der Dreinischensaal, an den im Norden der quadratische Einsäulensaal und darauf die jüngst entdeckte Opferkammer anschließen. Von den im Tempelbezirk gefundenen Relieffragmenten zeigen fast 60 % Reste von Domänenaufzügen.

Die ausführlichste Biographie aus der Zeit des *Djedkare* ist im Grab seines Baumeisters *Senedjem-ib* nur fragmentarisch überliefert. Der Grabinhaber zitiert dort einen eigenhändigen Brief des Königs sowie einen weiteren, in dem dieser ihn mit Bautätigkeiten innerhalb der Palastanlage beauftragt. Weitere Inschriften gehen auf den Sohn des Grabinhabers zurück, der um die Einrichtung eines Totenkultes für seinen Vater und die Anfertigung eines Sarkophags bittet. Der König erlässt daraufhin eine entsprechende Anordnung und eine Darstellung im Grab des *Senedjem-ib* zeigt, wie der Sarkophag auf dem königlichen Transportschiff »Mächtig-ist-*Asosi*« antransportiert wird.

Als geradezu epochemachend sollte sich der Aufstieg des *Osiris* zum wichtigsten Bezugspunkt altägyptischer Jenseitshoffnungen erweisen: Dieser Gott nahm fortan als Herrscher der Unterwelt bis zum Ende der ägyptischen Kultur die zentrale Rolle im Totenkult ein. Während der Regierungszeit des *Djed-*

kare tritt er erstmals standardmäßig in der Opferformel auf und gesellt sich zu dem schon länger belegten Nekropolengott *Anubis*. Ein Relief aus dem Totentempel des *Djedkare* bietet den bislang ältesten Beleg für eine Darstellung des *Osiris*, der hier noch nicht in der ungegliederten Mumiengestalt, sondern als ausschreitender Gott – vielleicht mit einem Schakalskopf – dargestellt war. Möglicherweise hängt auch *Djedkares* Verzicht auf die Errichtung eines neuen Sonnenheiligtums mit dem Aufstieg des *Osiris* zusammen, galten die Sonnenheiligtümer doch als Ruheplätze des Sonnengottes für die Nacht. Nun trat die Vorstellung von *Osiris* als »Herrscher des Westens« stärker in den Fokus. Vielleicht ist es auch kein Zufall, dass die einzige bislang bekannte Statue des Königs in Abydos, dem späteren Hauptkultort des *Osiris*, gefunden wurde.

Reliefierte Blöcke und eventuell auch Säulen, die von Bauwerken König *Djedkare Asosis* stammen, wurden im Totentempel und der Pyramide seines Nachfolgers *Unas* wiederverwendet. Durch den Umstand, dass die dem Wesir *Ptah-hotep* zugeschriebene Weisheitslehre sich an König *Asosi* richtet, blieb der Name in der Schreiberzunft, die diesen kanonischen Text häufig jahrhundertelang rezipierte, lebendig. *Djedkare Asosi* taucht zudem regelmäßig in späteren Königslisten auf.

Literatur:

J. v. BECKERATH, in: *LÄ I* (1975) Sp. 473–474. A. GRIMM, in: *SAK* 12 (1985) S. 29–41. P. POSENER-KRIÉGER, in: *Mélanges Mokhtar II* (1985) S. 195–210. W. HELCK, in: *MDAIK* 47 (1991) S. 163–168. N. KANAWATI/A. MCFARLANE, *Deshasha, The Tombs of Inti, Shedu and Others*, ACER 5, 1993, S. 17–19, 24f., Taf. 26f. A. SPALINGER, in: *SAK* 21 (1994) S. 299–301. SCHNEIDER, *Lexikon* (1996) S. 172–173. VERNER, *Pyramiden* (1998) S. 361–369. J. GWYN GRIFFITHS, in: *OEAE* 2 (2001) 615–619. E. BROVARSKI, *The Senedjemib Complex*, 2 Bde., *Giza Mastabas Vol. 7*, Boston 2001. R. GERMER, in: *Sokar* 7 (2003) S. 36–41. DODSON/HILTON, *Royal Families* (2004) S. 62–69. M. VERNER, in: *Sokar* 14 (2007) S. 25–33. M. VERNER, in: *Sahure* (2010) S. 250–263. M. MEGAHED, in: *Sokar* 22 (2011) S. 24–35. M. MARCOLIN/A.D. ESPINEL, in: *Abusir and Saqqara* (2011), S. 570–615. H. ALTENMÜLLER, in: *SAK* 42 (2013) S. 15–35, Taf. 6.

UNAS

Titel	Name	Übersetzungsvorschlag
Horus	*Wadj-taui*	»Gedeihen der beiden Länder«
	Wadj-em-Nebti	»Der mit den beiden Herrinnen gedeiht«
Grünender (gedeihender) Falke des Goldenen		
König von Ober- und Unterägypten	*Sa-Re Unis*	»Sohn des Re« *Unas*
	Unis (Unas)	

Mit *Unas*, ihrem 9. König, endet die 5. Dynastie. Seine genaue Herkunft ist nicht bekannt. In den Pyramidentexten, die seine Grabkammer zieren, wird er als Heliopolitaner bezeichnet, der in Heliopolis geboren wurde und dessen Eltern ebenfalls aus diesem Kultzentrum stammen. Hier handelt es sich aber um eine theologische Aussage und nicht um eine tatsächliche Auskunft über die Herkunft von *Unas* Familie, denn auch in der späteren Versionen der Pyramidentexte *Pepis I.* wird eine solche Aussage gemacht. Die beiden namentlich bekannten Gemahlinnen *Chenut* und *Nebet* sind in einer Doppel-Mastaba außerhalb der Pyramidenanlage des *Unas* bestattet. Von den Töchtern des *Unas* erlangte *Iput I.* als Ehefrau des *Teti* und Mutter *Pepis I.* große Bedeutung für den Wechsel zur 6. Dynastie. Auch eine weitere, möglicherweise vor *Iput I.* verstorbene Gemahlin König *Tetis* namens *Chuit* wird als Tochter des *Unas* angesehen. Sonstige namentlich bekannte Töchter des *Unas* sind *Hemetre (Hemi)* und *Neferut*, möglicherweise auch *Chentkaus* und *Neferetkaus*. Auch *Sescheschet Idut*, die ein Grab am *Unas*-Aufweg usurpierte, könnte eine Tochter des *Unas* gewesen sein. Ein Prinz *Unas-anch* verstarb vor seinem Vater.

Der Name des *Unas* gibt Rätsel auf: Vielleicht handelt es sich um die Ableitung eines mit dem Verb für »sein/existieren« (*wen/un*) gebildeten Eigennamens, der in der offiziellen Titulatur nicht mehr nachweisbar ist. Dann müssten zu diesem Zeitpunkt die seit *Neferirkare/Kakai* nachweisbaren Kurzformen oder »schönen Namen« die komplizierter zusammengesetzten Eigennamen auch in offiziellen Monumenten verdrängt haben.

Der Herrinnen-Name des *Unas* ist in seinem Pyramidentempel ohne den Titel »König von Ober- und Unterägypten« belegt und der Gold-Titel steht dort nicht dem in Kartusche geschriebenen und um das Element »Sohn des Re« erweiterten Eigennamen voran.

Dem Königspapyrus von Turin nach regierte *Unas* 30 Jahre. MANETHO gesteht ihm 33 Regierungsjahre zu. Das höchste zeitgenössisch sicher für *Unas* belegte Datum ist das 8. Regierungsjahr, was zusammen mit anderen epigraphischen und archäologischen Hinweisen bei einigen Forschern dazu geführt hat, *Unas* eher 20 als 30 Regierungsjahre zuzuweisen.

Eine Felsinschrift auf Elephantine dokumentiert für *Unas* den traditionellen Machtanspruch des ägyptischen Königs als »Herr der Fremdländer« – ein in Byblos gefundenes Alabastergefäß belegt den traditionellen Levante-Handel. Reliefdarstellungen vom Aufweg der Pyramide des *Unas* zeigen Kampfszenen zwischen ägyptischen und asiatischen Truppen sowie den Transport von asiatischen Kriegsgefangenen nach Ägypten.

Für seine Pyramidenanlage wählte *Unas* die Nekropole von Sakkara und errichtete sein Grabmal südlich der Stufenpyramide des Djoser (Plan 2). Die wenig spektakuläre und mit ursprünglich 43 m kleinste Pyramide der 5. Dynastie weist einen sechsstufigen Kern auf. Ihr Eingang war von einer kleinen Nordkapelle überdacht, die mit Stele und Altar ausgestattet war. Wie üblich besaßen Vorkammer und Grabkammer ein Giebeldach. Während das Westende der Grabkammer um den Sarkophag mit dem traditionellen Palastfassadendekor verziert war, trugen die übrigen Wände dieser beiden Räume erstmals in der Geschichte Ägyptens die sogenannten Pyramidentexte. Mehrheitlich handelt es sich bei diesen um zu rezitierende Verklärungssprüche, die den König in eine jenseitige gottgleiche Existenzform transformieren sollten. Von der Bestattung des *Unas* haben sich nur wenige Mumienreste und zwei hölzerne Messergriffe erhalten.

Das Eingangstor des Totentempels im Osten trägt bereits die Titulatur König *Tetis*, wurde also von diesem Herrscher fertiggestellt, gleicht jedoch im Aufbau desjenigen des Vorgängers *Djedkare*. Die lange Eingangshalle mit gewölbter Decke und

Wandreliefs führt in den offenen, mit 18 Säulen bestandenen Hof. Beiderseits des Hofes liegen Magazingruppen, die im Norden wesentlich großzügiger ausgelegt sind als im Süden. Vom Querkorridor hinter dem Hof führt im Westen eine Treppe in den Fünfnischensaal für den Statuenkult. Am Südende des Querkorridors gelangt man schließlich über einen Zwischenraum und den quadratischen Einsäulensaal in den Opfersaal mit der zentralen Scheintür für den Totenkult. Für den Bau seiner Pyramidenanlage hat *Unas* auch Blöcke und Säulen verwendet, die ursprünglich zu Gebäuden seines Vorgängers *Djedkare* gehört haben. Besonders interessant sind in der Sarkophagkammer der Pyramide verbaute Blöcke, die ursprünglich eine königliche Nilpferdjagd gezeigt haben. Zudem ließ er für die Anlage des Aufwegs die Oberbauten zweier Königsgräber der 2. Dynastie (*Hetepsechemui* und *Ninetjer)* einebnen und erzwang die Zuschüttung zeitgenössischer Privatgräber, obwohl diese noch nicht fertiggestellt waren. Der 720 m lange Aufweg knickt zweimal leicht ab, um Unebenheiten im Gelände auszuweichen. Sein fragmentarisch erhaltener Reliefschmuck zeigt eine Wüstenjagd, mit granitenen Palmsäulen und Architraven aus Assuan beladene Schiffe, Kämpfe mit Asiaten und hungernde Beduinen der Ostwüste. Letztere wurden bis zur Entdeckung vergleichbarer Szenen vom Aufweg des *Sahure* für konkrete Hinweise auf eine durch Klimaverschlechterung indizierte Hungersnot gehalten. Wahrscheinlich aber soll nur das Elend der Wüstenbewohner im Kontrast zur Wohlgenährtheit der Ägypter demonstriert und so auf die segensreiche Herrschaft des Königs verwiesen werden. Manche Forscher halten auch die im Aufweg platzierten Jahreszeitendarstellungen für eine Kompensation des auch von *Unas* nicht mehr errichteten Sonnenheiligtums. Die Deckenkonstruktion des ursprünglich überdachten Aufwegs besaß einen Lichtschlitz zur Beleuchtung des Ganges. Südlich des oberen Aufwegendes befinden sich zwei 45 m lange Bootsgruben aus gemauertem Kalkstein, in denen ursprünglich hölzerne Barken für die jenseitige Reise des Königs deponiert waren. Am unteren Ende des Aufwegs lag der Taltempel mit einer Kaianlage an einem See, der mit dem Nil verbunden war.

Der Kult im Totentempel des *Unas* blieb bis zum Ende des Alten Reiches in Betrieb. Wenn sich im Totenkult des *Unas* tätige Priester und Bedienstete der 6. Dynastie als »versorgt bei *Unas*« bezeichnen, kann daraus eine lokal begrenzte, postume göttliche Verehrung dieses Königs abgeleitet werden. Entsprechend bezeichnet sich ein Privatmann namens *Chenu* gegen Ende des Alten Reiches als »Diener des *Unas*«. Selbst aus dem Mittleren Reich sind noch mit dem Namensbestandteil »*Unas*-« gebildete Personennamen belegt und in Opferformeln taucht der König neben anderen Göttern auf. Allerdings wurden auch spätestens am Beginn der 12. Dynastie Teile des Totentempels abgerissen und in den Fundamenten der Pyramide *Amenemhets I.* in Lischt verbaut. Im Neuen Reich veranlasste Prinz *Chaemwaset*, Sohn des *Ramses II.*, in der 19. Dynastie Restaurierungsmaßnahmen an der Pyramide des *Unas*, die durch eine Inschrift an der Südseite der Pyramide dokumentiert sind.

Literatur:

A. Moussa, in: *MDAIK* 27 (1971) S. 81–89. H. Goedicke, *Re-used Blocks from the Pyramid of Amenemhet I at Lisht, PMMA 20*, 1971. H. Altenmüller, in: *SAK* 1 (1974) S. 1–18. A. Moussa/H. Altenmüller, in: *MDAIK* 31 (1975) S. 93–97. A. Labrousse/J.-Ph. Lauer/J. Leclant, *Le temple haut du complexe funéraire du roi Ounas, BdÉ 73*, 1977, S. 125–131. J. Vercoutter, in: *Mélanges Mokhtar II* (1985) S. 327–337. J. Osing, in: *MDAIK* 42 (1986) S. 131–144. J. v. Beckerath, in: *LÄ VI* (1986) Sp. 845–847. A. Spalinger, in: *SAK* 21 (1994) S. 301–303. Schneider, *Lexikon* (1996) S. 475–476. Verner, *Pyramiden* (1998) S. 369–377. Dodson/Hilton, *Royal Families* (2004) S. 62–69. H. Altenmüller, in: Dreyer/Polz, *100 Jahre in Ägypten* (2007) S. 139–149. G. Dreyer, in: Dreyer/Polz, *100 Jahre in Ägypten* (2007) S. 130–138. K. Scheele-Schweitzer, in: *GM* 215 (2007) S. 91–94. M. Youssef, in: *Abusir and Saqqara* (2011), S. 820–822.

TETI

Titel	Name	Übersetzungsvorschlag
Horus	*Sehetep-taui*	»Der die beiden Länder zufriedenstellt«
	Sehetep-Nebti	»Der die beiden Herrinnen zufriedenstellt«
Vereinender Falke des Goldenen		
König von Ober- und Unterägypten	*Sa-Re Teti*	»Sohn des Re« *Teti*
	Teti	*Teti*

Teti wird als erster König der 6. Dynastie gezählt. Sein Vater ist nicht sicher nachgewiesen. Als seine Mutter darf die »Königsmutter« *Seschseschet* gelten, deren Stiftungsgüter in der Darstellung einer Güterprozession zusammen mit denen des *Teti* in der Mastaba des Wesirs *Mehu* vergesellschaftet sind. Aus dem Totentempel des *Teti* ist zudem ein Relief bekannt, das *Seschseschet* mit eingelegten Augen wiedergibt – ein Privileg, das nur Göttern sowie gottähnlichen Königen und Königsmüttern zustand. Der ihr von ihrem Sohn verliehene Titel einer »Tochter des Gottes« ist jedoch typisch für eine Königsmutter nichtköniglicher Abstammung, so dass die familiäre Abstammung des *Teti* in Bezug auf die 5. Dynastie seiner Vorgänger im Dunkeln bleibt. ALTENMÜLLER vermutet, dass der Privatmann *Schepsi-pu-Ptah*, dessen Güter ebenfalls in der Prozession des *Mehu*-Grabes auftauchen, als nichtköniglicher Vater des *Teti* anzusehen sei. Im Grabeigentümer *Mehu* vermutet ALTENMÜLLER einen Bruder des *Teti*. Im Pyramidenbezirk von *Tetis* Sohn *Pepi I.* sind Blöcke mit dem Namen seiner Großmutter *Sescheschet* gefunden worden. Es ist allerdings nicht klar erkennbar, ob *Pepi I.* ein Gebäude seiner Großmutter als Baumaterial genutzt hat, oder ob er für sie eine eigene Kultanlage errichtet hat, die im Zuge von Restaurierungsarbeiten im Mittleren Reich abgerissen wurde. Im Jahre 2008 wurde eine neu in Sakkara entdeckte Königinnenpyramide versuchsweise der *Sescheschet* zugewiesen, inschriftliche Belege dafür fehlen jedoch bislang. Gemahlin des *Teti* und Mutter seines Sohnes *Pepi I.* war *Iput I.*, vermutlich eine Tochter des *Un-*

as, die nördlich der Pyramide ihres Mannes eine eigene Anlage besitzt. Damit wären die Thronfolge und das Königsamt für *Teti* über die Heirat mit einer Prinzessin legitimiert. Die Grabkammer von *Iputs* dreistufiger Pyramide wird von einem in Höhe der 2. Stufe einsetzenden Schacht erschlossen. Dies ist ein untrügliches Zeichen dafür, dass ihr ursprünglich als Mastaba errichtetes Grab nachträglich zu einer Pyramide umgebaut wurde, erlangte sie doch erst mit der Thronbesteigung ihres Sohnes *Pepi I.* den erhöhten Status einer Königsmutter. Die Grabkammer enthielt den Kalksteinsarkophag, der noch Reste des darin enthaltenen Zedernholzsarges und einzelne Knochen der Königin barg. Sonst haben sich von der Grabausstattung unter anderem fünf Kalksteinkanopen, eine Alabasterkopfstütze und eine Opfertafel mit den Namen der 7 heiligen Öle erhalten. Durch ein Dekret *Pepis I.* wird im *Min*-Tempel zu Koptos die Priesterschaft der postum für den Ka der *Iput I.* errichteten Kapelle von Abgaben und Zwangsarbeit freigestellt, worin sich ebenfalls ihre gewachsene Bedeutung als Königsmutter spiegelt. Zwischen den Anlagen der *Iput I.* und des *Teti* lag ein weiterer Pyramidenbezirk. Die dort bestattete Königin *Chuit* war ebenfalls eine Gemahlin des *Teti* und Tochter des *Unas*. STADELMANN vermutet, ihr Sohn könnte der ephemere zweite König der 6. Dynastie namens *Userkare* gewesen sein. *Teti*s Tochter *Nebti-nub-chet* war mit einem der unter ihrem Vater dienenden Wesire namens *Kagemni* verheiratet. Eine zweite, nach ihrer Großmutter *Seschseschet Watet-chet-Hor* benannte Königstochter heiratete dessen Amtsnachfolger *Mereruka*. Eine dritte Tochter namens *Inti* wurde ebenfalls in Sakkara bestattet.

Ähnlich wie von *Unas* sind von *Teti* zeitgenössisch nur noch Belege für den kurzen Eigennamen bekannt. Der meist mit einem theophoren Element wie zuletzt bei *Djedkare* zusammengesetzte lange Eigenname kommt nicht (mehr) vor. Wie bei *Unas* kann der kurze Eigenname *Teti* wahlweise aber auch um das Element »Sohn des Re« in der Kartusche erweitert sein.

Im Turiner Königspapyrus, der für *Teti* nur die offenkundig lückenhafte Angabe von 6 Monaten und 21 Tagen überliefert, sind die 6.–8. Dynastie mit einer Summenzahl zusammengefasst und somit als Einheit gesehen worden. Dies könnte auf eine familiäre Kontinuität hindeuten. MANETHO gibt 30 Regierungsjahre für *Teti* an und berichtet von seiner Ermordung, doch wird dieses vereinzelte Zeugnis nicht mehr als zweifelsfrei historisch angesehen. Ein weiterer Historiograph bescheinigt *Teti* 33 Regierungsjahre, doch ist als höchstes belegtes Datum das Jahr nach der 6. Zählung, also – bei zweijähriger Zählung – das 13. Regierungsjahr im Steinbruch von Hatnub belegt. Die Einträge auf dem Annalenstein von Sakkara, der als Deckel für den Sarkophag einer Königin namens *Anch-nes-Pepi* wiederverwendet wurde, setzen mit der Regierungszeit des *Teti* ein, der folglich schon von seinen Nachfolgern als Gründer ihrer Dynastie empfunden wurde. Allerdings hat sich wenig mehr als die Überschrift mit der Titulatur des *Teti* erhalten, die aber wie bei den früheren Annalensteinen auch den Namen seiner Mutter *Seschseschet* umfasste. Die Einträge selbst lassen noch Reste des Stiftungsvermerks sowie Hinweise auf die Herstellung von Statuen, die Einrichtung von Gütern, die Opferung von Antilopen sowie von Messungen des Nilstandes erkennen.

Das Dekret *Tetis* zur Freistellung der Priesterschaft des *Chontamenti*-Tempels zu Abydos von Steuern und Zwangsdiensten darf als das bedeutendste aus seiner Regierungszeit erhaltene historische Dokument gelten. Ein der *Hathor* von Dendera geweihtes Alabaster-Sistrum stellt das bislang älteste Zeugnis königlicher Präsenz an diesem wichtigen Kultort dar. Schließlich belegen ein Kalksteinfragment und eine Alabasterplatte mit dem Namen des *Teti*, die in Byblos zu Tage traten, die Fortdauer der Handelsbeziehungen dieser Stadt mit Ägypten.

Die Pyramide des *Teti* zeigt die von seinen Vorgängern bekannten baulichen Elemente: einen fünfstufigen Kern, einen ebenerdigen und von einer Nordkapelle überdachten Zugang, einen absteigenden und horizontalen Abschnitt des Korridors mit granitverkleideten Enden, drei Fallsteine im Zentrum des horizontalen Korridorabschnittes, Vor- und Sargkammer mit dreifachem Giebeldach, einen östlichen Serdab-Raum mit drei Nischen sowie die Sargkammer mit Palastfassadendekoration im westlichen Teil. Wie bei der Pyramide des *Unas* bedecken Pyramidentexte die Wände von Vor- und Sargkammer. Im Sarkophag fanden sich Mumienreste von Arm und Schulter, die *Teti* zugewiesen werden. Sein Pyramidentempel zeigt die gewohnte Raumabfolge, wobei die Magazine sich symmetrisch auf Nord- und Südhälfte verteilen und an Zahl zugenommen haben. Als Besonderheit ist der von Südosten kommende Aufweg zu nennen, der auf einen schmalen, dem Südteil der Ostfassade vorgelagerten Hof trifft. Der offene Hof im Verehrungsteil ist mit 18 Rosengranitpfeilern umstellt, nicht mehr mit Palmsäulen. Im Hof fand sich ein stark verwitterter Altar aus Alabaster, der auf seinen östlichen und westlichen Langseiten mit Prozessionen von offenbar abwechselnd männlichen und weiblichen Gau-Personifikationen dekoriert war, die von Norden und Süden her dem Zentrum zustrebten.

Als eines der ersten Gräber einer nördlich der Pyramide des *Teti* für seine Spitzenbeamten angelegten Nekropole wurde das des Wesirs *Kagemni* angelegt: Es besteht aus einem teils noch massiven Bau, aus dem aber Magazine, eine Pfeilerhalle mit den anschließenden Räumen für die Statuenverehrung und das Totenopfer sowie bootsförmig ausgestaltete Hohlräume für die »Totenschiffe« nach Art der modernen Mehrraumgräber ausgespart sind. Die Grabkammer ist allerdings wie bei den früheren Mastabas nur über einen vom Dach aus zu betretenden Schacht zugänglich. *Kagemni* begann seine Laufbahn bereits unter *Djedkare* und stieg unter *Unas* weiter auf.

Bei seinem Amtsnachfolger *Mereruka* hat sich der Trend zum Mehrraumgrab bereits vollständig durchgesetzt: Der Mastaba-Kern ist zugunsten von Raumfluchten vollständig aufgelöst. Der offene Pfeilerhof mit anschließendem Statuen-Raum für den Statuen-Kult wurde durch eine gedeckte Pfeilerhalle mit integrierter Nischen-Statue ersetzt. Dabei liegt letztere ganz auf der Achse des Eingangs in den Pfeilersaal. Nicht alle Innenräume der Anlage sind für den Grabherrn bestimmt, ein zeitgleich angelegter Trakt im Südwesten ist für seine Ehefrau *Watet-chet-Hor* ausgespart, eine später angebaute Raumflucht im Nordosten diente dem Totenkult seines Sohnes *Meri-Teti*, war aber zunächst wohl für dessen älteren Halbbruder namens *Memi* bestimmt. Die in Relief ausgeführte Grabdekoration zeichnet sich durch ungewöhnliche Bildthemen aus: So ist *Mereruka* vor der Staffelei beim Malen der Personifikationen der drei Jahreszeiten dargestellt; gezeigt werden ferner die Herstellung von Metallwaren, die Frau des *Mereruka* beim Harfenspiel vor ihrem Gatten, das Ehepaar beim Brettspiel sowie Verwandte des *Mereruka*, die offenbar aus dem Handwerkermilieu stammen. Noch in der 5. Dynastie dem Bildrepertoire königlicher Sonnenheiligtümer und Totentempel vorbehalten waren Themen wie der Jahreszeitenzyklus bzw. die damit verbundenen Naturerscheinungen sowie die Wüstenjagd. Ein weiterer Wesir namens *Anch-ma-Hor* legte sein Grab nordöstlich von dem des *Mereruka* an. Es ist durch die erste Darstellung der Beschneidung eines Mannes als »Arztgrab« bekannt geworden. Der nächste Wesir namens *Neferseschem-Re* baute sein Grab direkt südlich an das des *Anch-ma-Hor* an, so dass sich eine Art »Gräberstraße« entwickeln konnte.

Den als Wesir noch unter *Pepi I.* amtierenden *Chentika* hatte bereits *Teti* als solchen eingesetzt. Zunächst scheint *Chentika* aber – darin vielen seiner Vorgänger in der 5. Dynastie vergleichbar – Hofämter wie »Kontrolleur der Kleiderkammer, Aufseher der Kleider, Verwalter eines jeden Schurzes, Aufseher der Geheimnisse des Badezimmers, Aufseher des königlichen Frühstücks« und »Aufseher des Palastes« innegehabt zu haben, die eine große Nähe zum König verraten. Als Vorstufe zum Amt des Wesirs hielt er schließlich den Titel »Vorsteher der Dienstleute des Palastes«. Unter *Teti* änderte sich auch die Organisation des Ptah-Kultes in Memphis. Erstmals bezeichnet »Oberster der Leiter der Handwerkerschaft« nicht mehr ein profanes Amt, sondern wird zum Titel des Hohepriesters von Memphis. Als erster Titelträger in der Funktion eines Priesters ist *Sabu*, genannt *Tjeti*, bekannt. Auch der berühmte Expeditionsleiter *Uni*, der in seinem Grab in Abydos eine ausführliche Inschrift über seine Beamtenkarriere hinterließ, startete seine Karriere unter König *Teti*.

Noch im Neuen Reich versah man die Rezeptur einer Haarpackung mit dem Hinweis, sie sei schon für das Haarwachstum der »Mutter der Majestät des Königs *Teti*« namens *Seschi* (*Sescheschet*) wirksam gewesen. Im Turiner Königspapyrus wird die 6. Dynastie mit den letzten Dynastien des Alten Reiches in einer Summenzahl zusammengefasst, weil man sie in der Rückschau

offenbar als Beginn einer neuen Epoche verstand. Dies mag mit
der eventuell nichtköniglichen Herkunft des *Teti* zusammenhängen, der sich aber durch die Heirat mit *Iput I.*, der mutmaßlichen Tochter des *Unas*, zu legitimieren vermochte. Die Regierungszeit des *Teti* wird bisweilen als unbedeutend angesehen,
was aber an der im Vergleich zu seinen Nachfolgern *Pepi I.*
und *II.* kürzeren Regierungszeit und am Zufall der Überlieferung liegen könnte. Wie sein Vorgänger *Unas* verwendet er offenbar nur den kurzen Eigennamen und führt die unter seinem
Vorgänger einsetzenden Modifikationen der Königstitulatur
weiter. Angesichts der unter *Teti* neu angelegten Nekropole für
höchste Beamte verbietet es sich aber, von einer unbedeutenden
Regierungszeit oder gar von einem Niedergang des ägyptischen Königtums zu sprechen. Während der 1. Zwischenzeit
und zu Beginn des Mittleren Reiches schien er zudem einen lokalen Kult genossen und als vergöttlichter Mittler für die im Gebiet der *Teti*-Nekropole Bestatteten fungiert zu haben. Auch im
Neuen Reich wurde ihm göttliche Verehrung zuteil, was daran
gelegen haben könnte, dass sein Totentempel an der Prozessionsstraße zum Serapeum lag. Der Name des Wesirs *Kagemni*
blieb im kulturellen Gedächtnis des alten Ägypten lange lebendig, da er als Adressat einer Lebenslehre galt, die auf einem Papyrus überliefert ist, welcher aus dem Mittleren Reich stammt.

Literatur:

W. SEIPEL in: *LÄ III* (1980) Sp. 176. H. GOEDICKE, in: *LÄ VI* (1986) Sp. 457–
458. J. MALEK, in: *Festschrift Edwards* (1988) S. 23–34. H. ALTENMÜLLER, in:
Festschrift von Beckerath (1990) S. 1–20. J. MALEK, in: *Festschrift Griffith*
(1992) S. 57–76. A. SPALINGER, in: *SAK* 21 (1994) S. 303. R. STADELMANN, in:
Hommages Leclant 1 (1994) S. 327–335. M. BAUD/V. DOBREV, in: *BIFAO* 95
(1995) S. 23–92. SCHNEIDER, *Lexikon* (1996) S. 451–452. H. ALTENMÜLLER,
Die Wanddarstellungen im Grab des Mehu in Saqqara, AV 42, 1998. VERNER,
Pyramiden (1998) S. 380–388. J. MALEK, in: *Abusir and Saqqara* (2000)
S. 241–258. V. Dobrev, in: *Abusir and Saqqara* (2000) S. 381–396. Z. HA-
WASS, in: *Abusir and Saqqara* (2000) S. 413–444. ROTH, *Königsmütter* (2001)
S. 113–138. DODSON/HILTON, *Royal Families* (2004) S. 70–78. S. KÖTHEN-
WELPOT, in: *Festschrift Gundlach* (2006) S. 103–126. K. SCHEELE-SCHWEIT-
ZER, in: *GM* 215 (2007) S. 91–94. G. PIEKE, in: *GM* 216 (2008) S. 103–110.

Pepi I.

Titel	Name	Übersetzungsvorschlag
Horus	Meri-taui	»Geliebter der beiden Länder«
König von Ober- und Unterägypten	Meri-chet-Nebti	»Geliebter der Körperschaft der beiden Herrinnen«
Falken des Goldenen	Nefer-sa-Hor Meri-Re	»Vollkommener Schutz des Horus« »Geliebter des Re«
König von Ober- und Unterägypten	Sa-Re Pepi	»Sohn des Re« Pepi
Falken des Goldenen	Pepi	Pepi

Von *Tetis*, Sohn des *Pepi I.*, sind mehrere Gemahlinnen bekannt: Er heiratete zwei Töchter des abydenischen Notablen *Chui*, die beide denselben Namen *Anch-nes-Merire* erhielten, für den alternativ auch die Parallelvariante *Anch-nes-Pepi* verwendet werden konnte. Die ältere *Anch-nes-Merire I.* (*Anch-nes-Pepi I.*) gebar ihm den Thronfolger *Merienre I.* Sie könnte frühzeitig verstorben sein und so eine Heirat *Pepis I.* mit ihrer jüngeren Schwester *Anch-nes-Merire II.* (*Anch-nes-Pepi II.*) notwendig gemacht haben, die als Mutter *Pepis II.* und zeitweilige Regentin großen politischen Einfluss erlangte. Als weitere Ehefrauen sind belegt: *Inenek*, genannt *Inti*, *Nebu-unet Haaheru* (frühere Lesung *Mehaa*), Mutter des Prinzen *Hor-netjer-chet* sowie möglicherweise *Behenu* und *Nedjeftet*. Zu *Pepis I.* Kindern, deren Mütter nicht bekannt sind, zählen zwei Töchter namens *Neith* und *Iput II.*, die später beide mit ihrem (Halb)-Bruder *Pepi II.* verheiratet waren. Von einem Sohn *Pepis I.* namens *Teti-anch* existiert eine Tintennotiz auf einem der Pyramidenblöcke seines Vaters. Die Tatsache, dass Architekturfragmente von einem Pfeiler im Pyramidenbezirk *Pepis I.* verbaut waren, die vermutlich aus dem Totentempel der »Königsmutter« *Seschseschet* stammen, wurde von Silke ROTH wie folgt gedeutet: *Pepi I.* habe für seine Großmutter eine Anlage in der Nähe seiner eigenen erbaut und dieser postum den Titel »Gottesmutter« verliehen. Die Anlage sei dann bei

Restaurierungsarbeiten im Mittleren Reich abgerissen und mit ihren Trümmern die Mauern des Bezirks *Pepis I.* ausgebessert worden. Auch für seine Mutter *Iput I.*, die zunächst unweit des Bezirks ihres Gemahls *Teti* in einer Mastaba bestattet lag, wurde ihr Sohn *Pepi I.* postum als Bauherr tätig: Er wandelte ihre ursprüngliche Mastaba in eine Pyramide um und verlieh ihr den Titel einer »Gottestochter«. Zudem stiftete er eine Opfertafel, in der *Iput I.* als »Königsmutter des *Pepi* in *Pepi-Men-nefer*« bezeichnet wird. Schließlich hat sich in der Titulatur *Pepis I.* auf dem Annalenstein von Sakkara, der sekundär als Deckel für den Sarkophag einer Königin *Anch-nes-Pepi* verwendet wurde, die Nennung seiner Mutter *Iput* erhalten.

Oft wird die Heirat mit *Anch-nes-Merire I.* als Folge einer Haremsverschwörung angesehen, die in einem Geheimverfahren aufgedeckt wurde, über das uns die Biographie des Beamten *Uni* unterrichtet. Dieser Skandal könnte die Beseitigung einer früheren Gemahlin des *Pepi I.* zur Konsequenz gehabt haben. Dabei wurde häufig postuliert, die Heirat mit Töchtern eines in Abydos residierenden Notablen sei eine Konzession des Königs an die einflussreicher werdende Gruppe regionaler Potentaten gewesen. Da allerdings *Djau*, der Bruder der Königinnen *Anch-nes-Merire I.* und *II.*, das Amt eines Wesirs innehatte, gehörte er selbst der Zentralverwaltung an. Ihr gemeinsamer Vater *Chui* könnte das Amt des »Vorstehers von Oberägypten« im abydenischen Gau bekleidet haben, eine Art Mittelinstanz zwischen Gauen und Zentralverwaltung, so dass auch er nicht als regionaler Potentat mit eigenständiger Hausmacht gelten kann. Wohl bedingt durch ihre Nähe zum Königshaus erhielt *Chuis* Frau *Nebet* ehrenhalber den Titel einer »Wesirin« und trug weitere, Königsmüttern vorbehaltene Ehrentitel wie »Tochter des *Geb*, Tochter des *Merhu*-Stieres, Tochter des *Thot*, Freundin des Königs« und »Tochter des *Horus*«.

Wie unter *Djedkare* erscheinen bei *Pepi I.* der theophore Eigenname und der kurze Eigenname gleichwertig nebeneinander und werden beide jeweils in eine Kartusche eingeschrieben. Der kurze Eigenname *Pepi* kann zudem um den innerhalb der Kartusche vorangestellten Namenszusatz »Sohn des Re« erweitert werden. Zu einem unbekannten Zeitpunkt seiner Regierung änderte *Pepi I.* seinen theophoren Eigennamen von *Nefer-sa-Hor* in *Meri-Re.*

Die im Turiner Königspapyrus erhaltene Angabe von 20 Regierungsjahren kann so nicht korrekt sein, da sie mit den erhaltenen Datumsangaben nicht übereinstimmt. Auch die durch Manetho überlieferte Zahl von 53 Regierungsjahren erscheint unbrauchbar. So findet sich im Wadi Hammamat eine Expeditionsinschrift aus dem Jahr nach dem 18. Mal (der Zählung), in der das erste Sed-Fest der Regierung *Pepis I.* konstatiert wird. Die zur Steingewinnung ins Wadi Hammamat durchgeführte Expedition stand unter der Leitung des »Vorstehers aller Arbeiten des Königs« *Meri-Ptah-anch-Meri-Re,* der von seinem gleichnamigen Sohn sowie den Schatzmeistern *Ichi* und *Ihu* begleitet wurde. Aus demselben Jahr stammt eine Sinai-Inschrift aus dem Wadi Maghara, die den König beim Erschlagen der Feinde zeigt und durch den Truppenkommandanten *Ibdu* angebracht wurde. In einem Dekret zugunsten der Priesterschaft des *Snofru* in Dahschur wird als Datum das Jahr des 21. Mals (der Zählung) angegeben. Das höchst belegte Datum *Pepis I.* stammt von einer Expedition in die Steinbrüche von Hatnub zur Gewinnung von Alabaster. Die damals angebrachte Inschrift nennt das Jahr des 25. Mals (der Zählung) und erwähnt in einer Beischrift zum König, dass dieser das Sed-Fest gefeiert habe. Das Datum wird von dem oben erwähnten Annalenstein aus Sakkara bestätigt: Dort ist das »25. Mal der Rinder-Zählung« als letzter Eintrag der Regierungszeit des *Pepi I.* lesbar. Die diesem gewidmeten Einträge setzen im ersten Register des Steins ein und enden mit dem vierten. Leider ist außer überschriftartigen Stiftungsvermerken wenig erhalten: Erwähnt wird das Anfertigen von Statuen und die Zeremonie »Erscheinen des unterägyptischen Königs«, auch sind Opferlisten zu erschließen und einzelne Götterbezeichnungen lesbar. Als weitere Datierung wird das »23. Mal der Rinder-Zählung« genannt.

An Unternehmungen außerhalb Ägyptens sind eine Expedition nach Unternubien inschriftlich belegt sowie mehrere Militäreinsätze in Vorderasien (s.u.). Im Grab des *Chui* werden außerdem Fahrten nach Punt und Byblos aufgeführt. Die in Byblos gefundenen Gefäße vermögen diese Angaben zu stützen.

Vielleicht als Diplomaten-Geschenk gelangte der Deckel eines Steingefäßes mit dem Namen *Pepis I.* an den Hof der syrischen Fürsten von Ebla.

Auch unter *Pepi I.* setzte sich die zeitgenössische Tendenz fort, Göttertempel der Provinz im königlichen Bauprogramm stärker als früher zu berücksichtigen: Eine Statuenstiftung ist für den *Hathor*-Tempel zu Dendera nachgewiesen. Auf Elephantine wurde das Sanktuar der *Satet* erneuert. In Bubastis errichtete *Pepi I.* einen Neubau. Aus Abydos ist ein Dekret erhalten, dass den Klerus der dortigen Kapelle für den Ka seiner Mutter *Iput I.* von Abgaben und Zwangsdiensten befreite. Auch in Tanis, Heliopolis, Koptos, Armant, Hierakonpolis und Edfu finden sich Spuren von bzw. Belege für Bauaktivitäten unter *Pepi I.* Der bereits als Expeditionsleiter erwähnte »Vorsteher aller Arbeiten des Königs« *Meri-Ptah-anch-Meri-Re* schildert in seiner Biographie die Errichtung von Ka-Sanktuaren in diversen Provinztempeln, seine Arbeiten am Pyramidenkomplex sowie die Anlage von zwei Kanälen. Die schon zu Lebzeiten errichteten, als »Ka-Häuser« bezeichneten Sanktuare sollten wohl den zukünftigen Totengedächtniskult des Königs mit dem jeweiligen Haupttempel einer Provinz verbinden und bargen Statuen, in denen sich der König manifestierte. Auch der bewusste Ausbau königlicher Präsenz in den Provinzen in realpolitischer und verwaltungstechnischer Hinsicht wurde als mögliches Motiv für die Errichtung der Ka-Anlagen vorgeschlagen.

Anders als sein Vater verlegte *Pepi I.* seinen Pyramidenbezirk in den Südteil der Nekropole von Sakkara (Plan 2), wo sich bis dahin nur die Anlagen des *Schepseskaf* und des *Djedkare* befanden. Die bis in das Neue Reich hinein unbeschädigte Pyramidenanlage *Pepis I.* stand wohl beispielhaft für eine solche und diente späteren Anlagen als Vorbild. Ihr Name *Men-nefer-Pepi* lebt im griechischen Stadtnamen Memphis weiter.

Wie bei den Pyramiden seiner Vorgänger bestand der Kern der Pyramide *Pepis I.* aus mehreren Stufen, die aus durch Tonmörtel gebundenen Kalksteinstücken aufgeschichtet waren. Sie verfügt über einen zunächst absteigenden, dann horizontal verlaufenden Korridor, dessen Enden mit Granit ausgekleidet sind.

Vor- und Grabkammer sind mit einer Giebeldecke aus Kalksteinmonolithen in drei Schichten zu je 16 Böcken eingedeckt. In der Grabkammer fanden sich Reste einer Mumie – möglicherweise der des Königs. Im Nebenraum (Serdab) östlich der Vorkammer konnten Trümmer der Grabausstattung geborgen werden (Fragmente eines Kanopen-Kruges, beschriftetes Leinen, eine linke Sandale und ein Feuersteinmesserchen). Die hier 1881 durch Gaston MASPERO erstmals entdeckten Pyramidentexte bedeckten nicht nur die Wände von Vor- und Sargkammer, sondern zogen sich bis in die Korridore hinein. Dabei sind die anfänglich mit großen Hieroglyphen geschriebenen Texte um Texte in kleineren Hieroglyphen erweitert, teilweise durch diese auch ersetzt worden. Diese Maßnahme ging ganz offensichtlich mit der Namensänderung von *Nefer-sa-Hor* zu *Meri-Re* einher. Die Gründe dafür sind unbekannt.

Südlich der Königspyramide wurde die bislang größte Ansammlung von Pyramiden für Königinnen und weibliche Verwandte des Königs freigelegt. Derzeit sind acht solcher Nebenpyramiden bekannt. Sie gehören den Ehefrauen *Anch-nes-Merire II. (Anch-nes-Pepi II.)*, *Inenek*, *Nebu-unet*, *Haaheru* sowie weiteren Ehefrauen oder Töchtern des Königs (*Behenu*, *Anch-nes-Pepi III.*, *Meritites IV.*, anonyme Besitzerin).

In den Pyramiden der Königin *Anch-nes-Merire II. (Anch-nes-Pepi II.)* und der *Behenu* finden sich die ersten Belege für Pyramidentexte in Königinnenpyramiden.

Aus *Pepis I.* Regierungszeit hat sich die älteste ägyptische Groß-Bronze erhalten, die den leicht unterlebensgroßen König schreitend wiedergibt und durch die Inschrift der Basisplatte eindeutig identifiziert ist. Sie wurde gemeinsam mit einer kleineren Bronzefigur und einer Falkenstandarte in einer ausgemauerten Depotgrube im Tempelbezirk von Hierakonpolis sorgfältig beigesetzt. Außerdem ist von *Pepi I.* eine Sitzstatuette aus dem für königliche Rundplastiken der 6. Dynastie sehr beliebten Alabaster bekannt, die ihn im traditionellen Sed-Festmantel zeigt. Auf dem Rückenpfeiler hinter dem Kopf des Königs thront ein nach rechts gewandter *Horus*-Falke. Eine Kniefigur aus Grauwacke gibt den König kniend beim Opfer zweier Weingefäße wieder. Die Augen des Königs sind aus Alabaster und Obsidian eingelegt. Eine Inschrift auf der Basisplatte der Statue erwähnt die Göttin Hathor von Dendera.

Wesentliche Ereignisse, über die in der längsten und berühmtesten Privatbiographie des Alten Reiches berichtet wird, welche in der Mastaba des *Uni* in Abydos unter *Merienre I.* angebracht wurde, spielen während der Regierungszeit *Pepis I.*: Dieser gewährt *Uni* die Anfertigung eines Sarkophags aus den Steinbrüchen von Tura und stellt für die Anlieferung weiterer Bestandteile von dessen Grabausstattung seine königliche Barke zur Verfügung. Als einer von zwei engsten Vertrauten *Pepis I.* war *Uni* zudem in den Geheimprozess gegen eine an einer Haremsverschwörung beteiligte Königin involviert, den er protokollierte. Anschließend schickte ihn der König auf insgesamt fünf militärische Feldzüge ins vorderasiatische Ausland. Dabei berichtet *Uni* auch Details wie das Unterlassen widerrechtlicher Plünderungen und ein Landemanöver im Rücken des Feindes. Noch unter *Teti* hatte *Uni* das Amt des »Untervorstehers der Bediensteten des Palastes« erhalten; von *Pepi I.* wurde er dann kurz vor dem »Jahr des 21. Mals der Viehzählung« zum »Vorsteher der Bediensteten des Palastes« erhoben und ersetzte anscheinend zeitgleich vier andere Inhaber dieses Titels. Dies deutet darauf hin, dass *Pepi I.* das Hofamt von einem rotierenden in ein permanentes umwandelte. Bereits vorher war *Uni* schon zum »Vorlesepriester«, zum »Ältesten des Umkleideraums« sowie zum »Unteraufseher der Priester der Pyramidenstadt« ernannt worden.

Eine ehemals in Privatbesitz befindliche Statuette des thronenden Königs *Merienre I.* zeigt auf einer Seitenfläche des Rückenpfeilers in Relief die Darstellung einer Statue *Pepis I.* Der Schreibung des Königsnamens nach müsste die heute verschollene Statuette aber aus der Spätzeit stammen. Im ptolemäerzeitlich-römischen *Hathor*-Tempel von Dendera finden sich sogar drei Wiedergaben *Pepis I.* in Form einer Statue, die ihn beim Darreichen einer Statuette des Gottes *Ihi* zeigt. Eine dieser Darstellungen ist im westlichen Raum der Süd-Krypta angebracht, wo die vermutlich goldene Statue »*Pepi* reicht *Ihi* dar« auch aufbewahrt worden sein könnte. Nun zeigt das entsprechende Register drei

Göttinnen, vor denen die dem *Ihi* opfernde Statue *Pepis I.* dargestellt ist, mit dieser auf einem gemeinsamen Sockel. Beischriften
identifizieren die drei als Vertreterinnen der sieben *Hathoren*,
Urgöttinnen einer »verstorbenen« Göttergeneration. Hinter *Pepi I.* sind fünf aktuell verehrte Gottheiten, denen der amtieren-
de König *Ptolemaios XII.* opfert, so dargestellt, dass er eigentlich
allen acht Göttern sein Opfer darbringt. Offenbar besänftigt der
lange verstorbene Ur-König *Pepi I.* durch sein Opfer die Urgott-
heiten noch einmal besonders, während der regierende König
für den Kult der aktuellen Götter keines urzeitlichen Unterstüt-
zers bedarf. Da sich die Thematik des entsprechenden Raumes
um den Sonnenuntergang im Westen und die diesem vorange-
hende Einsetzung des jugendlichen Sonnengottes *Ihi* zum Nachfolger der Abendsonne rankt, geht es in der Szene eigentlich um
die Erneuerung der Herrschaft des amtierenden Königs nach
dem mythischen Vorbild des *Ihi*. Auch in den beiden Szenen des
als »großes Haus« bezeichneten Tempelraums geht es um eine
urzeitliche *Hathor*: Diese ist vor einer Wiedergabe der oberägyptischen Kapelle (äg. *Per-wer* = großes Haus) thronend dargestellt
und ihr opfert die Statue *Pepis I.* eine Figur des *Ihi*.

Literatur:

D. Wildung, in: *MDAIK* 25 (1969) S. 212–219. W. Seidel, in: *LÄ I* (1975)
Sp. 263–264. W. Seipel, in: *LÄ III* (1980) Sp. 176. J. v. Beckerath, in: *LÄ IV*
(1982) Sp. 926–927. D. Kurth, in: W. Helck (Hrsg.), *Tempel und Kult, ÄA*
46, Wiesbaden 1987, S. 1–23. L. Gorelick/A. J. Gwinnett/J. F. Romano,
in: *BES* 11 (1991/92) S. 33–46. J. Leclant, in: *Festschrift Brunner-Traut*
(1992) S. 211–219. Ch. Eyre, in: *Festschrift Shore* (1994) S. 107–124. A. Spalinger, in: *SAK* 21 (1994) S. 303–306. M. Baud/V. Dobrev, in: *BIFAO* 95
(1995) S. 23–92. Schneider, *Lexikon* (1996) S. 295–298. Verner, *Pyramiden*
(1998) S. 389–397. A. Labrousse, *Les pyramides des reines. Une nouvelle né-
cropole à Saqqâra*, Paris 1999. V. Dobrev, in: *Abusir and Saqqara* (2000)
S. 381–396. Roth, *Königsmütter* (2001) S. 113–153. Dodson/Hilton, *Royal
Families* (2004) S. 70–78. B. Mathieu, in: *BIFAO* 105 (2005) S. 129–138.
E. Lange, in: *ZÄS* 133 (2006) S. 121–140. S. Köthen-Welpot, in: *Festschrift
Gundlach* (2006) S. 103–126. Ch. Eckmann, in: Dreyer/Polz, *100 Jahre in
Ägypten* (2007) S. 100–113. K. Scheele-Schweitzer, in: *GM* 215 (2007)
S. 91–94. C. Berger el-Naggar/M.-N. Fraisse, in: *BIFAO* 108 (2008)
S. 1–27. B. Mathieu et. al., in: *BIFAO* 108 (2008) S. 281–291.

Pepi II.

Titel	Name	Übersetzungsvorschlag
Horus	*Netjeri-chau*	»Göttlich an Erscheinungen«
König von Ober- und Unterägypten	*Netjeri-chau-Nebti*	»Göttlich an Erscheinungen der beiden Herrinnen«
Mächtiger Falke des Goldenen	*Nefer-ka-Re* *Sa-Re Nefer-ka-Re*	»Vollkommener Ka des Re« »Sohn des Re, Vollkommener Ka des Re«
König von Ober- und Unterägypten	*Sa-Re Pepi*	»Sohn des Re« *Pepi*
Mächtiger Falke des Goldenen	*Pepi*	*Pepi*

Pepi II., Sohn *Pepis I.* und der *Anch-nes-Merire II.* (*Anch-nes-Pepi II.*), bestieg als 5. König der 6. Dynastie und Nachfolger seines Halbbruders *Merienre I.* den ägyptischen Thron. Seine Ehefrauen *Neith, Iput II.* und *Udjebten* sind in kleinen Pyramidenbezirken nordwestlich und südöstlich seiner eigenen Pyramidenanlage bestattet. Königin *Neith* war als Tochter von *Pepi I.* und *Anch-nes-Merire I.* (*Anch-nes-Pepi I.*) gemäß den komplizierten Verwandschaftsverhältnissen der königlichen Familie sowohl die Halbschwester als auch die Cousine von *Pepi II.* Eine in ihrem Bezirk gefunden Scheintürstele stellt einen »ältesten leiblichen Königssohn« *Nemti-em-saf* dar, in dem allgemein der spätere König *Nemtiemsaf* erkannt wird, der auf seinen Vater *Pepi II.* folgte und laut Papyrus Turin nur 1 Jahr und einen Monat regierte. Dieser König ist unter dem Doppelnamen *Merienre (II.)-Nemtiemsaf* postum auch in der Abydos-Liste belegt. Ein weiterer mutmaßlicher Sohn *Pepis II.* wird in *Neferkare Nebi*, einem König der ephemeren 8. Dynastie erkannt, dessen Mutter die königliche Nebenfrau *Pepis II.* namens *Anch-nes-Pepi IV.* war. Eine weitere Ehefrau *Pepis II.* und Tochter seines Halbbruders *Merienre I., Anch-nes-Pepi III.*, verstarb vor ihrem Gemahl, denn in ihrem nahe der Pyramide ihres Großvaters *Pepi I.* gelegenen Pyramidenbezirk fanden sich Fragmente eines Dekretes von *Pepi II.* zugunsten ihres Totenkultes.

Wie sein Vater *Pepi I.* benutzt auch *Pepi II.* seinen theophoren und seinen kurzen Eigenname alternierend und daher völlig gleichberechtigt. Beiden können alternativ der Titel »König von Ober- und Unterägypten« oder der Gold-Titel vorangestellt sein. Außerdem werden beide Eigennamen gelegentlich um den in der Kartusche vorangestellten Zusatz »Sohn des Re« erweitert. Wie schon bei *Unas* erscheint der Herrinnenname zunehmend vor einem der Eigennamen ohne dass ihm der Titel »König von Ober- und Unterägypten« voransteht. So zeichnet sich bei *Pepi II.* wohl bereits eine Tendenz zur Abkoppelung des Namenselementes *Nebti-* vom Herrinnennamen ab, die im Mittleren Reich zu der neuen Komposition »*Nebti*-Titel + Herrinnenname« führen wird.

Nach dem Turiner Königspapyrus und der Überlieferung Manethos soll *Pepi II.* 94 Jahre lang regiert haben. Dies wäre dann die längste Regierungsdauer aller Zeiten, doch wird inzwischen davon ausgegangen, dass eine Verderbnis der Zahl 64 vorliegt, denn das höchste sicher belegte Regierungsdatum ist das »Jahr nach dem 31. Mal der Zählung«, über das ein möglicherweise zu einem »Jahr des 32. Mals der Zählung« ergänztes Datum noch hinausgeht. Die Lesung »Jahr des 33. Mals« im Dekret für den Totenkult der Königin *Udjebten* ist wohl zugunsten einer Lesung als »Jahr des 24. Mals« abzulehnen. Beim Regierungsantritt soll *Pepi II.* sechs Jahre alt gewesen sein, was mit den (falsch) überlieferten 94 Regierungsjahren ein mythisches Alter von 100 Jahren ergeben würde. Da sein Vorgänger *Merienre I.* rund 7 Jahre regiert haben soll, müsste *Pepi II.* im letzten Regierungsjahr seines Vaters gezeugt und postum geboren worden sein, wenn man diese Überlieferung überhaupt ernst nehmen möchte. Sicher aber gelangte *Pepi II.* bereits als Minderjähriger auf den Königsthron, so dass zunächst seine Mutter *Anch-nes-Merire II.* (*Anch-nes-Pepi II.*), unterstützt von ihrem Bruder, dem Wesir *Djau*, für ihn regierte. Dies legt zumindest eine Inschrift aus dem Wadi Maghara im Sinai nahe: Dort ist die Königin im »Jahre des 2. Mals der Zählung aller Ochsen und des Kleinviehs von Ober- und Unterägypten« mit ausführlicher Titulatur neben ihrem Sohn prominent hervorgehoben, bevor eine Liste der vom Schatzmeister *Hepi* angeführten Expeditionsmitglieder die Felsinschrift abschließt. Entsprechend der langen Regierungsdauer feierte der König zwei Jubiläumsfeste (Sed-feste). Sein erstes Sedfest ist durch zahlreiche Gefäßinschriften, auf einer Stele und als Teil von Personennamen königlicher Beamter belegt. Sein zweites *Sed*-Fest findet in einer Inschrift auf Elephantine Erwähnung.

Wenige Zeichen der Rückseite des Annalensteins sind heute auf der Unterseite des Sarkophagdeckels einer Königin namens *Anch-nes-Pepi* sichtbar, weil der Stein vor seiner Zweitverwendung mehr oder weniger gründlich geglättet wurde: Erhalten haben sich vom 1. Register zwei Zonen und vom 4. Register eine Zone mit Inschriftresten. Da die Vorderseite des Annalensteins aus Sakkara mit Einträgen aus der Regierungszeit des *Merienre I.* endet, müssen diese zunächst auf der Rückseite fortgeführt worden sein. In Zone 1 des 1. Registers der Rückseite sind nun großformatige Hieroglyphen einer Überschrift erkennbar, die zu einem Stiftungsvermerk und nicht zu einer ausführlichen Königstitulatur gehören. Folglich können die Einträge für *Pepis II.* Regierungszeit frühestens im 2. Register begonnen haben. Angesichts der höchstens sechs Register auf der Rückseite des Steins werden aber auch nicht sämtliche Regierungsjahre *Pepis II.* hier verzeichnet gewesen sein. Vielmehr wird der König den Annalenstein während seiner noch laufenden Regierung in Auftrag gegeben und zur Aufstellung bestimmt haben.

Konkret ist das Regierungshandeln *Pepis II.* in zahlreichen erhaltenen Dekreten fassbar: Fünf Dekrete in Abydos stellen die Priesterschaft der dortigen Kulte für Statuen des Königs, der Königinnen *Anch-nes-Merire* I. (*Anch-nes-Pepi I.*) und *II.* sowie ihres Bruders *Djau* von Steuern und Zwangsarbeit frei. Im *Min*-Tempel zu Koptos haben sich vier Dekrete erhalten, darunter eines aus dem Jahr nach dem 11. Mal (der Zählung) und eines aus dem Jahr nach dem 22. Mal. Aus dem Jahr des 31. Mals der Zählung fand sich in Giza ein Dekret zugunsten der Pyramidenstadt des *Mykerinos*. Ein Dekret für den Totenkult der Königin *Udjebten* aus ihrem Bezirk in Sakkara-Süd ist nur in Bruchstücken erhalten. Schließlich wurde in Balat, dem Verwaltungssitz der großen Oasen, eine Inschrift gefunden, welche die Einrichtung eines Totenkultes für den Gouverneur und seinen Vater *Chentika* regelt. Der Name des aktuellen Gouverneurs und Adressaten ist im Dekret nicht mehr erhalten, könnte jedoch

Descheru gelautet haben. Die Gouverneure führten neben dem maßgeblichen Titel »Herrscher der Oasen« noch eine vielleicht als »Kapitän einer Handelsunternehmung« wiederzugebende Amtsbezeichnung sowie den Titel »Vorsteher der Priester«. Letzteres deutet auf eine lokal gegliederte und personell von den Spitzenbeamten parallel geführte religiöse Verwaltung auch in den Oasen hin. Diese sind ohnehin erst im Laufe der 6. Dynastie permanent vom Niltal aus kontrolliert worden.

Neben einer Expedition zu den Türkisminen des Sinai im 2. Jahr der Zählung führten zwei Expeditionen in die Alabastersteinbrüche von Hatnub, eine im Jahr der 14., eine im Jahr nach dem 31. Mal der Zählung. Zahlreiche außenpolitische Aktivitäten der Regierungszeit *Pepis II.* werden in privaten Biographien greifbar, besonders in Hinblick auf die ägyptische Präsenz in Nubien. Der bereits unter *Pepi I.* tätige Beamte *Uni* wurde noch von *Merienre I.* zum Vorsteher von Oberägypten ernannt und ließ zur Umschiffung der Stromschnellen des 1. Kataraktes fünf Kanäle ausheben, die den Zugang ins unternubische Gebiet erleichterten. Ebenfalls unter *Merienre I.* leitete der »Vorsteher der Fremdländer« *Harchuef* drei Expeditionen nach Nubien. Seine vierte Reise, die zum 3. Katarakt führte, fand zu Beginn der Herrschaft *Pepis II.* statt. An der Fassade seines Grabes in Assuan ließ *Harchuef* einen Brief des noch kindlichen Königs *Pepi II.* anbringen, der in das Jahr des 2. Mals der Zählung datiert. In diesem antwortet der König auf den Bericht der vierten Expedition des *Harchuef* in das Gebiet von Jam und zeigt sich dabei vor allem um das Wohlergehen eines mitgeführten »Tanzzwerges«, wohl eines innerafrikanischen Pygmäen, rührend besorgt: »Meine Majestät wünscht diesen Zwerg zu sehen mehr als alle Produkte aus […] Punt. Wenn Du zur Residenz gelangst und dieser Zwerg bei Dir lebendig, heil und gesund bleibt, wird Dir meine Majestät größere Gaben zukommen lassen als sie dem Gottessiegler *Ba-wer-djed* zur Zeit des *Asosi* (*Djedkare*) gewährt wurden.« Der in Assuan ansässige und später unter seinem Beinamen *Heqaib* dort göttlich verehrte »Vorsteher des Fremdländer« und »Vorsteher der Dolmetscher« *Pepi-nacht* berichtet von zwei blutigen Nubienkampagnen, einer Expedition in die Ostwüste zur Heimholung eines beim Schiffsbau am Roten Meer

von lokalen Beduinen erschlagenen Beamten und wohl einem
Asienfeldzug zur Zeit *Pepis II.* Die an der Front seines Grabes
angebrachte Inschrift des *Sabni* aus Assuan berichtet von der
Überführung der Leiche seines Vaters aus Nubien: *Sabni* birgt
zunächst den Leichnam seines auf einer Handelsreise verstorbenen Vaters *Mechu*, fertigt vor Ort einen Sarg für ihn an und
schickt einen Beamten namens *Iri* vor, um dem König vom Er-
folg seiner pietätvollen Unternehmung zu berichten. Der aus
der Residenz zurückkehrende *Iri* reist dem *Sabni* während dessen Rückfahrt entgegen und führt im Auftrag des Königs eine
aus Balsamierern, Vorlesepriestern und anderen Spezialisten
für Bestattungszeremonien bestehende Mannschaft mit sich.
Nach der Bestattung seines Vaters fährt *Sabni* selbst zur Residenz, um dort seine in Nubien erhandelten Produkte abzulie-
fern und wird deswegen reich belohnt. Im Grab des *Chui* berichtet ein Untergebener *Chnum-hotep* von seiner Teilnahme an
mehreren Expeditionen nach Punt und Nubien. Den traditionellen Levantehandel belegen königliche Weihgaben in Byblos,
so zum Beispiel Fragmente von Salbgefäßen, die in Form von
Affenmüttern mit Jungem auf der Brust gestaltet sind.

Der in Sakkara-Süd gelegene Pyramiden-Bezirk *Pepis II.* namens *Men-Anch-Neferkare* (»Dauerhaft ist das Leben des *Neferkare*«) weist eine Pyramide mit einer Höhe von 100 Ellen (= 52,4 m)
über einem Basisquadrat mit einer Seitenlänge von 150 Ellen
(78,6 m) auf (Plan 2). Wie in der 6. Dynastie üblich besteht der
Pyramidenkern aus Kalksteinstücken, die mit Tonmörtel gebunden sind. Singulär ist die nachträgliche Erweiterung der Pyramide um einen niedrigen Mauergürtel in Höhe der 3. Block-
schicht, in dem die zunächst vorhandene Nordkapelle verschwand. Das zwischen dem absteigenden und dem horizontalen Korridorabschnitt vermittelnde Vestibül barg noch Reste
von Grabbeigaben, darunter Fragmente von Steingefäßen und
eine goldene Messerklinge. Direkt hinter dem Vestibül saßen
die drei Fallsteine. Nicht nur die Wände der Grabkammern waren von Pyramidentexten bedeckt, sondern diese zogen sich bis
weit in den horizontalen Korridorteil hinein. In der Sargkammer fanden sich Fragmente eines Kanopen-Kastens aus Granit.

Der klar durchstrukturierte Pyramidentempel zeigt als Neuerung vor der länglichen Eingangshalle eine Flucht dreier in Nord-Süd-Richtung angeordneter Vorräume. Die langgestreckte Halle, die zum Pfeilerhof führt, schmückten Reliefdarstellungen einer Nilpferdjagd und des Transports eines gefangenen Nilpferdes. Den offenen Hof umstanden 18 reliefgeschmückte Pfeiler. Der einzig erhaltene unter ihnen trägt eine Szene gegenseitiger Umarmung von König und Gott. Dies entspricht einer unter *Pepi II.* zunehmenden Tendenz zu großfigurigen Darstellungen des Königs in Interaktion mit den Göttern, die in der Tempeldekoration späterer Zeiten maßgeblich werden sollte. Auf der Ostwand des auf den Pfeilerhof folgenden Querkorridors sind Reliefdarstellungen des Sedfestes, des *Min*-Festes und der Hinrichtung eines Libyer-Fürsten erkennbar. Letztere findet sich bereits im Pyramidentempel des *Sahure* und kann daher nicht als historisches Zeugnis aufgefasst, sondern muss als ideologisch vorgegebenes Bildthema betrachtet werden. Flügeltüren verschlossen einst die Statuennischen des Fünfnischenraumes. Der quadratische Einpfeilersaal vor der Opferhalle zeigt in der unteren Wandzone Hofleute, in der oberen den König vor Gottheiten. In der Opferhalle ist der Herrscher ganz klassisch vor dem Opfertisch dargestellt; Opferträger und Schlachtszenen ergänzen die der Opferversorgung gewidmete Dekoration.

Der nach Nordosten versetzte Aufweg knickt zweimal zur Pyramide hin ab. Am oberen Knick ist er zu einem Raum für die Wache erweitert. Die erhaltene Reliefdekoration zeigt den König in Gestalt eines Sphinx oder Greifen, die Feinde Ägyptens zertrampelnd. Der außergewöhnlich großzügige Taltempel nimmt eine riesige querrechteckige Terrasse ein und ist über Rampen an deren nördlichen und südlichen Enden zugänglich. Im Zentrum der Terrasse sitzt der Eingang zum Tempelhaus. Die Halle mit den 8 Pfeilern zieren Sieges- und Jagddarstellungen.

Der nordwestlich von *Pepis II.* Königspyramide gelegene als erster solcher angelegte Bezirk der Königin *Neith* besteht aus Pyramide, Totentempel und Kultpyramide. Lediglich genuin königliche Bauteile wie Aufweg und Taltempel sowie Räume im Totenopferbereich wie der Einsäulensaal mit dem dazugehörigen Vestibül fehlen im Bezirk der Königin. Den Vorraum des Totentempels schmückten Reliefs mit der Darstellung eines mit Löwen geschmückten Podestes und in der Opferhalle hat sich ein Stufenaltar erhalten. Eines der Relieffragmente aus dem Totentempel stellt die Königsgemahlin *Neith* mit Geierhaube, Uräus und Papyrus-Zepter dar. Vor ihrem Gesicht hat ihr Sohn, der nur kurz regierende König *Nemtiemsaf* (*Anchkare*) nachträglich seinen Namen hinzugesetzt, der von dessen Nachfolgern dann offenbar wieder gelöscht worden ist. Vor der Kultpyramide fanden sich 16 Holzmodelle von Schiffen für die Jenseitsfahrt. Die Pyramide der *Neith* war mit den ehemals exklusiv königlichen Pyramidentexten dekoriert, so wie es sich bereits für zwei Königinnen *Pepis I.* nachweisen lässt. Der westlich anschließende, weitgehend zerstörte Pyramidenbezirk der *Iput II.* wurde als nächstes angelegt. Er barg im westlichsten Magazinraum des Totentempels eine fragmentierte Scheintür und den schon erwähnten Sarkophag der Königin *Anch-nes-Pepi*, dessen Deckel aus einem Annalenstein umgearbeitet worden war. Die genaue Einordnung dieser Königin wird noch diskutiert. Während sie zunächst für eine Ehefrau *Pepis II.* (*Anch-nes-Pepi IV.*) gehalten wurde, handelt es sich möglicherweise eher um seine Tante *Anch-nes-Pepi I.*, die erste Ehefrau *Pepis I.* und Mutter des Königs *Merienre I.* Die Grabkammer der Pyramide *Iputs II.* war wiederum mit Pyramidentexten beschriftet. Der zuletzt angelegte Pyramidenbezirk der Königin *Udjebten* lag diagonal zu denen der anderen Gemahlinnen im Südosten der Königspyramide. Er verfügt über zwei Umfassungsmauern. Einer dort gefundenen fragmentarischen Inschrift ist zu entnehmen, dass das Pyramidion einst vergoldet war. Außerdem fand sich hier das schon erwähnte Fragment eines Dekretes. Auch *Udjebtens* Pyramide war innen mit Pyramidentexten dekoriert, von denen sich Fragmente erhalten haben.

Die Königsplastik aus der Frühzeit *Pepis II.* scheint die politische Situation eines unmündigen Herrschers zu reflektieren: So gibt ihn eine Statue als nackt am Boden hockendes Kind mit angezogenen Beinen wieder. Da diese Darstellungsweise von frühdynastischen Votivstatuetten her bekannt ist, soll er wohl als »göttliches Kind« ausgewiesen werden. Eine außergewöhnliche Statuengruppe zeigt seine Mutter *Anch-nes-Merire II.* (*Anch-nes-Pepi II.*), auf deren Schoß im rechten Winkel zu ihr der kleine, königlich gewandete *Pepi II.* sitzt. Dieses Darstellungsschema verlieh der damals aktuellen politischen Lage, in der die Mutter für ihren unmündigen Sohn regierte, in typisch ägyptischer Weise eine mythische Dimension, indem sie auf den Vergleichsfall *Isis* und *Horus* anspielte.

Der Opferkult für eine Kupferstatue *Pepis II.* im *Min*-Tempel von Koptos hielt mindestens bis in die 8. Dynastie hinein an, und auch seine Pyramidenanlage wird in privaten Inschriften des Mittleren Reich mehrfach erwähnt, was für das Andauern des Kultes spricht. In der »Erzählung des *Hai*« und der »Geschichte von *Neferkare* und *Sasenet*« aus dem Mittleren bzw. Neuen Reich überdauerte die Erinnerung an König *Pepi II.* ebenfalls mehrere Jahrhunderte. Ein heute in Berlin befindlicher Block aus einem Grab des Neuen Reiches in Sakkara zeigt Statuen von mehreren Königen des Alten Reiches, die dem Grabbesitzer als göttliche Mittler dienten. Hier ist neben *Snofru*, *Djedefre*, *Mykerinos* und *Menkauhor* auch *Pepi II.* dargestellt. Schließlich wird in einem ptolemäerzeitlichen medizinischen Papyrus ein Heilmittel gegen Schlangenbisse erwähnt, dass in der Regierungszeit *Pepis II.* entdeckt worden sein soll.

Bislang galt die lange Regierungszeit *Pepis II.* als Epoche der Agonie des Alten Reiches, die schließlich in seinem Untergang mündete, wobei als Hauptursachen der Verlust zentraler Kontrolle, die Auflösung der Verwaltung und auch ein Zusammenbruch der Wirtschaft als Ursachen angeführt wurden. Aktuelle Untersuchungen favorisieren dagegen einen plötzlichen Kollaps des ägyptischen Staates aufgrund einer Invasion aus Vorderasien, wofür die schnellen Herrscherwechsel nach der kurzen Regierungszeit von *Pepis II.* Nachfolger *Nemtiemsaf* sprechen. Bei jüngsten Ausgrabungen in Mendes (Nildelta) konnten für den fraglichen Zeitraum großflächige Brand- und Zerstörungsstrukturen festgestellt werden, was die Invasionstheorie stützen könnte. Fest steht, dass sich unter *Pepi II.* der Beamtenapparat zunehmend ausdehnte und die Regionalverwaltung an Bedeutung gewann. Doch werden die regionalen Amtsträger nach wie vor von der Zentrale eingesetzt und haben oftmals auch Residenzposten inne. So wird *Ibi*, ein Enkel des Wesirs *Djau*, unter *Merienre I.* zum Gauvorsteher im 12. oberägyptischen Gau ernannt und anschließend von *Pepi II.* zum »Vorsteher von Oberägypten« erhoben. Man sollte daher eine stärkere verwaltungsmäßige Durchdringung der ägyptischen Provinz annehmen und nicht von einer wachsenden Machtfülle unabhängiger Lokalpotentaten ausgehen. Allerdings führte das Anschwellen der Bürokratie unter *Pepi II.* zu einer Titelinflation und auch zu einer Zunahme an Privatdenkmälern minderer Qualität. Dies ließe sich aber auf die verstärkte Partizipation breiter Schichten an den staatlichen Ressourcen zurückführen, die mit dem Bürokratieausbau einhergegangen sein muss. Biographien wie die des *Pepi-nacht* und des *Sabni* vermitteln durchaus den Eindruck eines auch im benachbarten Ausland noch voll handlungsfähigen ägyptischen Gesamtstaates. Die Gründe, die zum Ende des Alten Reiches geführt haben, bleiben demnach ein Gegenstand der wissenschaftlichen Diskussion.

Literatur:

WILDUNG, *Rolle* (1969) S. 197–198. W. SEIPEL, in: *LÄ III* (1980) Sp. 176. W. SEIPEL, in: *LÄ IV* (1982) Sp. 394. J. v. BECKERATH, in: *LÄ IV* (1982) Sp. 927–929. L. PANTALACCI, in: *BIFAO* 85 (1985) S. 245–254. Red(aktion), in: *LÄ VI* (1986) Sp. 826. H. GOEDICKE, in: *SAK* 15 (1988) S. 111–121. H. GOEDICKE, in: *BIFAO* 89 (1989) S. 203–212. M. VALLOGGIA, in: *BIFAO* 89 (1989) S. 271–282. J. F. ROMANO, in: *GM* 120 (1991) S. 73–84. A. SPALINGER, in: *SAK* 21 (1994) S. 307–308. SCHNEIDER, *Lexikon* (1996) S. 298–301. M. BAUD/V. DOBREV, in: *BIFAO* 97 (1995) S. 35–42 VERNER, *Pyramiden* (1998) S. 399–409. V. Dobrev, in: *Abusir and Saqqara* (2000) S. 381–396. ROTH, *Königsmütter* (2001) S. 147–169, 312–314. DODSON/HILTON, *Royal Families* (2004) S. 70–78. D. HENIGE, in: *GM* 221 (2009) S. 41–48. K. JANSEN-WINKELN, in: *Or* 79 (2010) S. 273–303. D. REDFORD, *City of the Ram-Man. The story of ancient Mendes*, Princeton 2010. M. RÖMER, in: *GM* 230 (2011) S. 83–101.

DAS MITTLERE REICH

1. Zwischenzeit (9.–10. Dynastie)*		ca. 2118–1980
Mittleres Reich		ca. 1980–1760
11. Dynastie		**ca. 2080–1940**
	Mentuhotep I.	ca. 1980 – ?
	Antef I.	ca. ? – 2067
	Antef II.	2066–2017
	Antef III.	2016–2009
	Mentuhotep II.	2009–1959
	Mentuhotep III.	1958–1947
	Mentuhotep IV.	1947–1940
12. Dynastie		**1939–1760**
	Amenemhet I.	1939–1910
	Sesostris I.	1920–1875
	Amenemhet II.	1878–1843
	Sesostris II.	1845–1837
	Sesostris III.	1837–1819
	Amenemhet III.	1818–1773
	Amenemhet IV.	1772–1764
	Nofrusobek	1763–1760
13. Dynastie		**1759 – ca. 1630**
	Wegaf	1759–1757
	Amenemhet VII.	ca. 1753–1748
	Sobekhotep II.	1737–1733
	Chendjer	ca. 1732–1728
	Sobekhotep III.	ca. 1725–1722
	Neferhotep I.	ca. 1721–1710
	Sobekhotep IV.	ca. 1709–1701
	Sobekhotep V.	ca. 1700–1695
	Ibiau	ca. 1695–1685
	Aya	ca. 1684–1661
	Ini	ca. 1660–1659
	Swadjtu, Ined, Hori Dedumose	

---

* Nach Hornung/Krauss/Warburton, *Ancient Egyptian Chronology* (2006).

1. Zwischenzeit und 11. Dynastie

Durch die schnellen Regierungswechsel und instabilen Zustände der 8. Dynastie am Ende des Alten Reiches konnten die Provinzfürsten von Herakleopolis ihren Machtbereich auf den memphitischen Gau und schließlich bis nach Mittelägypten (Assiut) hinein ausdehnen. Die exakte Abfolge dieser Herrscher der 9. und 10. Dynastie ist unsicher. Die sogenannten Herakleopoliten werden genau wie die ersten Herrscher der 11. Dynastie bis zur Reichseinigung unter *Mentuhotep II.* der sogenannten 1. Zwischenzeit zugeordnet. Während ihrer Herrschaft erstarkte im oberägyptischen Theben eine Fürstenfamilie, aus der schließlich König *Mentuhotep II.* als Reichseiniger hervorgehen sollte. Stammvater dieser Familie war der Fürst *Antef,* der ebenso wie sein Nachfolger *Mentuhotep I.* noch keinen Königstitel führte. Mit zunehmendem Einfluss legten sich die folgenden Lokalfürsten *Antef I., II.* und *III.* königliche Titel zu, auch wenn sie nicht die vollständige Königstitulatur trugen. Die großen Pfeilergräber (»Saffgräber«) dieser drei *Antef*-Könige bilden den Mittelpunkt einer bedeutenden Nekropole in el-Tarif auf dem thebanischen Westufer. Mehrere hundert Beamtengräber der Oberschicht der frühen 11. Dynastie, die sich um die Königsgräber ausbreiten, bezeugen die zu dieser Zeit ungewöhnliche wirtschaftliche Blüte und den Bevölkerungsreichtum. In seiner fast 50-jährigen Regierungszeit herrschte *Mentuhoteps II.* Großvater *Antef II.* bereits über das halbe Niltal von Elephantine bis Thinis (8. oberägyptischer Gau). *Mentuhoteps II.* Vater *Antef III.* setzte den Kampf um die Vorherrschaft in Ägypten fort und scheint sein Herrschaftsgebiet zeitweilig bis zum 16. oberägyptischen Gau ausgedehnt zu haben. Erst *Mentuhotep II.* gelang im letzten Drittel seiner 51-jährigen Herrschaft die Wiedervereinigung Ägyptens. Folglich teilen sich seine Regierungsjahre auf die 1. Zwischenzeit und das Mittlere Reich auf. Anders als bei der 1. und der 18. Dynastie ließ die ägyptische Geschichtsschreibung im Falle der 11. Dynastie die Dynastie-Zählung also nicht mit dem Reichseiniger neu beginnen. In der späteren Überlieferung steht *Mentuhotep II.* als einer der Heroen der (Wieder)-Vereinigung der »beiden Länder« allerdings prominent neben dem mythischen Reichsgründer *Menes* und dem Hyksosvertreiber *Ahmose. Mentuhoteps II.* Sohn *Mentuhotep III.* ist durch einzelne Reliefs aus vielen Tempeln Oberägyptens bekannt, die seine Bautätigkeit dort bezeugen. Eine besondere Lage zeichnet ein dem *Horus* geweihter Tempel auf dem sogenannten *Thot*-Berg in Theben-West nahe dem Tal der Könige aus, dessen Neubau *Mentuhotep III.* veranlasste. Viele Beamte, die bereits unter seinem Vater tätig waren, setzen ihre Karriere unter dem neuen König fort, so der Wesir *Dagi*, der Schatzmeister *Meketre* und der Vermögensverwalter *Henenu*, der eine Punt-Expedition im Auftrag *Mentuhoteps III.* leitete. Spätere Quellen wie die offiziellen Königslisten nennen den folgenden König *Mentuhotep IV.* nicht. Er ist vor allem aus Inschriften in den Expeditionsgebieten wie dem Wadi el-Hudi und aus Ain Suchna (Weg zum Sinai) bekannt. Die berühmteste Inschrift stammt aus dem Wadi Hammamat und berichtet von der Beschaffung eines Hartgestein-Sarkophages. Auf dem Steinblock soll sich eine Gazelle niedergelassen und ihr Junges zur Welt gebracht haben (»Gazellenwunder«). Der Leiter der Expedition war der Wesir *Amenemhet*, der von vielen Wissenschaftlern mit *Amenemhet I.*, dem ersten König der 12. Dynastie, gleichgesetzt wird.

12. Dynastie

Alle sieben Könige und eine Königin der 12. Dynastie, die 180 Jahre über Ägypten herrschten, scheinen in direkter Linie miteinander verwandt gewesen zu sein. Lange Regierungszeiten und eine innen- und außenpolitische Stabilität bescherten dem Land am Nil eine kulturelle und wirtschaftliche Blüte, die im Gedächtnis der Nachwelt als »Klassik Ägyptens« in Erinnerung geblieben ist. Eine Besonderheit für die Herrschaft der Könige der 12. Dynastie stellt die sogenannte Koregenz dar, die Einsetzung des Thronfolgers zum Mitregenten, die bereits von *Amenemhet I.* eingeführt wurde und für fast alle Könige der Dynastie nachgewiesen werden kann.

Eine signifikante Neuerung zu Beginn der 12. Dynastie war die Gründung der neuen Hauptstadt Itschi-taui an der Grenze zwischen Unter- und Oberägypten unter *Amenemhet I.* Damit war nicht nur ein geographisch neuer Schwerpunkt gewählt worden, auch die Beamtenschaft wurde neu organisiert und am Königshof zentralisiert. Viele Gaufürsten verloren ihre Machtbasis in den Provinzen, und der König konnte die Loyalität der Beamten besser kontrollieren. Seit *Amenemhet II.* wurden die Ämter der Provinzverwaltung wieder durch Vererbung übertragen und die großen Gaufürstengräber der Provinzmetropolen wie Beni Hassan, Meir, el-Berscheh, Theben und Assuan sind bis heute Zeugen für den exponierten Status dieser Männer und ihrer Familien. Eine erneute Konzentration der Beamtenschaft in der Residenz ist dann unter *Sesostris III.* erfolgt. Durch Papyrusfunde in el-Lahun, der Pyramidenstadt *Sesostris' II.*, die aber bis in die Zeit *Amenemhets III.* datieren, haben wir besonders gute Kenntnis über die Struktur der ägyptischen Verwaltung dieser Zeit. Hinzu kommen unzählige Stelen von Privatleuten mit Namen und Titeln sowie die biographischen Inschriften der Beamtengräber. Die Pyramidenstadt von el-Lahun ist abgesehen von den spektakulären Papyrusfunden ein archäologischer Glücksfall. Siedlungen sind in Ägypten selten (gut) erhalten, da sie in der Überschwemmungszone des Nil und nicht in den Wüstengebieten lagen und zudem meist unter späteren Überbauungen verschwanden. El-Lahun ist die größte zusammenhängende Siedlung des Mittleren Reiches, die erhalten geblieben ist und neben Amarna (Neues Reich) die besterhaltene Stadt Altägyptens. Viele Funde (Wandmalereien, Kleinfunde, apotropäische Figuren und Puppen) geben seltene Einblicke in das Leben einer ägyptischen Siedlung.

Die Außenpolitik der 12. Dynastie ist durch eine expansive Nubienpolitik und die offenbar florierenden Handelskontakte zu Asien, dem Mittelmeerraum und einigen afrikanischen Regionen geprägt. Erste Bemühungen die Grenzen zu Vorderasien zu sichern sind bereits unter *Amenemhet I.* greifbar, der Befestigungsanlagen im Ostdelta errichten ließ. Während der gesamten 12. Dynastie sind sowohl einzelne militärische Aktionen zur Grenz- und Expeditionssicherung als auch kontinuierliche Handelskontakte und diplomatische Verbindungen nach Vorderasien belegt. Für Ägypten war unter anderem das Zedernholz aus dem Libanon ein wichtiges Importgut. Waren- und Ideenaustausch bestand weiterhin mit anderen Gebieten des Mittelmeerraumes, beispielsweise mit minoischen und zypriotischen Siedlungen, wie Artefakte und Handelswaren zeigen, die in den jeweiligen Kulturräumen archäologisch nachgewiesen werden konnten.

Das Verhältnis zu Nubien, das im Alten Reich aus losen Handels- und Expeditionskontakten bestand, sollte sich während der 12. Dynastie deutlich wandeln. Systematische Kolonialisierung, Grenzsicherung und Nutzung sämtlicher wirtschaftlicher Ressourcen standen jetzt im Fokus. Am Ende der Regierung *Amenemhets I.* fand ein erster großer Feldzug gegen Wawat (Unternubien) statt. Sein Sohn *Sesostris I.* führte ägyptische Truppen bis weit über den 2. Katarakt hinaus und setzte mit dieser Expansion Maßstäbe für Ägyptens Stellung als Großmacht. Die Festungsanlage von Buhen sollte das unterworfene Gebiet langfristig sichern. *Sesostris III.* schließlich sorgte mit dem Bau der Doppelfestung von Semna und Kumma auf je einem Nilufer für einen kontrollierten Grenzverkehr. Im Neuen Reich sollte er als Lokalgott dieser Region verehrt werden.

In das Land Punt, im Südosten Ägyptens gelegen (vermutlich Eritrea), wurden regelmäßig Expeditionen ausgesandt. Neue Grabungen am Roten Meer, bei denen die temporären Hafenanlagen gefunden wurden, von denen die Expeditionsschiffe in See stachen, belegen viele neue Puntfahrten, die aus den bisherigen Expeditionsinschriften noch nicht bekannt waren. Hauptimportgüter aus Punt waren für den Kultbetrieb und zur Herstellung von Luxusprodukten wichtige Waren wie Myrrhe, Weihrauch, Gold und Edelhölzer.

Eine wichtige Quellengruppe aus dem Mittleren Reich stellen die sogenannten Expeditionsinschriften dar. Diese Felsinschriften und -bilder informieren uns über den Rohstoffabbau auf dem Sinai und in der Ostwüste Ägyptens. Die Beschaffung von Steinmaterial (Diorit in Toschka, Grauwacke im Wadi Hammamat, Alabaster in Hatnub) und Halbedelsteinen (Türkis auf dem Sinai, Amethyst im Wadi el-Hudi) sowie Gold, Silber, Bleiglanz, Malachit und weiteren Mineralien, Metallen und Halbedelsteinen vornehmlich an diversen Orten der Ostwüste war mit einem nicht geringen Aufwand verbunden. Hunderte, zum Teil Tausende von Expeditionsmitgliedern, die aus Handwerkern, Versorgungstrupps und Soldaten bestanden, mussten in den entlegenen Wüstenregionen versorgt und der Transport von Menschen, Tieren, Ausrüstung und Waren organisiert werden. Für die gesamte 12. Dynastie ist ein florierendes Expeditionswesen festzustellen.

Trotz der Orientierung an Kunst und Architektur des Alten Reiches insbesondere bei der Königsplastik und den als Ziegel-Pyramiden angelegten Königsgräbern, ist das Mittlere Reich und hier besonders die 12. Dynastie eine Blütezeit kultureller Innovationen sowie eine Epoche, die sich durch höchste handwerkliche und künstlerische Qualität auszeichnet. Als besondere Höhepunkte sind die charakteristischen Königsportraits *Sesostris' III.* und *Amenemhets III.* zu nennen sowie die Einführung neuer Statuentypen wie Beterfigur, Würfelhocker und Hockende – die Schreiberfigur des Alten Reiches hingegen wird aufgegeben. Privatplastiken, die für kleinere Kapellen bestimmt waren, weisen meist ein kleineres Format auf, während die Tempelstatuen von Beamten recht großformatig ausfallen können. Von herausragender Qualität sind die Schmuckstücke aus den Prinzessinnengräbern der späten 12. Dynastie.

Die königliche Bautätigkeit konzentrierte sich nicht mehr nur auf die Bestattungsanlage (Pyramide und Totenkultanlagen), sondern vor allem auf Tempelanlagen im ganzen Land. Für einzelne Bauteile der größtenteils aus Ziegeln errichteten Tempelgebäude wurde vermehrt Stein als Baumaterial verwendet. Einzelne kleinere Gebäude wie die sogenannte »Weiße Kapelle« *Sesostris' I.* wurden bereits ganz in Stein erbaut. Die gesteigerte Bautätigkeit in den Tempelbezirken spiegelt nicht nur die sich wandelnden religiösen Vorstellungen und den Bedeutungszuwachs der lokalen Götter (z.B. *Osiris* in Abydos, *Amun* in Theben) wider, sondern auch die wachsende Bedeutung der Tempel als soziale und wirtschaftliche Zentren sowie den wachsenden Einfluss der Priesterschaften.

Noch jahrhundertelang galt die Sprache des Mittleren Reiches, das sogenannte »Mittelägyptisch«, als klassisch. Viele

Schriften aus dieser Zeit gehörten zum Literaturkanon und wurden noch Jahrhunderte später von Schülern im Unterricht abgeschrieben und von Schreibern kopiert. Zu den neuen Textgattungen zählen die loyalistischen Lehren, wie »Die Prophezeiungen des *Neferti*« (*Amenemhet I.*), »Die Lehre des Königs *Amenemhet* für seinen Sohn« und die »enseignement loyaliste« (*Sesostris I.*, überliefert unter *Amenemhet III.*), in denen sich Reflexionen über die Königsideologie niederschlagen. Lehrhafte Texte wie »Die Lehre des *Cheti*« und Erzählungen wie »Die Geschichte des Sinuhe« oder »Die Geschichte des Schiffbrüchigen« sowie Texte mit philosophisch-religiösen Fragestellungen wie »Das Gespräch eines Mannes mit seinem Ba« entstanden.

Fundamental innerhalb der ägyptischen Religionsgeschichte ist der Aufstieg des Toten- und Jenseitsgottes Osiris zu werten. Bereits *Sesostris I.* erneuerte in Abydos den Tempel des mit *Osiris* gleichgesetzten *Chontamenti*. Vermutlich nahmen auch die jährlich abgehaltenen Prozessionen zum *Osiris*-Grab unter diesem König ihren Anfang. Privatleute begannen Stelen und Kapellen beiderseits der Prozessionsstraße zu errichten, um sich so ewige Teilhabe an dem Götterfest zu sichern. Die Namen, Titel und biographischen Texte der Stelen sind eine äußerst wichtige Quellengruppe für die Prosopographie und Verwaltungsstruktur des Mittleren Reiches sowie für den Kultablauf der *Osiris*-Prozessionen. Auch in der Architektur und Ausstattung der Königsgräber schlägt sich der Einfluss des *Osiris*-Glaubens nieder. Im Totentempel *Sesostris I.* waren sogenannte *Osiris*-Statuen des Königs mit mumienähnlicher Umhüllung aufgestellt und die Innenräume der Pyramiden weisen seit *Sesostris II.* Gangsysteme auf, die Bezüge zum *Osiris*-Grab (mythische wasserumspülte Insel) aufweisen. *Sesostris III.* ließ in Abydos eine zweite Grabanlage errichten, die möglicherweise sogar als sein eigentlicher Bestattungsort zu interpretieren ist. Im Bereich der privaten Bestattungen fällt ab *Sesostris II.* auf, dass den Verstorbenen viele königliche Insignien beigegeben wurden, um ihre Angleichung an *Osiris*, König der jenseitigen Welt, und damit ihre Teilhabe am ewigen Leben zu erreichen. Die lokalen Götterkulte des gesamten Landes wurden durch königliche Bautätigkeiten und Stiftungen während der gesamten 12. Dynastie gefördert. Neben Abydos (*Osiris*-Kult) wurde dem Kult des *Amun* in Karnak (Theben) große Aufmerksamkeit gewidmet.

Nach einer kurzen Koregenz mit seinem Vater *Amenemhet III.* bestieg *Amenemhet IV.* als letzter männlicher Herrscher der 12. Dynastie den Thron, um neun Jahre das Land am Nil zu regieren. Vor allem durch Expeditionsinschriften auf dem Sinai und im Wadi el-Hudi ist der König bekannt. Hinzu kommen mehrere Nilstandsmarken in Semna. Unter seiner Herrschaft tragen auch private Stelen noch den Königsnamen, was in der 13. Dynastie, wohl als Zeichen eines schwachen Königtums, nicht mehr der Fall ist. Sphingen des Königs wurden in Abukir, Heliopolis und in Beirut gefunden. Aus Byblos stammt eine Obsidian-Gold-Schatulle, aus Theben ein Kästchen mit Elfenbeineinlagen, die den Namen des Königs tragen. Größere Bauprojekte des Königs sind nicht bekannt, er hat allerdings Tempelprojekte seines Vaters im Faijum weiter geführt.

Thronerbin wurde die Schwester des Königs, eine Tochter *Amenemhets III.* namens *Nofrusobek*. Diese erste auch aus zeitgenössischen Quellen bekannte Frau, die Ägypten regierte, herrschte knapp vier Jahre. Sowohl zu ihrer Regierungszeit als auch später war ihre Rolle als regierende Königin offenbar akzeptiert, denn spätere Königslisten (Sakkara, Turiner Königspapyrus) führen *Nofrusobek* ordnungsgemäß auf. Eigene Bauprojekte der Königin sind nicht belegt. Ihr Name erscheint zusammen mit dem ihres Vaters *Amenemhet III.* in dessen Pyramidentempel in Hawara, und vielleicht hat sie den *Sobek*-Tempel von Schedet/Krokodilopolis weiter ausstatten lassen. Drei Statuen der Königin wurden in Tell el-Daba gefunden, wohin sie verschleppt worden waren. Die Köpfe der Plastiken fehlen, so dass keine Aussage über den Kopfschmuck der Königin gemacht werden kann. Die Königin trägt ein langes Kleid und ist zweimal auf einem Thron sitzend, einmal kniend dargestellt. Eine weitere Statue, die heute im Louvre aufbewahrt wird, gibt sie mit dem königlichen Nemes-Kopftuch wieder. Anders als Königin *Hatschepsut* (18. Dynastie) hat *Nofrusobek* weibliche Attribute (Figur, Kleidung, Inschriften mit femininen Wortendungen) nicht unterdrückt oder geändert. Eine Nilstandsmarke nennt ihr drittes und damit letztes Regierungsjahr. Der Bestattungsort von *Nofrusobek* ist bislang unbekannt, vielleicht lag er in Hawara oder Dahschur. Dokumente aus der 13. Dynastie scheinen sich auf ihren Totenkult zu beziehen, der offenbar andauerte. Mit *Nofrusobek* endet die Ära der 12. Dynastie, eine der erfolgreichsten und stabilsten Familienherrschaften Ägyptens.

13. Dynastie

Lange war strittig, ob die 13. Dynastie noch zum Mittleren Reich gehört oder ob sie bereits der 2. Zwischenzeit hinzuzurechnen sei. Eine schnelle Abfolge von Herrschern, die zudem unterschiedlichen Familien entstammen, schien lange für die zweite Lösung zu sprechen. Die Administration weist jedoch noch dieselben Strukturen wie zur Zeit der 12. Dynastie auf. Kulturell orientierte man sich an der Regierungszeit *Amenemhets III.* Beispielsweise wurden die Pyramiden mindestens bis zur Regierungszeit des *Aya Merneferre* mit einem innen umlaufenden Gangsystem versehen, das offensichtlich die Unterwelt räumlich wiedergeben sollte.

Erst nach diesem König wird heute der Beginn der 2. Zwischenzeit angesetzt, weil angesichts einiger auffälliger Synchronismen die 13. Dynastie in ihrer Endphase mit der in Theben aufkommenden 16. Dynastie parallel läuft. Nach einhelliger Meinung wird die Herrschaft der 13. Dynastie dann in Unterägypten durch die Hyksos-Könige der 15. Dynastie wohl gewaltsam beendet. Territorialer Umfang des Einflussgebietes und Dauer der 14. Dynastie bleiben gegenwärtig hingegen noch unsicher: Zwar ist ihre Lokalisierung im Ost-Delta unbestritten, doch gibt es keinerlei Beweise für die Annahme, dass ihr dortiger Machtantritt mit dem Ende der 12. Dynastie zusammenfiel und somit für die neue Zählung der territorial reduzierten 13. Dynastie ursächlich ist. Die 13. Dynastie setzt sich also aus frühen Königen eines geeinten und späteren Teil-Königen eines geteilten Landes zusammen. In der zweiten Hälfte der 13. Dynastie stammen die Belege für die Könige nur noch aus Oberägypten.

Manetho führt über 50 Könige für die 13. Dynastie auf, die zum Teil sehr kurze Regierungszeiten aufweisen und offenbar auch aus vielen unterschiedlichen Familien stammten. Viele der Könige waren damit nichtköniglicher Herkunft, während gleichzeitig Mitglieder der Königsfamilie bürgerliche Ehepartner heirateten. Die Einträge auf dem Turiner Königspapyrus sind nur bis zur Herrschaft von *Sobekhotep VII.* gut erhalten, die Reihenfolge der weiteren Könige ist unsicher. In der Mitte der 13. Dynastie vor der erneuten Teilung des Landes erlebte Ägypten eine Phase des Aufschwungs und der Stabilität. Viele königliche und private Monumente dieser Zeit sind erhalten. Die Hauptstadt lag wohl weiterhin in Itschi-taui, und auch die meisten Königsgräber liegen in der Region Memphis-Dahschur. Zu den Königen dieser Zeit zählt *Sobekhotep II.*, der durch Nilstandsmarken und Bauaktivitäten im *Month*-Tempel von Medamud sowie dem Tempel *Mentuhoteps II.* in Deir el-Bahari belegt ist. Vermutlich ist auch der Papyrus Boulaq 18 in seine Zeit zu datieren, der wichtige Auskünfte über die Palastverwaltung und Beamtenschaft dieser Zeit gibt. Der vorderasiatisch klingende Name des folgenden Königs *Chendjer* hat Anlass zu Spekulationen gegeben, er könne ausländischer Herkunft sein, was sich jedoch nicht verifizieren lässt. Seine Pyramidenanlage in Sakkara wurde offenbar vollendet, zumindest wurde das Pyramidion (oberer Abschlußstein) gefunden. Renovierungsarbeiten am durch *Sesostris I.* errichteten Tempel in Abydos sind durch zwei dort gefundene Stelen nachgewiesen. Nach einigen schlechter belegten Königen tritt *Sobekhotep III.* trotz nur dreijähriger Regierung durch diverse Bauprojekte in Oberägypten hervor. Zudem steigt unter ihm die Anzahl der königlichen und privaten Skarabäen-Siegel stark an, was die Kenntnis über Titel und Amtsinhaber deutlich verbessert. Eine weitere Besonderheit unter diesem König ist die Tatsache, dass der Name der Königstochter *Iuhetibu* in Kartusche geschrieben erscheint, was zuvor nur für die Tochter *Amenemhets III. Neferu-Ptah* der Fall war. Die Gründe hierfür und die genaue Bedeutung dieser beiden offenbar besonders prominenten Königstöchter sind unklar. Stabilität kennzeichnet auch die elfjährige Regierung *Neferhoteps I.*, der aus einer thebanischen Familie mit militärischem Hintergrund stammt. Sowohl die Beziehungen zu Vorderasien (Byblos) als auch die Herrschaft über Nubien wurden kontinuierlich fortgeführt. Eine Stele aus Abydos, die in das 2. Regierungsjahr des Königs datiert, berichtet interessanterweise detailliert über die Herstellung einer Statue des Gottes *Osiris*. Unter *Sobekhotep IV.*, einem Bruder von *Neferhotep I.*, erlebt Ägypten wohl die letzte längere, stabile und durch archäologische Artefakte gut bezeugte Regierungszeit eines Königs im Mittleren Reich. Expeditionsinschriften (Wadi Hammamat, Wadi el-Hudi), Bauprojekte (Karnak, Abydos) und Kolossalstatuen, die ursprünglich in Memphis standen, bezeugen die starke Position des Königs ebenso wie der Hinweis auf eine Militärkampagne nach Nubien.

Die Fülle der uns überlieferten materiellen Kultur und die Qualität vieler privater und königlicher Statuen, Stelen und Grabausrüstungen dokumentiert die Mitte der 13. Dynastie als eine positiv zu wertende Phase der ägyptischen Geschichte. Die nahezu ungestört aufgefundene Bestattung des Königs *Hor I.* im Pyramidenbezirk *Amenemhets III.* in Dahschur zeigt die hochwertige Grabausstattung eines Königs mit wohl nur sehr kurzer Regierungszeit. Die Holzstatue des *Hor* ist heute eines der Meisterwerke im Museum von Kairo. Nach König *Aya* sind die folgenden, in ihrer Reihung nicht sicher einzuordnenden Könige der 13. Dynastie nur noch in Oberägypten belegt. Mit der Teilung des Landes beginnt die 2. Zwischenzeit.

Archäologische Arbeiten in Ägypten bringen ständig neue Erkenntnisse über die ägyptischen Könige. So wurden in Abydos kürzlich spektakuläre Funde gemacht, die in die 13. Dynastie datieren. Archäologen der Universität von Pennsylvania entdeckten 2013 das Grab des Königs *Sobekhotep I.* sowie 2014 das Grab des bislang nur durch ein in Abydos gefundenes Zaubermesser bekannten *Senebkay*, dessen Thronname *User-ib-Re* fragmentarisch auf dem Turiner Königspapyrus überliefert ist. Dank der Arbeit von Ägyptologen in Ägypten und an den Universitäten und Museen weltweit wird sich unsere Kenntnis der altägyptischen Geschichte und ihrer prominentesten Vertreter, der Pharaonen, ständig erweitern.

Literatur:

J. v. BECKERATH, *Abriss der Geschichte des alten Ägypten*, Oldenbourgs Abriss der Weltgeschichte, München/Wien 1971. E. HORNUNG, *Grundzüge der ägyptischen Geschichte*, Darmstadt 1996⁴. SCHNEIDER, *Lexikon* (1996). J. v. BECKERATH, *Chronologie des pharaonischen Ägypten*, MÄS 46, Mainz 1997. K.S.B. RYHOLT, *The Political Situation in Egypt during the Second Intermediate Period*, Kopenhagen 1997. D. FRANKE, in: *OEAE* 2 (2001) S. 393–400. G. CALLENDER, in: I. SHAW (Hrsg.): *The Oxford History of Ancient Egypt*, Oxford 2002, S. 148–183. GRAJETZKI, *Middle Kingdom* (2006). TH. SCHNEIDER, IN: HORNUNG/KRAUSS/WARBURTON, *Ancient Egyptian Chronology* (2006) S. 168–196.

MENTUHOTEP II.

Titel	Name	Übersetzungsvorschlag
Horus	*Seanch-ib-taui* *Netjeri-hedjet* *Sema-taui*	»Der das Herz der beiden Länder leben lässt« »Der mit göttlicher weißer Krone« »Der die beiden Länder vereint«
Der der beiden Herrinnen	*Netjeri-hedjet* *Sema-taui*	»Der mit göttlicher weißer Krone« »Der die beiden Länder vereint«
Goldhorus	*Ka-schuti*	»Der mit hoher Doppelfeder«
König von Ober- und Unterägypten	*Neb-hepet-Re*	»Herr des Ruders (ist) Re«
Sohn des Re	*Mentju-hetep* *(Mentuhotep)*	»Month ist zufrieden«

Mentuhotep II. stammt aus einer bedeutenden thebanischen Fürstenfamilie, deren Vertreter seit Generationen als oberägyptische Gegenspieler zu den unterägyptischen Königen von Herakleopolis (9. und 10. Dynastie) auftraten. Während seine Vorfahren ihr Einflussgebiet sukzessive nach Norden erweiterten, gelang erst unter *Mentuhotep II.* die Beseitigung des unterägyptischen Königshauses und damit die erneute Einigung Ägyptens unter einer zentralen Königsherrschaft. Die Gesamtdauer seiner Regierung wird vom Turiner Königspapyrus mit glaubhaften 51 Jahren angegeben.

Durch eine Felsinschrift im Wadi Schatt er-Rigale ist die Königin *Jah* als Mutter *Mentuhoteps II.* gesichert. Der thebanische Fürst *Antef III.*, der ebenfalls auf diesem Relief dargestellt ist, gilt als Vater *Mentuhoteps II. Jahs* Tochter *Neferu*, in deren Grab in Deir el-Bahari (TT 319) sie erwähnt wird, war die Schwester-Gemahlin ihres Bruders *Mentuhotep II.* Fünf Frauen und ein Mädchen waren in Nebengräbern in der Grabanlage des Königs bestattet: *Henhenet, Kemsit, Kauit, Sadeh, Aschajt* und *Mait.* Sie tragen Titel wie »Haremsdame«, »Priesterin der Hathor« und zum Teil auch »Königin«. Für *Tem*, die »Königliche Hauptgemahlin«, wurde im rückwärtigen Teil des Grabtempels eine separate Bestattungsanlage angelegt.

Die innenpolitischen Ereignisse und *Mentuhoteps II.* Aufstieg zum Reichseiniger und König ganz Ägyptens lassen sich anhand seiner sich ändernden Titulatur gut ablesen. Zunächst trug *Mentuhotep II.* wie seine Vorgänger nur zwei der ehemals fünf Namen des königlichen Protokolls aus dem Alten Reich. Sein Eigenname *Mentuhotep*, »Month ist zufrieden« verweist auf die lokale Bindung an den thebanischen Gott Month. Die erste Form des *Horus*namens »Der das Herz der beiden Länder leben lässt« enthält bereits den theoretischen Anspruch auf die Herrschaft in Ober- und Unterägypten (»die beiden Länder«) – die Namensänderung zu »Der mit göttlicher weißer Krone« unterstreicht die Legitimität der oberägyptischen Herrscherfamilie. Zusätzlich nahm der König den Thronnamen »Herr des Ruders (ist) Re« an. Eine letzte Namensänderung zu »Vereiniger der beiden Länder« (Sema-taui/Somtus) erfolgte nach erfolgreich vollzogener Einigung Ägyptens, spätestens im 39. Regierungsjahr, was programmatisch nicht nur auf die Einverleibung Unterägyptens, sondern auch auf Neuordnung und Konsolidierung weist. Das königliche Protokoll wurde dabei durch den fünften, den »Gold*horus*-Namen« vervollständigt und der Thronname *Neb-hepet-Re* orthographisch verändert – damit trägt *Mentuhotep II.* als thebanischer Herrscher erstmals die vollständige Königstitulatur. Im königlichen Namensprotokoll spiegelt sich nicht allein die politische, sondern auch die religiöse Dimension des Königtums. Der engen Beziehung des Königs zur Göttin *Hathor* entspringt vielleicht auch seine Selbstidentifikation mit dem seit dem Alten Reich als Sohn der Hathor belegten Gott Harsomtus (»*Horus*, Vereiniger der beiden Länder«). So ergänzte *Mentuhotep II.* bereits seinen 2. *Horus*namen um den Zusatz »Der den Himmel mit seinen beiden Federn durchsticht« und wählte als Gold*horus*-Namen »Hoch an Federn« – beides Beinamen von Harsomtus – und ließ sich wie dieser mit der Doppelfeder-Krone darstellen.

Konkrete historische Quellen zum Verlauf der Einigungskriege sind spärlich. Das 14. Regierungsjahr des *Mentuhotep II.* wird in einer Datierung als »Jahr der Rebellion von Thinis« bezeichnet, was sicher auf Kampfhandlungen zwischen dem unterägyptischen König von Herakleopolis und seinem thebanischen Gegenspieler in der Region Abydos-Assiut zu beziehen ist. Möglicherweise lassen sich auch die verheerenden Brandspuren in der (Königs-)Nekropole von Abydos mit den innerägyptischen Konflikten zu dieser Zeit in Verbindung bringen. Nach jahrelangem Ringen um die Macht konnte *Mentuhotep II.* die mittel- und nordägyptischen Gebiete schließlich erfolgreich zurück erobern und die Herrschaft über das gesamte Land gewinnen. Auf einem Fragment aus Gebelein ist der König in der traditionellen Pose beim »Erschlagen der Feinde« dargestellt, allerdings ist als »Feind« nicht wie üblich ein Ausländer dargestellt, sondern offenbar ein Ägypter. Während im Alten Reich Militär und Kriegsführung exklusiv in königlicher Hand lagen, sind jetzt auch die einzelnen einflussreichen Gaufürsten in der Lage bewaffnete Konflikte zu führen. Von ihrer militärischen Verantwortung auf Seiten des unterägyptischen oder oberägyptischen Königshauses berichten sie selbstbewusst in ihren Grabinschriften. Ausdruck der politisch unruhigen Zeiten sind auch die Waffen und Waffenmodelle, die sich vermehrt unter den Grabbeigaben und als Darstellungen auf Stelen aus dieser Zeit finden. In einem Massengrab in der Nekropole von Theben-West in unmittelbarer Nähe des Grabes von *Mentuhotep II.* wurden in den 1920er Jahren durch H. WINLOCK ca. 60 Mumien von Soldaten gefunden, die durch Kampfhandlungen zu Tode gekommen waren. Auch wenn die Männer wohl nicht in der Entscheidungsschlacht um die Reichseinigung gefallen sind, wie früher vermutet, scheinen sie doch eindrucksvolle Zeugen einer der vielen Kämpfe zu sein, die *Mentuhotep II.* bis zur Wiedervereinigung des Landes ausfechten musste, obwohl sich jüngere Überlegungen für eine etwas spätere Datierung der Mumien aussprechen.

Neben den innerägyptischen Machtkämpfen sind auch militärische Aktivitäten *Mentuhoteps II.* im Ausland belegt. Der »Truppenvorsteher des ganzen Landes« *Antef* hat in seinem Grab in Theben-West (TT 386) die Eroberung von asiatischen Festungen durch ägyptische Lanzenträger, Infanteristen mit Beilen und nubische Bogenschützen sowie erstmals überhaupt den Einsatz eines Belagerungsturms darstellen lassen. Die unteren Register zeigen Vorführungen von Gefangenen, Flucht von Asiatengruppen und Nachhutgefechte. Und auch in den Gebieten im Süden Ägyptens, die durch den Verlust der Zentralregierung ihre Unabhängigkeit zurückgewonnen hatten, wurde unter *Mentuhotep II.* der ägyptische Machtanspruch erneut demonstriert. Ein nubischer Söldner namens *Tjehemu* hinterließ in Abisko eine Felsinschrift, in der er von der Teilnahme an Kämpfen unter *Mentuhotep II.* berichtet, die sich sowohl gegen Nubier als auch Asiaten oder Beduinen der Ostwüste gerichtet haben. In einer königlichen Inschrift aus Deir el-Ballas werden der Anschluss der Oasen und Unternubiens erwähnt. Ein Graffito aus Assuan bezeugt die Rückkehr des Schatzmeisters *Cheti* von einer Schiffsexpedition nach Wawat (Unternubien) im 41. Regierungsjahr. Es ist noch nicht von einer dauerhaften Besetzung Nubiens unter *Mentuhotep II.* auszugehen, aber die ägyptische Präsenz in dieser Region wurde deutlich erhöht. Zudem wurde auf der Insel Elephantine (Assuan) ein Militärstützpunkt errichtet, von dem aus Truppen bei Bedarf rasch gen Süden geschickt werden konnten. Auch die königlichen Monumente demonstrieren diesen Anspruch. In einer Kapelle aus Gebelein ist *Mentuhotep II.* in der üblichen Pose beim »Erschlagen der Feinde« zu sehen, einer von ihnen ist als Nubier gekennzeichnet. Ein Text aus Dendera beschreibt den König als denjenigen, »der Nubien tributpflichtig macht«.

Mit der erneuten Einigung des Reiches ging eine Verwaltungsreform einher, in der die Amtstitel Wesir, Schatzmeiser und Haushofmeister ihre traditionelle Bedeutung wiedergewannen und auch die Rangtitel wieder auf den exklusiven Personenkreis der Spitzenbeamten beschränkt wurden. Der mindestens zweimal belegte Eigenname *Cheti* könnte dabei auch auf eine Einbeziehung von Spitzenkräften unterägyptischer Herkunft verweisen, da dieser Name für Könige aus Herakleopolis belegt ist. Nach der Reichseinigung zeigt der Stilwandel in Kunst und Architektur, dass qualitativ besser ausgebildete Künstler und Handwerker aus der memphitischen Region die provinziellen Kräfte aus Oberägypten ersetzt haben. Einzelne Gaufürsten-Familien, die sich im Kampf um die Reichseinigung mit dem unterägyptischen Königshaus von Herakleopolis verbündet hatten, wurden entmachtet, andere loyale Provinzgouverneure blieben weiter im Amt, wurden aber von der durch *Mentuhotep II.* ausgebauten Zentralverwaltung kontrolliert. Über die Spitzenbeamten sind wir vergleichsweise gut informiert.

Einer der einflussreichsten Beamten unter *Mentuhotep II.* war offenbar der Schatzmeister *Cheti*. Zusammen mit dem König ist er in zwei Felsbildern im Wadi Schatt er-Rigale abgebildet, eines davon zeigt den König im Sedfestmantel. Das könnte darauf hindeuten, dass *Cheti* mit der Ausrichtung des königlichen Jubiläumsfestes betraut war. Er wird in der Dekoration des Totentempels des Königs erwähnt und besaß ein Grab (TT 311) in unmittelbarer Nähe der royalen Grabanlage. *Chetis* Amtsnachfolger als Schatzmeister namens *Meketre* ist vor allem durch die wunderbaren Holzmodelle von Häusern, Handwerksbetrieben, einer Viehzählung und Booten bekannt, die unberührt in einer Nebenkammer seiner Grabanlage in Theben-West gefunden wurden. In einer Inschrift im Wadi Schatt er-Rigale aus dem 41. Regierungsjahr trägt *Meketre* noch den einfachen Titel »Siegler«. Texte aus dem Totentempel des Königs in Deir el-Bahari zeigen, dass er bereits schnell zum Schatzmeister befördert wurde. Sein Grab (TT 280) ist auf ein unfertiges Königsgrab ausgerichtet, dass bislang *Mentuhotep III.*, neuerdings aber *Amenemhet I.* zugeschrieben wird, so dass *Meketre* wohl noch bis in die Regierungszeit dieses Königs tätig war. Der »Vorsteher der Siegler« namens *Meru* war als »Vorsteher der Fremdländer« zusätzlich mit den außenpolitischen Aktivitäten *Mentuhoteps II.* betraut. Auch sein Grab (TT 240) befindet sich in der Nähe des Totentempels und Grabes *Mentuhoteps II.* Eine Stele des *Meru* datiert in das 46. Regierungsjahr und damit in die späten Herrschaftsjahre das Königs. Die Karriere des Haushofmeisters *Henu* begann unter *Mentuhotep II.* und setzte sich bis in die Regierungszeit *Amenemhets I.* fort. Unter *Mentuhoteps II.* Nachfolger *Mentuhotep III.* leitete dieser *Henu* die erste Expedition, die offenbar nach längerer Unterbrechung wieder in das afrikanische Land Punt führte, um von dort vor allem Myrrhe und Weihrauch, aber auch Gold und edle Hölzer zu importieren. In einer ausführlichen Inschrift im Wadi Hammamat (Nr. 114) berichtet *Henu* von der Reise durch die Ostwüste zum Roten Meer und den Bau von Schiffen für die Puntreise. Wie *Meketre* hat auch *Henu* möglicherweise bis in die Regierungszeit *Amenemhets I.* amtiert, es ist jedoch noch strittig, ob es sich bei *Henu* und dem Haushofmeister *Henenu* (Besitzer des thebanischen Grabes TT 313) um ein und dieselbe Person oder um Amtsnachfolger ähnlichen Namens handelt. Als Wesir ist unter *Mentuhotep II.* neben einem gewissen *Bebi* vor allem der Besitzer des Grabes TT 103 namens *Dagi* bekannt, der zunächst »Vorsteher der Wache« und damit im unmittelbaren Umfeld des Königs tätig war, bevor er in das höchste Staatsamt aufstieg.

Auffällig ist die Beschränkung der umfangreichen Bautätigkeit (Abydos, Dendera, Deir el-Ballas, Karnak, Armant, Tôd, Gebelein, el-Kab, Elephantine) *Mentuhoteps II.* auf das oberägyptische Kerngebiet der Dynastie: So ist kein Bau nördlich von Abydos belegt. Bei den Göttertempeln der 11. Dynastie handelt es sich grundsätzlich noch um Ziegelbauten, bei denen einzelne Architekturelemente wie Türlaibungen oder ganze, mit Relief verkleidete Kammern in Kalkstein eingesetzt waren.

Für seine Grabanlage in Theben-West verließ *Mentuhotep II.* den Nekropolenbezirk el-Tarif und legte seinen Totentempel mit Bestattungsräumen im Talkessel von Deir el-Bahari an, wo ein altes Heiligtum der kuhgestaltigen Göttin *Hathor* vermutet wird, der sich der König eng verbunden fühlte. Aus einer ersten

Bauphase vor der Reichseinigung stammt der den älteren Saff-Gräbern ähnelnde große Vorhof, von dem ein langer Gang zu einer Grabkammer führt, die später in ein Kenotaph umgewandelt wurde. Weiter im Westen wurden Schachtgräber mit den dazugehörigen oberirdischen Kapellen für fünf Königinnen und ein Kind angelegt. Die Kammern sowie die aus Kalksteinplatten zusammengesetzten Sarkophage der Königinnen *Kawit* und *Aschait* sind mit Reliefs geschmückt, die unter anderem Szenen aus dem Alltag der Damen zeigen, beispielsweise wie Dienerinnen Haarlocken anstecken und Salböl sowie Wein darreichen. Nach der Reichseinigung setzte *Mentuhotep II.* das Bauprogramm seiner Grabanlage fort, unterzog diese aber einer tiefgreifenden Veränderung: Im Westen des Vorhofes wurde eine Terrasse aus dem anstehenden Fels geschlagen. Diese trug ein zentrales Massiv, das wohl von einer Pyramide (nach anderen Theorien von einem Quader mit Hohlkehle oder einem runden Hügel) bekrönt war. Den Oberbau umgab an allen vier Seiten ein Umgang aus Achteckpfeilern. Im Westteil der Terrasse befand sich ein an drei Seiten von Pfeilerhallen umgebener offener Hof. Von hier aus betrat man einen überdachten Saal mit 82 Pfeilern, in dessen Zentralachse eine Nische für das Kultbild des Königs in den Fels getrieben war. Im offenen Hof lag auch der Zugang zu einem 150 m langen Tunnel mit drei seitlichen Nischen für 600 Modellfiguren, der in die neue, mit Granit ausgekleidete Sargkammer führte. Diese enthielt einen Kalzitschrein, der den heute verlorenen Sarg barg. Von der Mumie des Königs haben sich nur Schädelfragmente erhalten. In der letzten Bauphase wurden Pfeilerhallen auf drei Seiten um den Umgang gelegt und eine untere Kolonnade vor der Terrasse an der Ostseite errichtet. Im großen Saal wurde hinter den letzten vier Pfeilern beiderseits der Zentralachse vor der Nische jeweils eine Wand empor geführt, so dass ein eigenes, allerdings oben offenes Sanktuar entstand, welches außen wie innen mit Darstellungen für den neu installierten Kult des Gottes *Amun* ausgeschmückt war. Die Verehrung des neuen »Reichsgottes« *Amuns* könnte so ursächlich für die erstmalig im ägyptischen Tempelbau belegte neue Architekturform des Sanktuars gewesen sein. Dabei haben sich aufgrund eines Felssturzes noch verschüttete

Reste des Originalinventars erhalten. Die nur noch fragmenta-risch erhaltene Reliefausstattung des Totentempels orientierte sich in Stil und Programmatik an Vorbildern der 5. und frühen 6. Dynastie. Während der vordere Bereich seines Totentempels unter anderem mit Schlachtdarstellungen dekoriert war, die auf weltliche Pflichten eines Herrschers verwiesen, war der rück-wärtige Bereich Szenen des Götterkultes vorbehalten. Die Pfei-ler der oberen Halle trugen Szenen, in denen Gottheiten den Kö-nig umarmen. Die Dekoration kulminiert auf der nördlichen Sanktuaraußenwand im Reliefbild des für Millionen Jahre thro-nenden Königs zwischen den Göttern der beiden Landeshälften als Sinnbild immerwährender Reichseinigung. Zum Totentem-pel führte ein Aufweg, den beiderseits Standfiguren des Königs flankierten. Diese Statuen trugen den nur bis zum Knie reichen-den Mantel des königlichen Jubiläumsfestes (Heb-Sed). Sie hat-ten in der nördlichen Reihe die unterägyptische rote Krone und in der südlichen die oberägyptische weiße Krone auf. Auch die eindrücklichste erhaltene Königsstatue der 11. Dynastie gibt den auf einem Kubus thronenden *Mentuhotep II.* im knielangen Sedfestmantel und mit schwarzer Gesichtsfarbe wieder. Die Starrheit der Haltung, die Massivität der Körperformen und die klaren, ungemischten Farben geben dem Bildnis eine ungeheu-re Ausstrahlung. Typisch für die Ikonographie des Königs *Men-tuhotep II.* – auch des kultisch handelnden – ist seine Darstellung mit Götterbart. Offensichtlich war diese Statue zunächst Teil ei-ner Serie thronender Statuen, die im Vorfeld des Totentempels aufgestellt waren. Diese Statue lag allerdings in Leinen gehüllt neben einem leeren Holzsarg in dem Korridorscheingrab, das der Herrscher vor Errichtung seines Totentempels wohl für alle Eventualitäten als primäre Grabstätte anlegen ließ. Die Bema-lung der Statue mit der schwarzen Farbe der Regeneration er-folgte sekundär erst vor ihrer rituellen Beisetzung. Demnach vertrat die Figur den König in seiner zum Scheingrab umgewid-meten Erstbestattungsanlage. Gefunden wurde die Skulptur 1898 von HOWARD CARTER, dem späteren Entdecker des Grabes von Tutanchamun, der zu dem Zeitpunkt Chefinspektor in Oberägypten war. CARTERS Pferd Sultan brach während eines Ausrittes in den Korridor im Hof des *Mentuhotep*-Tempels ein und CARTER ließ den Korridor untersuchen. Der Fundplatz hat seither den arabischen Namen Bab el-Hossan (Tor des Pferdes).

In der Totentempelanlage des *Mentuhotep II.* wird eine Zäsur zwischen Vor- und Nacheinigungszeit sichtbar, die in textlichen Quellen mangels Überlieferung kaum fassbar ist: Der thebanische Lokalstil verschwindet – sicherlich auf königliche Anordnung hin – bei offiziellen Bauten völlig zugunsten einer an memphitischen Vorbildern der 5. und frühen 6. Dynastie orientierten Residenzkunst. Als »Vorsteher der Künstlerschaft der Zeichner und Bildhauer« war ein Künstler namens *Irti-sen* sicher für diese Entwicklung mit verantwortlich. Auf einer Stele aus Abydos, die sich heute im Louvre (C 14) befindet, schildert er ausführlich seine Kenntnisse der ägyptischen Handwerkskunst.

Neben der Betonung seiner Abstammung aus der thebanischen *Antef*-Familie betrieb *Mentuhotep II.* systematisch seine eigene Vergöttlichung. In Inschriften aus Gebelein nennt er sich »Sohn der Hathor«, in Dendera und Assuan trägt er die Kronen des *Amun* und des *Min* sowie andernorts die Rote Krone mit Doppelfelder, ebenfalls ein göttliches Attribut. In Konosso erscheint er in Gestalt des Gottes Min. Auch sein *Horus*name »Der mit göttlicher weißer Krone« unterstreicht *Mentuhoteps II.* Anspruch, seine Person theologisch neu zu definieren. Das Bild- und Textprogramm seines Totentempels macht deutlich, dass der König hier als Gott verehrt zu werden wünschte. Diese Idee sollte für die »Millionenjahrhäuser«, die Totentempel der Könige des Neuen Reiches, zentral werden. Obwohl die ägyptische Geschichtsschreibung anders als bei der 1. und der 18. Dynastie im Fall der 11. Dynastie die Zählung nicht mit dem Reichseiniger neu beginnen ließ, so stand in der Überlieferung *Mentuhotep II.* als einer der Heroen der Wiedervereinigung der »beiden Länder« prominent neben dem mythischen Reichsgründer *Menes* und dem Hyksosvertreiber *Ahmose*. Das Grab der *Neferu* (TT 319), der Schwester-Gemahlin *Mentuhoteps II.*, nordöstlich des Totentempels des Königs wurde beim Bau des Totentempels der *Hatschepsut* in der 18. Dynastie überbaut, aber mit einem neuen Eingang versehen, so dass es von Besuchern besichtigt werden konnte, die hier Inschriften hinterließen. Noch bis in die Ramessidenzeit wurde die Erinnerung an *Mentuhotep II.*, Begründer des Mittleren Reiches, durch königliche Stiftungen sowie seine Erwähnung auf privaten Monumenten aufrecht erhalten. In der thebanischen Nekropole erfuhr er besondere Verehrung, da er, neben *Ahmes Nefertari,* als Gründer und Schutzpatron dieses Friedhofes galt.

Literatur:

L. Habachi, in: *MDAIK* 19 (1963) S. 16–52. D. Arnold, *Der Tempel des Königs Mentuhotep von Deir el-Bahari, 3 Bde.,* Mainz 1974–1981. J.v.Beckerath, in: *LÄ IV* (1982) Sp. 66–68. B. Jaroš-Deckert: *Das Grab des Jnj-jtj.f, Die Wandmalereien der XI. Dynastie,* AV 12, Mainz 1984. Do. Arnold, in: *Metropolitan Museum Journal* 26, 1991, S. 5–48. Schneider, *Lexikon* (1996), S. 236–240. J. P. Allen, in: *Festschrift Simpson* (1996) S. 1–26. G. Callender: *The Middle Kingdom Renaissance,* in: I. Shaw (Hrsg.): *The Oxford History of Ancient Egypt,* Oxford 2000, S. 148–183. J. P. Allen, in: N. Strudwick/J. Taylor (Hrsg.): *The Theban Necropolis, Past, Present and Future,* London 2003, S. 14–29. C. Vogel, in: *JEA* 89 (2003) S. 239–245. Dodson/Hilton, *Royal Families* (2004) S. 82–89. J.C. Darnell, in: *ZÄS* 131 (2004) S. 23–37. Grajetzki, *Middle Kingdom* (2006). D. Polz, in: *Festschrift Dreyer* (2008) S. 525–533. D. Polz, *Der Beginn des Neuen Reiches,* SDAIK 31 (2007) S. 200–211.

Amenemhet I.

Titel	Name	Übersetzungsvorschlag
Horus	*Sehetep-ib-taui*	»Der das Herz der beiden Länder erfreut«
	Uhem-mesut	»Der die Geburten wiederholt«
Der der beiden Herrinnen	*Sehetep-ib-taui*	»Der das Herz der beiden Länder erfreut«
	Uhem-mesut	»Der die Geburten wiederholt«
König von Ober- und Unterägypten	*Sehetep-ib-Re*	»Der das Herz des Re erfreut«
Sohn des Re	*Imen-em-hat (Amenemhet)*	»Amun steht an der Spitze«

In *Amenemhet I.*, dem ersten Herrscher der von ihm neu begründeten 12. Dynastie, hat man gerne den aus Expeditionsberichten bekannten Wesir *Amenemhet* erkennen wollen. Die von diesem im Jahre 2 *Mentuhoteps IV.* geführte 10.000 Mann starke Expedition in die Ostwüste (Wadi Hammamat) diente der Vorfabrikation und dem Abtransport eines Hartgestein-Sarkophags. Dabei soll sich das sogenannte »Gazellenwunder« zugetragen haben: Auf dem für den Sarkophag bestimmten Fels kam eine Gazelle nieder und wurde sogleich von der Expeditionstruppe für einen glücklichen Ausgang der Unternehmung geopfert. Allerdings gibt es keinerlei Beweise für eine Identität des Wesirs *Amenemhet* mit dem späteren König *Amenemhet I.* Jedoch wurde dessen Vater *Sesostris* erst postum der Ehrentitel »Gottesvater« verliehen, so dass *Amenemhets I.* nichtkönigliche Herkunft sicher ist. Ein Opfertisch aus der Pyramidenanlage des Königs in Lischt erwähnt die »Königsmutter *Nofret*«. Diese stammte möglicherweise aus Nubien, da in dem Literaturwerk »Prophezeiungen des *Neferti*« die Mutter des hier *Ameni* genannten Königs als »Frau aus Ta-Seti (Nubien)« bezeichnet wird. Es spricht, da *Amenemhet I.* seinen Namen auf einer Schale aus Lischt zu dem seines Vorgängers *Mentuhotep IV.* hinzusetzte, wenig für eine gewaltsame Aneignung des Thrones.

Die Arbeit am königlichen Grab in Theben-West wurde wohl aufgegeben, nachdem der König seine Residenz von Theben nach Norden verlegt hatte. Die aufgelassene Anlage besteht lediglich aus einer voll ausgekleideten, niemals benutzen Grabkammer von königlichen Dimensionen und dem für den Totentempel vorbereitetem Baugrund. Allerdings sind einige umliegende Beamtengräber, darunter dasjenige des Schatzmeisters *Meketre* mit seinen berühmten Holzmodellen, auf die verwaiste Grabanlage ausgerichtet.

Wie Blöcke in Koptos, Tôd und Armant zeigen, war der König als Tempelbauherr zugunsten der traditionellen oberägyptischen Götter Min und Month aktiv. Letzterer blieb als »Month, Herr von Theben, der Stier von Armant« weiterhin der Hauptgott des thebanischen Gaus. *Amenemhet I.* trat jedoch auch als Förderer des jüngeren *Amun*-Kultes in Erscheinung. So lässt sich in Karnak ein Sandsteinpodium mit ihm verbinden, auf dem ein Sanktuar stand, das bereits von seinem Sohn wieder abgerissen und durch einen 16mal größeren Tempelbau ersetzt wurde. Aber auch in Khatana und in Bubastis im Nildelta ließ *Amenemhet I.* Bauten errichten. Er ist bislang der erste König des Mittleren Reiches, für den sich Aktivitäten auf dem Sinai belegen lassen.

Möglicherweise um das Jahr 7 änderte *Amenemhet I.* seinen *Horus*-Namen von »Der das Herz der beiden Länder zufriedenstellt« in »Der die Geburten wiederholt« (d.h. eine neue Ära begründet), um tiefgreifende Reformen anzuzeigen. In den Gauen wurden neue Gauverwalter eingesetzt wie *Senebi I.* in Meir und *Chnumhotep I.* in Beni Hassan. Vielleicht war es notwendig geworden, sich der Loyalität der Provinzen neu zu versichern, nachdem General *Nesmonth* einen Aufstand hatte niederschlagen müssen. So schildern die sogenannten »Prophezeiungen des *Neferti*« bürgerkriegsartige Zustände, eine vorangegangene asiatische Invasion und die Rettung Ägyptens von allem Ungemach durch die Machtergreifung eines neuen Herrschers einfacher, oberägyptischer Herkunft namens *Ameni*, in dem natürlich *Amenemhet I.* selbst erkannt werden muss. Diese nach Eintritt der geschilderten Ereignisse verfassten »Prophezeiungen« stellen geradezu ein Musterbeispiel loyalistischer Literatur dar. Zu den vom Hof initiierten Literaturwerken zählt auch die dem König selbst zugeschriebene »Lehre des Königs *Amenemhet* für seinen Sohn«. In letzterem wird von einem fehlgeschlagenen Attentat auf den König berichtet. Ein derartiges, eigentlich unerhörtes Ereignis fand wohl nur deshalb überhaupt Erwähnung, weil es für den König die Einführung einer neuartigen Regierungsform zur Sicherung seiner offenbar gefährdeten Dynastie dringlich machte: die Koregenz *Amenemhets I.* mit seinem Sohn *Sesostris I.* Das Regierungsmodell der Koregenz wurde fortan während der gesamten 12. Dynastie beibehalten.

Die noch immer starke Eigenständigkeit der einzelnen Gaumetropolen und deren Gouverneursfamilien kommt nicht nur in dem Bemühen *Amenemhets I.* zum Ausdruck, die lokale Verwaltung durch neu eingesetzte Beamte besser zu kontrollieren. Auch die unterschiedlichen Stile, qualitativen Unterschiede und lokalen Besonderheiten in der Grabdekoration, der Gestaltung der Särge sowie der übrigen Grabbeigaben zeigen, dass der Fokus teilweise noch stark auf den Lokaltraditionen lag, die sich in der Ersten Zwischenzeit herausgebildet hatten.

Als weitere folgenreiche Neuerung *Amenemhets I.* darf die Gründung der Residenzstadt Amenemhet-itschi-taui (»Amenemhet hat die beiden Länder in Besitz genommen«, später zu Itschi-taui abgekürzt) bei Lischt gelten. Sie erfolgte relativ spät im 30. Regierungsjahr, welches dem 10. Jahr *Sesostris' I.* entspricht. Anscheinend war zunächst an Memphis als neue Hauptstadt gedacht. Aber die Entscheidung fiel zugunsten eines Ortes an der geographischen Nahtstelle von Ober- und Unterägypten aus, der zudem in der Nähe des Faijum lag, einer Flussoase, der die ganze Aufmerksamkeit der neuen Dynastie galt. Möglicherweise hatte die Wahl dieses Standortes auch mit der Nähe zu Herakleopolis, dem ehemaligen Machtzentrum der unterägyptischen Könige der ersten Zwischenzeit zu tun. Die seit deren Entmachtung durch *Mentuhotep II.* offenbar andauernden Unruhen im Land könnten die Stärkung der königlichen Präsenz und Kontrolle in dieser Region nötig gemacht haben. Im Zuge der Neugründung wurde auch die königliche Nekropole von Lischt angelegt. Die neue Pyramidenanlage errichtete man in großer Hast und der Totentempel wurde erst unter *Sesostris I.* vollendet. Dabei wurden offenbar für Teile des Kernmauerwerks der Pyramide wie beispielsweise die Korridorabdeckung Blöcke von Bauten des *Cheops*, des *Chephren* und des *Userkaf* eingesetzt. Weitere Blöcke von Bauten des *Cheops* fanden sich in der Hofpflasterung der Pyramide und im Fundament der unmittelbar angrenzenden Mastaba des *Rehu-er-djesersen*. Auch Spolien von *Unas* und *Pepi II.* sind in Lischt entdeckt worden. Peter JÁNOSI vermutet nun, dass es sich bei diesen Spolien des Alten Reiches um bereits während der Ersten Zwischenzeit nach Herakleopolis verschleppte Bauteile handeln könnte, die von *Amenemhet I.* dort konzentriert abgetragen und ein zweites Mal wiederverwendet wurden. Mit Form und Konstruktion seines Grabes knüpft *Amenemhet I.* an die Traditionen des späten Alten Reiches an. Das aus Kalksteinblöcken errichtete Kernmauerwerk wurde mit Schutt, Sand und Lehmziegeln aufgefüllt und mit einer Kalksteinummantelung versehen. Von der Nordseite führt ein gerader, abfallender Gang in die Mitte der Pyramide. Ein hier angelegter Schacht mündet in die Grabkammer, die heute unter dem Grundwasserspiegel liegt. Im Pyramidenbezirk waren zwanzig Schachtgräber und mehrere Mastabas für hohe Beamte, unter anderem für den Wesir *Antefoqer*, den Schatzmeister *Rehu-er-djesersen* und den Obervermögensverwalter *Nacht* angelegt. Die Mumie der *Senebtisi*, deren Grab allerdings in die späte 12. Dynastie datiert, konnte samt ihres Ensembles aus drei Särgen und ihrer reichen Schmuckausstattung geborgen werden.

Außenpolitisch ist der Bau eines Schutzwalls, genannt »Mauern-des-Herrschers«, östlich des Deltas von Bedeutung, der wohl die Gefahr einer asiatischen Invasion bannen sollte. In den »Prophezeiungen des *Neferti*«, in der »Lehre des Königs *Amenemhet* für seinen Sohn« und auch in der »*Sinuhe*-Geschichte« gibt es Anspielungen auf Konflikte mit Libyen und Vorderasien. Zudem belegen Stelen und Grabinschriften hoher Beamter militärische Aktionen gegen die nordöstlichen Nachbarn Ägyptens. Mehrere Felsinschriften in Unternubien berichten über die Aktivitäten *Amenemhets I.* in dieser Region. Eine datiert in das 29. Regierungsjahr und erwähnt die »Vernichtung von Wawat (Unternubien)«. Auch der Wesir *Antefoqer* war an diesen Ereignissen beteiligt, wie zwei Inschriften zeigen. Er schildert, wie er als Strafe für ihre »Rebellion gegen den ägyptischen König« Teile der lokalen Bevölkerung töten und anschließend ihre Felder, Häuser und Baumbestände zerstören ließ. Vielleicht ist das unter *Sesostris I.* bis zum 2. Katarakt als ägyptisches Territorium vereinnahmte Unternubien schon damals annektiert worden.

Der überraschende Tod des Königs *Amenemhet I.* in seinem 30. Regierungsjahr erfolgte offenbar während der Vorbereitung für die Feier seines Sed-Festes und bildet den Auftakt der berühmten »*Sinuhe*-Geschichte«, die ein klassisches Werk der altägyptischen Literatur ist.

Literatur:

J. v. Beckerath, in: *LÄ I* (1975) Sp. 188f. D. Franke, in: *Orientalia* 57 (1988) S. 114–116. Do. Arnold, in: *Metropolitan Museum Journal* 26 (1991) S. 5–48. K. Jansen-Winkeln, in: *SAK* 18 (1991) S. 241–264. E. N. Hirsch, in: *Ägyptische Tempel, HÄB* 37 (1994) S. 137–142. Schneider, *Lexikon* (1996) S. 71–74. K. Jansen-Winkeln, in: *SAK* 24 (1997) S. 121–135. Verner, *Pyramiden* (1998) S. 434–437. Grajetzki, *Middle Kingdom* (2006) S. 28–35. P. Jánosi, in: *Sokar* 17 (2008) S. 58–65.

Sesostris I.

Titel	Name	Übersetzungsvorschlag
Horus	*Anch-mesut*	»Das Leben ist geboren«
Der der beiden Herrinnen	*Anch-mesut*	»Das Leben ist geboren«
König von Ober- und Unterägypten	*Cheper-ka-Re*	»Erscheinungsformen des Ka des Re«
Sohn des Re	*Si-en-Useret (Sesostris)*	»Mann der (Göttin) Useret«

Laut Turiner Königspapyrus regierte *Sesostris I.*, Sohn, Koregent und Nachfolger *Amenemhets I.*, 45 Jahre. Er war mit seiner (Halb-?)Schwester *Neferu* verheiratet, der Mutter seines Sohnes *Amenemhet II.* An Töchtern sind *Itakayt* und *Sebat* bekannt, an Söhnen außer *Amenemhet II.* (*Ameni*) auch ein gewisser *Amenemhetanch*, der in Dahschur bestattet ist. *Sesostris' I.* Mutter *Neferitatenen* ist nicht sicher belegt.

Durch sein landesweites Bauprogramm von gewaltigem Umfang gilt *Sesostris I.* als der größte Bauherr Ägyptens vor dem Neuen Reich. Im Jahre 3, also noch während seiner 10jährigen Koregenz mit seinem Vater *Amenemhet I.*, ließ *Sesostris I.* den Tempel des Atum in Heliopolis erneuern. Das Vorhaben ist auf einer Lederrolle geschildert, bei der es sich um die Abschrift einer anlässlich der Baumaßnahme aufgestellten Stele handelt. Von den Erweiterungen zeugen heute nur noch vereinzelte Blöcke und der älteste, noch heute aufrecht stehende Monumentalobelisk Ägyptens.

In Abydos, wo das dem Gott *Osiris* zugeschriebene Grab des frühzeitlichen Königs *Djer* lag, erneuerte *Sesostris I.* den Tempel des mit *Osiris* gleichgesetzten *Chontamenti*. Die von dort alljährlich durchgeführten Prozessionen zum sogenannten Osiris-Grab sind vermutlich unter *Sesostris I.* eingeführt worden. In seiner Regierungszeit beginnen privilegierte Privatleute Stelen und Kapellen an den Hängen entlang des Prozessionsweges zu stiften, um die immerwährende eigene Präsenz an diesem heiligen Ort zu gewährleisten. Hochgestellte Persönlichkeiten wie der Schatzmeiser *Mentuhotep* leiteten die Kultfestspiele in Vertretung des Königs.

Auch *Amun*, der Herr des Tempels von Karnak in Theben, sollte erst unter *Sesostris I.* zu seiner überragenden Bedeutung gelangen: Ihm verdankt die Tempelstadt die zentralen, in Kalkstein ausgeführten Bauteile des Haupthauses, die bis ins Neue Reich hinein aufrecht standen. Heute sind nur einige kolossale Pfeilerfiguren und drei Türschwellen von diesem ehemaligen Herzstück der Anlage übrig. Eine anlässlich seines ersten Jubiläumsfestes errichtete steinerne Kapelle *Sesostris' I.* imitiert einen üblicherweise aus vergänglichen Materialien errichteten Stationskiosk. Diese temporären Bauwerke dienten während der großen Prozessionen dem Vollzug von Riten am Kultbild, das in einer Barke transportiert wurde. Als steinernes Monument sollte die Kapelle die Jubiläumsriten *Sesostris' I.* verewigen und so den Herrschaftsanspruch ihres Bauherrn untermauern. Daher ist der Sockel auch mit einer Liste aller ägyptischen Gaue und ihrer Götter dekoriert, während die Pfeiler Reliefs mit Darstellungen Interaktionen zwischen Gottheiten und König schmücken. Zentrales Thema ist die Einsetzung des Herrschers in sein Amt und seine Krönung durch die Götter. Die sogenannte »Weiße Kapelle« aus Kalkstein stellt so ein dreidimensionales Kompendium des für die zyklische Erneuerung königlicher Herrschaft notwendigen Kultgeschehens dar. Sie hat die Zeiten fast unversehrt überdauert, weil sie in dem 3. Pylon von Karnak, der von *Amenophis III.* im Neuen Reich errichtet wurde, als Füllung verbaut war. Die Präzision und der Detailreichtum ihrer Flachreliefs sind herausragend: Steil abgesetzte Umrisskonturen umziehen Schriftzeichen und Figuren, deren Binnendetails subtil modelliert sind. Verstreut aufgefundene Wandreliefs aus dem Bereich des Haupttempels von Karnak weisen zwar ebenfalls das sehr hoch abgesetzte Flachrelief, nicht aber die detailfreudige Binnenzeichnung der »Weißen Kapelle« auf.

Nun zeigen aber auch die versenkten Reliefs, die vom *Min*-Tempel aus Koptos stammen, steile Umrisskanten und subtile Binnenmodellierung. Markante Konturen und entsprechende Reliefhöhen und -tiefen scheinen also das Kennzeichen eines landesweit einheitlichen Residenzstils unter *Sesostris I.* zu sein. Ein heute in London aufbewahrter Türsturz aus Koptos zeigt den König bei einem zu den Zeremonien des Sedfestes gehörigen Kultlauf und ist wohl einer sogenannten Jubiläumspforte zuzuordnen.

Trotz der eindeutigen Präferenz für *Osiris* von Abydos und *Amun* von Karnak, wurden auch die übrigen Kultzentren nicht vernachlässigt: So wurden unter *Sesostris I.* in Tôd der Tempel des alten thebanischen Gaugottes *Month* und in Elephantine der Tempel der Kataraktgöttin *Satet* in Kalkstein völlig neu ausgeführt. Anlass für die Erneuerung des Tempels von Tôd, und möglicherweise auch desjenigen von Elephantine, waren offenbar bürgerkriegsähnliche Zustände, deren erfolgreiche Bekämpfung durch *Sesostis I.* eine Inschrift aus Tôd belegt. Erwähnungen innerägyptischer Unruhen dieser Art in offiziellen königlichen Inschriften sind selten und daher umso bemerkenswerter.

Zuständig für die im Zusammenhang mit dem Jubiläumsfest landesweit errichteten Bauten war der schon erwähnte Schatzmeister *Mentuhotep,* der in Karnak von sich selbst mindestens 10 Statuen aufstellen ließ. Diese geben ihn beim Lesen, als Schreiber und in verschiedenen Varianten hockend und kniend wieder. Fettrollen und eine schlaffe Brustpartie kennzeichnen den Körper des Stifters als den einer saturierten Person. Typenrepertoire und Stil der Statuen des *Mentuhotep* waren vor allem für die monumentalen Privatstatuen des Neuen Reiches vorbildlich.

Wohl nicht im Zusammenhang mit der Krönung, sondern dem Sedfest *Sesostris' I.* ist auch der sogenannte »Dramatische Ramesseumspapyrus« zu nennen, auf dem der Text eines Festspiels erhalten ist. Möglicherweise wurden ältere Ritualtexte für das königliche Regierungsjubiläum Sesostris' I. neu zusammengestellt.

Ein Nubienfeldzug im Jahre 9 fällt noch in die Zeit der Koregentschaft mit seinem Vater. Auf seinem großen Feldzug im Jahre 18 stieß Sesostris I. weit über den 2. Katarakt hinaus bis mindestens zur Insel Sai vor, wie seiner in der Festung Buhen aufgerichteten Siegesstele zu entnehmen ist, auf der auch das erste Mal das Toponym »Kusch« für Nubien (heute Sudan) erscheint. Eine Inschrift im Grab des Sarenput I. auf der Qubbet el-Hawa (Assuan) berichtet, dass der König persönlich am Feldzug teilnahm und auf dem Weg nach Kusch Station auf Elephantine (Assuan) machte. Die große Garnisonsfestung von Buhen am nördlichen Ausgang des 2. Kataraktes sollte das unterworfene Gebiet langfristig sichern. Weiter südlich wurde am Zwischenkatarakt von Semna bereits die kleine Festung Semna-Süd angelegt. Mit der dauerhaften Kolonisierung von Unternubien führte Sesostris I. Ägypten erstmals auf den Pfad echter Expansion und setzte auch hier Maßstäbe für das zukünftige ägyptische Selbstverständnis als Großmacht. Durch vor Ort gefundene Felsinschriften sind Wirtschaftsexpeditionen ins Wadi el-Hudi zwecks Amethystabbau und mehrfach ins Wadi Hammamat belegt. Die Inschrift des Herolds Ameni gibt die Stärke der Expeditionstruppe mit insgesamt 17.000 Mann an. Darunter befanden sich auch 1000 Soldaten zur Sicherung des Unternehmens, bei dem Steinblöcke für 60 Sphingen und 150 Statuen beschafft wurden.

Der im Jahre 10 mit Beginn seiner Alleinherrschaft begonnene Bau seiner Pyramidenanlage in Lischt orientierte sich ganz am Vorbild Pepis II., so dass entweder dessen Baupläne noch zur Verfügung gestanden oder die Architekten Sesostris' I. die Anlage aus dem Alten Reich besichtigt haben müssen. Allerdings bietet der Komplex auch Neuerungen wie die in den Nischen des Aufwegs aufgestellten mumienähnlich eingehüllte Standfiguren des Königs (sog. Osiris-Statuen) und die mit monumentalisierten Wiedergaben des königlichen Horus-Namens dekorierte innere Umfassungsmauer der Pyramide. In einer Grube unter dem Pflaster des Pyramidenhofes nördlich des Totentempels fand Gautier 1884 zehn überlebensgroße Sitzstatuen des Königs aus Kalkstein. Sie gehören heute zu den Meisterwerken der Skulptur des Mittleren Reiches im Museum von Kairo. Ähnlich wie bei *Amenemhet I.* bestehen die Innenräume der Pyramide aus einem Gang, der von der Nordkapelle aus in die Mitte des Bauwerkes führt. Die Grabkammer und der sie erschließende Schacht liegen unter dem Grundwasserspiegel und konnten nicht erforscht werden. Der innere Pyramidenbezirk war von zahlreichen Satellitenpyramiden für Königinnen und Prinzessinnen umgeben, unter anderem für *Neferu I.* und *Itakayt.* Der Name der Königin *Neferu I.* erscheint hier erstmalig in eine Kartusche geschrieben, was zuvor exklusiv Königsnamen vorbehalten war. Zwischen dem 22. und 24. Regierungsjahr wurden Aufweg und Taltempel errichtet, so dass sich erst ab dem 25. Jahr die höchsten Würdenträger in prominenter Nähe ihres Königs Gräber anlegen konnten. So liegt die Anlage des Schatzmeisters *Mentuhotep,* deren oberirdischer Grabtempel einst einen Säulenhof und mit Reliefs ausgekleidete Kapellen besaß, südlich des Pyramidenaufwegs. In den unterirdischen Grabräumen hat ein nicht benutzter und deshalb vollkommen unbeschädigter Granitsarkophag überdauert, der innen mit Stuck überzogen und mit darauf gemalter Dekoration versehen war. Auch andere Beamte wie *Sesostrisanch, Imhotep, Sehetepibreanch* und *Djehuti* erhielten ihre Grabstätte im Pyramidenbezirk *Sesostris' I.*

Das Verhältnis König – Beamtenschaft sowie Beamtenschaft – Arbeiterschaft thematisiert auch der Text der sogenannten »Loyalistischen Lehre«, deren Entstehung in die Zeit *Sesostris I.* datiert wird, aber erst auf der Stele eines Beamten *Amenemhets III.* überliefert ist. Die göttlichen Qualitäten des Königs und seine Verantwortlichkeit für die Untertanen werden gepriesen, des Weiteren ruft der »Autor« des Textes seine Kinder (bzw. die Leserschaft) zur Loyalität gegenüber dem König auf. Zudem wird der respektvolle Umgang der Beamtenschaft mit ihren Untergebenen eingefordert. Damit definiert der Text die Wertevorstellungen der gesamten ägyptischen Gesellschaft.

Auch das berühmteste Literaturwerk Ägyptens, der Lebensbericht des *Sinuhe,* spielt in der Regierungszeit *Sesostris' I. Sinu-*

he flieht, als er die Nachricht vom Tode *Amenemhets I.* erhält, wohl weil er als Haremsbediensteter in eine Verschwörung hineingezogen zu werden befürchtet. Er gelangt in Syrien zu Wohlstand und Einfluss, möchte aber nach Ägypten zurückkehren und empfiehlt sich der königlichen Gunst *Sesostris' I.* an. Dieser nimmt ihn gnädig wieder auf, stellt ihm einen sorgenfreien Lebensabend sicher und trifft Vorbereitungen für eine angemessene Bestattung des *Sinuhe* in der Heimat. So scheint mindestens ebenso sehr wie das Schicksal des Erzählers die herrscherliche Milde und Güte *Sesostris' I.* Thema dieses Literaturwerkes zu sein und auch den Anlass für dessen Komposition gegeben zu haben.

Literatur:

W. K. Simpson, in: *LÄ V* (1984) Sp. 890–899. W. Helck, in: *Ägypten – Dauer und Wandel* (1985) S. 45–52. D. Franke, in: *Orientalia* 57 (1988) S. 115–117. C. Obsomer, *Sésostris Ier: étude chronologique et historique du règne Connaissance de l'Egypte ancienne.* Brüssel 1995. Schneider, *Lexikon* (1996) S. 415–418. K. Jansen-Winkeln, in: *SAK* 24 (1997) S. 117–118, 121–135. L. Gabolde, *Le »Grand château d'Amon« de Sésostris Ier à Karnak*, MAIBL XVII (1998). Verner, *Pyramiden* (1998) S. 437–445. K. Dohrmann, in: *Festschrift Junge I* (2006) S. 125–144. Grajetzki, *Middle Kingdom* (2006) S. 36–45. R. Gundlach, *Die Königsideologie Sesostris' I. anhand seiner Titulatur, KSG 7* (2008). E. Hirsch, *Sakrale Legitimation Sesostris' I., KSG 6* (2008). D. Arnold, *Middle Kingdom Tomb Architecture at Lisht, PMMA 28,* 2008. D. Lorand, in: *JEA* 94 (2008) S. 267–274. E. Hirsch, in: *Egyptian Royal Residences, KSG 4,1* (2009) S. 69–82. R. Gundlach, in: *Palace and Temple, KSG 4,2* (2011) S. 103–114.

AMENEMHET II.

Titel	Name	Übersetzungsvorschlag
Horus	*Heken-em-Maat*	»Der die Maat preist«
Der der beiden Herrinnen	*Heken-em-Maat*	»Der die Maat preist«
Goldhorus	*Maa-cheru-(em-neb-taui)*	»Der (als Herr der beiden Länder) Gerechtfertigte«
König von Ober- und Unterägypten	*Nebu-kau-Re*	»Golden an Ka-Kräften des Re«
Sohn des Re	*Imen-em-hat (Amenemhet)*	»Amun steht an der Spitze«

Zu Recht darf in *Amenemhet II.* ein Sohn *Sesostris' I.* und Enkel *Amenemhets I.* erkannt werden. Auch die Mutter dieses Königs namens *Neferu* war ein Kind *Amenemhets I.* und ist im Pyramidenbezirk ihres Mannes *Sesostris I.* bestattet worden. Eine Tochter *Sesostris' I.* und damit Schwester *Amenemhets II.* namens *Sebat* ist auf einem Block aus Serabit el-Khadim belegt. Vermutlich ist der »Königssohn *Ameni*«, der im Grab des Gaufürsten *Amenemhet* in Beni Hassan genannt ist, mit dem späteren König *Amenemhet II.* gleichzusetzen. Sein Nachfolger *Sesostris II.* gilt als leiblicher Sohn des Königs, des Weiteren ist ein Prinz namens *Amenemhet-anch* gut belegt. *Amenemhet II.* hatte mehrere Töchter. Ob die »Königstochter« *Nofret*, offenbar eine Tochter *Amenemhets II.*, als Ehefrau *Sesostris' II.* anzusprechen ist, bleibt unsicher. Der Name der Königstochter *Chnemet-nefer-hedjet*, der auf einem Siegel neben dem Thronnamen *Amenemhets II.* steht, bezeichnet möglicherweise eine weitere seiner Töchter, die vielleicht ebenfalls mit einer Königin *Sesostris II.* gleichzusetzen ist und dann die Mutter *Sesostris III.* wäre. Auch die »Königstöchter« *Itakat* und *Ita* (Sphinx aus Qatna, heute im Louvre – nicht identisch mit der unten genannten) mögen Kinder *Amenemhets II.* gewesen sein. Lange galten die in Doppelbestattungen beigesetzten Prinzessinnen *Ita* und *Chnumet* sowie *Ita-weret* und *Sat-meri-Hathor* mit ihren reichen Schmuckbeigaben im Hof der Pyramidenanlage von Dahschur irrtümlich als Kinder *Amenem-*

hets II. sowie die ebenfalls dort begrabene Königin *Kemi-nub* als seine Frau. Heute wissen wir, dass die Bestattungen erst viel später gegen Ende der 12. Dynastie dort eingebracht wurden. Eine in Leiden aufbewahrte Stele nennt als Stiftungsdatum das Jahr 44 *Sesostris' I.* und gleichzeitig das Jahr 2 *Amenemhets II.*, belegt also eine Koregenz, die im 45. Jahr mit dem Tod des Seniorherrschers in die Alleinherrschaft seines Sohnes mündete. Zahlreiche Privatstelen, die im Jahr 3 *Amenemhets II.* hergestellt worden sind, könnten also als Gunsterweise des Königs an seine Untergebenen anlässlich seiner Alleinregierung gewährt worden sein.

Der Fund zweier Partien einer in Stein gehauenen Annaleninschrift *Amenemhets II.* aus Memphis, die einen einzigartigen Einblick in seine Regierungszeit gewährt, darf als überlieferungsgeschichtlicher Glücksfall gesehen werden. Leider ist die Einordnung der Inschrift in die 35-jährige Regierungszeit des Königs noch nicht sicher gelungen. Sie deckt vermutlich die Zeit gegen Ende der Regierung *Amenemhets II.* ab. Erstaunlich breiten Raum nimmt eine unter Beteiligung des königlichen Hofes mit dem Klappnetz unternommene Vogeljagd *Amenemhets II.* ein, die wohl auch rituell konnotiert war und nicht allein dem Vergnügen diente. Ein mit Aufbruch und Ankunft protokollierter mehrmonatiger Feldzug gegen zwei Siedlungen in Asien führte zu deren Einnahme und erbrachte reiche Beute sowie 1554 Zwangsarbeiter für die Totenkultanlage »Mächtig-ist-Amenemhet«. Die Feldzugsteilnehmer wurden reich mit »Hörigen, Feldern, Ehrengold, Kleidern und allen überaus schönen Dingen« belohnt. Vogelfang und Feldzug lassen sich ohne weiteres als nach ägyptischer Herrscherideologie erforderliche Handlungen interpretieren und dienten womöglich mehr der Legitimation des Königs, als dass sie realpolitisch zwingend geboten waren. So schmückten frühe Darstellungen sowohl der Vogeljagd als auch eines Asienfeldzuges als königliche Ritualhandlungen bereits Aufweg und Hof der Pyramide des *Sahure* (Altes Reich, 5. Dynastie). Als »Tribute« der zur Huldigung eintreffenden Delegationen aus Nubien und Asien sowie von asiatischen Nomaden werden nur geringe Mengen an Produkten und Rohstoffen verzeichnet, dafür standen aber anscheinend die Überbringer selbst dem König fortan als Fremdarbeiter zur Verfügung. Wesentlich größer und zur Deckung des Importbedarfs bedeutender war demgegenüber die notierte Rohstoffausbeute zweier in den Sinai und nach dem Libanon entsandter Expeditionen. Auch andere Quellen informieren über Außenpolitik, Expeditionen und Handelskontakt unter *Amenemhet II.* Ein Beamter namens *Sahathor* berichtet auf einer kleinen Kalksteinkapelle nicht nur von seiner Verantwortlichkeit für die Herstellung von fünfzehn Königsstatuen aus Hartgestein für die Pyramidenanlage des Königs, sondern auch von seiner Beteiligung an Expeditionen zum Sinai (Türkis), in die Ostwüste (Gold) und nach Nubien (militärische Expedition). Auf dem Sinai belegen zudem Inschriften aus den Jahren 2, 24 und 29 (?) und vom Ende der Regierung *Amenemhets II.* Aktivitäten in den dortigen Minengebieten. Die im Wadi Gasus gefundene Stele des »Vorstehers der Wache« *Chenti-cheti-wer* aus dem Jahre 28 wurde den Göttern *Haroeris-Re* und *Min* zu Ehren geweiht, »... nachdem er (d. i. der Stifter) sicher aus Punt zurückgekommen war zusammen mit seiner vollständigen und gesunden Mannschaft und seinen sicher in Saau (Hafenbucht am Roten Meer) liegenden Schiffen.« Für die auch unter *Amenemhet II.* durchgeführten Punt-Fahrten aktivierte man temporär kleine Häfen am Roten Meer, in denen die nötige Ausrüstung gelagert war. Als Auszeichnung für seine Verdienste hat *Chenti-cheti-wer* ein Grab nahe der Pyramide seines Königs in Dahschur erhalten.

Die aufgrund der Verwendung von Turakalkstein so genannte »Weiße Pyramide« *Amenemhets II.* ist heute durch Steinraub stark zerstört, so dass auch die genauen Maße des Bauwerks nicht gesichert sind. In der Mitte der Nordseite der Pyramide erschließt ein abschüssiger Korridor die Sarkophagkammer in der vertikalen Achse der Pyramide. Der Korridor und die Kammer waren aus Kalksteinblöcken errichtet und mit einer flachen Decke ausgestattet, über der allerdings eine Giebeldachkonstruktion den Druck des Pyramidenmassivs abschwächen sollte. Zwei Fallsteine aus Granit dienten zur Verblockung der Sarkophagkammer, in der sich der aus Sandsteinplatten zusammengesetzte Sarkophag des Königs befindet. Der rechteckige Pyramidenbezirk, der von einer Mauer umschlossen war, erinnert an die Pyramidenbezirke von Sakkara aus der 3. Dynastie (*Djoser, Sechemchet*). Die meisten Bestattungen innerhalb dieses Bezirkes sind wohl eher in die späte 12. Dynastie als in die Regierungszeit *Amenemhets II.* zu datieren.

Neben der Pyramidengrabanlage in Dahschur haben sich nur wenige Bauten aus der Regierungszeit *Amenemhets II.* erhalten. In Hermopolis fanden sich Reste eines Tempelpylons, weitere Relikte seiner Bautäigkeit stammen aus Nebescheh (Opfertafel), Khatana (Opfertafel) und Tell el-Jahudija (Bauteil) im Delta, sowie aus Memphis (Architrav), Karnak sowie Tôd (Schatzfund). Indirekte Hinweise geben Privatstelen aus Abydos, auf denen Beamte berichten, sie wären für Bauarbeiten am »ersten Tempel« des Königs zuständig gewesen, womit möglicherweise ein Tempelbau in Abydos gemeint ist. Eine Bauphase der Festung von Mirgissa (Nubien) wird ebenfalls *Amenemhet II.* zugeschrieben. Um so bemerkenswerter erscheint daher das Zeugnis der Annaleninschrift, in der die Errichtung von Bauteilen für je einen Tempel im Randgebiet des Ostdeltas und in Herakleopolis protokolliert wird. Da die aufgeführten Bauglieder aus Akazien- bzw. aus Sykomorenholz gefertigt wurden, handelte es sich bei den zugehörigen Tempelhäusern mit Sicherheit um Ziegelbauten. Mit den Worten »Übergeben des Hauses an seinen Herrn im Tempel« sind zudem Weihungen zahlreicher Kapellen für einzelne Götter in bestehenden Tempeln festgehalten, die mit einem standardisierten Satz von Kultgeräten (Gefäße, Räucherarm usw.) funktionstüchtig gemacht wurden. Für bestehende Götterkulte wird eine Opferversorgung von einem Rind, einer Ente, 4 Vögeln, einer Weihrauchkugel und 100 (kleineren) Speiseopfern für die 16 Fest-Dekaden notiert. Für die übrigen 20 Dekaden (= ägyptische Wochen zu 10 Tagen) reduzierte sich diese um ein Rind und 10 Speiseopfer. Auch Stiftungen von Statuen für den lebenden König, seinen verstorbenen Vater, diverse Götter und sogar Privatleute wie den Wesir *Ameni* und den »Vorsteher der Feldarbeiter« *Ameni* werden aufgeführt.

Im Gegensatz zu den wenigen erhaltenen Bauten steht ein singulärer Fund, der in die Zeit *Amenemhets II.* datiert: Im Fundament des Tempelbaus *Sesostris' I.* von Tôd fanden sich vier mit dem Namen *Amenemhets II.* beschriftete Kisten aus Kupfer. Sie enthielten u.a. bearbeitete und unbearbeitete Lapislazuli-Stücke, kleine Goldbarren, Silber in Form mehrgliedriger Ketten sowie offensichtlich zur Materialrückgewinnung zusammengepresste Silbergefäße aus dem Ägäis-Raum oder aus Kleinasien. Ein großer Teil des Inhaltes war also nach seinem Materialwert zusammengestellt worden. Andererseits fanden sich auch ägyptische und vorderasiatische Amulette sowie antike, teils 600 Jahre alte mesopotamische Rollsiegel aus Lapislazuli. Am ehesten möchte man eine Stiftung *Amenemhets II.* für den von seinem Vater erbauten *Month*-Tempel vermuten, bei der glücksbringende Amulette einerseits und aus dem Ausland importierte, nach ägyptischer Königsideologie stets als »Tribut« deklarierte Handelsware andererseits dem Gott dargebracht wurden.

Amenemhet II. regierte insgesamt 35 Jahre. Ein Graffito auf der Straße von Assuan nach Philae setzt sein 35. Jahr explizit mit dem Jahr 3 seines Sohnes *Sesostris II.* gleich und belegt damit eine dreijährige Koregenz der beiden.

Als einzige mit Namen datierte königliche Rundplastik aus den 35 Regierungsjahren *Amenemhets II.* ist ein monumentaler, im Louvre aufbewahrter Sphinx erhalten. Seine Gestaltung wurde offensichtlich bis in Details hinein vom Vorbild des Sphinx in Giza inspiriert. In diesem bewussten und dezidierten Rückgriff auf die monumentalste Skulptur des Alten Reiches drückt sich eine programmatische Orientierung an der glanzvollen Pyramidenzeit aus. Um den Louvre-Sphinx als Hauptwerk der Epoche ließen sich stilistisch verwandte Werke und Fragmente gruppieren: Bruchstücke eines zweiten Sphinx, zwei Oberkörper von Königsstatuen und das Fragment eines Mähnensphinx als Beispiele königlicher Plastik, der berühmte Brooklyner Kopf einer weiblichen Sphinx sowie Fragmente von Rundbildern des Gaufürsten *Ibu* aus Qau el-Kebir als Beispiele von Privatplastik. Ein monumentales Oberkörperbruchstück *Sesostris' I.* aus Tanis steht dem Louvre-Sphinx stilistisch so nahe, dass es das Aufkommen des neuen Stils in die Zeit der Koregenz datiert. Die auf der Rückorientierung am Giza-Sphinx basierende neue Stilhaltung muss sich in einer prominenten Werkstatt des memphitischen Raumes herausgebildet haben und ist bis in die Zeit der Koregenz mit *Sesostris II.* wirksam ge-

blieben. Dieser Werkstatt sind wohl noch weitere im Delta sekundär aufgestellte und oft umgearbeitete Statuen aus der Regierungszeit *Amenemhets II.* zuzuweisen.

Literatur:

J. v. Beckerath, in: *LÄ I* (1975) Sp. 189f. D. Franke, in: *Orientalia* 57 (1988)
S. 117. H. Altenmüller/A. M. Moussa, in: *SAK* 18 (1991) S. 1–48. P. Jánosi, in: *Festschrift Thausing* (1994) 94–99. B. Fay, *The Louvre Sphinx and Royal Sculpture from the Reign of Amenemhat II*, Mainz 1996. Schneider, *Lexikon* (1996) S. 74–75. K. Jansen-Winkeln, in: *SAK* 24 (1997) S. 117–119.
H. Altenmüller, in: *Festschrift Stadelmann* (1998) S. 153–163. Verner, *Pyramiden* (1998) S. 445–447. Roth, *Königsmütter* (2001) S. 217–245. Grajetzki, *Middle Kingdom* (2006) S. 45–48. P. Tallet, in: *BIFAO* 109 (2009) S. 473–
493. H. Altenmüller (Hg.), *Zwei Bruchstücke der Annalen des frühen
Mittleren Reiches*, BSAK 16, 2015 (im Druck).

Sesostris II.

Titel	Name	Übersetzungsvorschlag
Horus	*Seschemu-taui*	»Der die beiden Länder leitet«
Der der beiden Herrinnen	*Sechai-Maat*	»Der die Maat erscheinen lässt«
Goldname	*Hetep-netjeru*	»Zufriedenheit der Götter«
König von Ober- und Unterägypten	*Chai-cheper-Re*	»Es erscheint die Gestalt des Re«
Sohn des Re	*Si-en-Useret* (Sesostris)	»Mann der (Göttin) Useret«

Man geht davon aus, *Sesostris II.* sei ein Sohn *Amenemhets II.* gewesen, mit dem er drei Jahre lang als Koregent regiert hat. Als
spätestes Regierungsjahr *Sesostris' II.* ist ein Jahr 9 (oder 8) auf
einer Stele aus Toschka belegt, so dass die 19 Regierungsjahre
auf dem Turiner Königspapyrus entsprechend korrigiert werden müssten. In den Papyri von el-Lahun hat sich das Todesda-
tum des Königs erhalten, das auf den 14. Tag des 4. Monats der
Peret-Jahreszeit (Winter/Aussaat) fällt. Als Gemahlin *Sesostris'*

II. ist *Chnemet-nefer-hedjet* »die Ältere« belegt, die möglicherweise mit der Tochter *Amenemhets II.* gleichen Namens identisch ist, allerdings nicht den Titel »Königstochter« führt. Sie ist die Mutter des nachfolgenden Königs *Sesostris III.* Ob *Nofret*, eine weitere Tochter *Amenemhets II.*, ebenfalls die Frau ihres (Halb)-Bruders wurde, ist unklar. Als Prinzen sind *Sesostris-seneb-wer* sowie *Chai-kau-Ra* belegt. Letzterer wird für den späteren *Sesostris III.* gehalten, da sein Name dem Thronnamen dieses Herrschers entspricht. Töchter des Königs sind *Itikayt*, deren Grab sich nahe der Pyramide *Sesostis' III.* befindet, *Nofret*, die in einer Liste von Statuen der Königskinder aufgelistet ist, sowie die in seinem Pyramidenbezirk bestattete *Sit-Hathor-Junet*.

Unter *Sesostris II.* lautet der sogenannte »Nebti«-Name (Nebti = »die beiden Herrinnen«, d.h. die Schutzgöttinnen der beiden Landeshälften) des fünfteiligen königlichen Namensprotokolls erstmals anders als der *Horus*-Name, dem er bis dahin geglichen hatte. Damit gewann die königliche Titulatur ihre endgültige Form, die bis in die Ptolemäerzeit beibehalten werden sollte.

Wohl der relativ kurzen Regierungszeit *Sesostris II.* wegen ist jeweils nur eine Expedition auf den Sinai (Türkis), ins Wadi el-Hudi (Amethyst), ins Wadi Hammamat (Grauwacke), ins Wadi Gasus (Punt-Expedition?) und nach Toschka (Diorit) belegt.

Die Kolonisierung Nubiens wurde durch den Ausbau der militärischen Infrastruktur weiter abgesichert: Bereits zusammen mit seinem Vater ließ *Sesostris II.* am 2. Katarakt eine Festung in Mirgissa errichten, welche den zentralen Umschlagplatz für Waren aus dem Süden bilden sollte. Außerdem wurde vermutlich unter *Sesostris II.* die Schutzmauer für die am 1. Katarakt entlangführende Straße nach Assuan angelegt. In den Steinbrüchen von Toschka wurde Gestein abgebaut, und Siegelfunde in der Festung von Quban und Wasserstandsmarken in Aniba sind weitere Hinweise auf die Anwesenheit und Tätigkeiten der Ägypter in Nubien unter *Sesostris II.* Auch zu Vorderasien haben offenbar weiterhin intensive Kontakte bestanden. Objekte mit dem Namen des Königs wurden in Palästina gefunden, wobei nicht sicher ist, wann sie dorthin gelangten. Aber auch die Dekoration in den Gräbern hoher Beamter informiert uns über die

Beziehungen zu Vorderasien. Im Grab des Gaufürsten *Djehuti-hotep* in el-Berscheh sind asiatische Viehherden abgebildet und Wandmalereien im Grab des *Chnumhotep II.* in Beni Hassan zeigen eine Delegation asiatischer Beduinen, die samt ihrer Produkte vom Sohn des Grabbesitzers, ebenfalls mit Namen *Chnumhotep*, angeführt werden. Dieser jüngere *Chnumhotep* war als Expeditionsleiter für die Beschaffung ausländischer (Luxus)-Waren zuständig und stieg in der Beamtenhierarchie soweit auf, dass er selbst sein Grab im Pyramidenbezirk *Sesostris' III.* anlegen lassen durfte.

An der Pyramidenanlage *Sesostris II.* ist zunächst der gewählte Standort bemerkenswert. Anstatt die Nekropole von Dahschur als Bestattungsort zu wählen wie sein Vater *Amenemhet II.*, verlegte der König seine Pyramide nach el-Lahun an den Eingang des Faijum-Beckens. Der Nutzbarmachung und Kolonialisierung dieser oasenartigen Region, die von einem Nilarm (Bahr Yusuf) gespeist wird, galt die besondere Aufmerksamkeit *Sesostris' II.* und seiner Nachfolger. Durch Kanal- und Dammbauten konnten große Gebiete erstmalig landwirtschaftlich nutzbar gemacht werden, und neue Siedlungen entstanden. Die Pyramide des Herrschers weist einige bautechnische Neuerungen auf. Erstmalig besteht der Pyramidenkern fast gänzlich aus Lehmziegeln von besonders großem Format statt wie zuvor aus Schotter, Schutt und Bruchsteinen. Den Rahmen für die Ziegel bilden nach wie vor Rippenmauern aus Stein, die an und über einem ca. 12 m hoch anstehenden Felsen im Kern der Pyramide verlaufen. Auch die Außenverkleidung der Pyramide, die heute verloren ist, war aus Kalkstein gefertigt. Der Eingang der Pyramide wurde nach Süden verlegt und als Grabschacht getarnt. Hier kommt eindeutig ein Sicherheitsmotiv zum Tragen. Der Eingang eines zweiten Schachtes, durch den der Granitsarkophag des Königs in die Pyramide gebracht wurde, ist ebenfalls wie ein Nebengrab gestaltet. Beide Schächte münden in einen Gang, der zunächst eine kleine Halle erreicht. Von dieser reicht ein senkrechter Schacht bis unter das Grundwasserniveau. Ein leicht ansteigender Gang führt aus der Halle einmal rechtwinklig abknickend in die Sarkophagkammer, die vollständig mit Granit ausgekleidet ist. In einem Nebenraum der Kammer fand

M. F. Petrie 1920 Überreste der geplünderten Grabausstattung des Herrschers. Neben Beinknochen des Königs lag im Schutt eine goldene Uräus-Schlange mit eingelegten Halbedelsteinen, die einst eine königliche Kopfbedeckung zierte und von den Grabräubern offensichtlich übersehen worden war. Die Grabkammer umgibt allseitig ein Korridor, womit die Kammer quasi zu einer »Insel« wird, was ganz konkret als Anspielung auf das mythische Grab des Totengottes Osiris, das auf einer wasserumspülten Insel gelegen haben soll, zu deuten ist. Auf den Einfluss des Osirisglaubens weisen auch die Baumbepflanzungen im Pyramidenbezirk hin, die den heiligen Hain des Gottes nachahmen sollten. Die Sitte, Würdezeichen des Jenseitsherrschers Osiris als Modelle oder größenreduziert in die Gräber von Angehörigen der Königsfamilie und Privatleuten mitzugeben, nahm ebenfalls unter *Sesostris II.* ihren Anfang. Die osirianische Komponente des Jenseitsglaubens hatte sich also auf breiter Front durchgesetzt.

Im Pyramidenbezirk befinden sich nördlich der Pyramide 8 Mastabagräber und eine kleine Pyramide, bei der nicht klar ist, ob es sich um eine Kult- oder eine Königinnenpyramide handelt. Aus einem der Schachtgräber südlich der Pyramide stammt der Schmuckfund der *Sit-Hathor-Junet*, wohl einer Tochter *Sesostris' II*, die allerdings erst unter *Amenemhet III.* dort bestattet wurde. Die Ketten, Pektorale, Diademe und Armbänder, die sich heute mehrheitlich im Museum von Kairo befinden, zählen zu den herausragenden Goldschmiedearbeiten Altägyptens.

Im Osten der Pyramide liegt der heute stark zerstörte Totentempel, der einst mit qualitätvollen Reliefs dekoriert war, wie aus den Fragmenten zu schließen ist. Aufweg und Taltempel der Anlage sind bislang schlecht erforscht. Große Bedeutung kommt der Pyramidenstadt in der Nähe des Taltempels zu. Die »Hetep Senusret« (Sesostris ist zufrieden) genannte Siedlung umfasste einen Palast, sechs Stadtvillen hoher Würdenträger, Magazine sowie eine Arbeitersiedlung. Sie diente wohl als temporäre Residenz und hat bis weit in die 13. Dynastie hinein ein lokales Zentrum gebildet. Das dortige Papyrusarchiv stellt eine Hauptquelle für den Verwaltungsalltag des Mittleren Reiches dar (Kahun-Papyri). Reiche Scherbenfunde aus dem Ostmittelmeerraum belegen intensive Handelskontakte mit Kreta und Zypern.

Obwohl von *Sesostris II.* keine vollständigen, beschrifteten Statuen erhalten sind, lassen sich drei stilistische Phasen mit ihm verbinden: 1. Zu einem mit seinem Namen versehenen Statuenunterteil aus Medamud gehören wohl ebenfalls dort gefundene Fragmente eines Kopfes, der noch ganz im Stil der Zeit *Amenemhets II.* gearbeitet ist. 2. Die Gesichter der beiden gut erhaltenen Sitzfiguren der Ehefrau und Schwester *Sesostris' II.* namens *Nofret*, die in Tanis gefunden wurden, sind bereits naturnäher gebildet. Diesen einzigen inschriftlich für seine Regierungszeit gesicherten Großplastiken werden zwei Sitzstatuen eines Königs stilistisch zugeordnet, die ramessidisch nachbeschriftet und ebenfalls in Tanis aufgefunden wurden, so dass der Übergang zu größerer Naturnähe der Zeit *Sesostris' II.* zu verdanken ist. 3. Einige ebenfalls *Sesostris II.* zugewiesene Oberkörper- und Kopffragmente zeigen bereits veristische Züge, deren Realismus schon auf das Porträt *Sesostris' III.* vorausweist. Ebenfalls von *Sesostris II.* in Auftrag gegeben wurden Statuen zu Ehren der »Gründungsväter« des Alten und Mittleren Reiches *Djoser* und *Mentuhotep II.*

Durch ihre zum Teil sehr farbenfroh und individuell dekorierten Grabanlagen treten vor allem die Gaufürsten aus der Beamtenschaft *Sesostris' II.* hervor. In den ihnen unterstehenden Provinzen ließen *Sarenput II.* (Assuan), *Uchhotep III.* (Meir), *Djehutihotep* (el-Berscheh) und *Chnumhotep II.* (Beni Hassan) ihre Felsgräber anlegen. Der »Vorsteher der Wache« und »Vorsteher aller königlichen Arbeiten im ganzen Land« *Inpy* hingegen besaß ein monumentales Grab in der Nähe der königlichen Pyramide in el-Lahun.

Literatur:

W. K. SIMPSON, in: *LÄ V* (1984) Sp. 899–903. D. FRANKE, in: *Orientalia* 57 (1988) S. 117. SCHNEIDER, *Lexikon* (1996) S. 418–419. K. JANSEN-WINKELN, in: *SAK* 24 (1997) S. 118–119. VERNER, *Pyramiden* (1998) S. 448–454. ROTH, *Königsmütter* (2001) S. 217–245. S. RABEHL, in: *Imago Aegypti* 1 (2005) S. 86–97. GRAJETZKI, *Middle Kingdom* (2006) S. 48–51.

Sesostris III.

Titel	Name	Übersetzungsvorschlag
Horus	*Netjeri-cheperu*	»Mit göttlichen Gestalten«
Der der beiden Herrinnen	*Netjeri-mesut*	»Mit göttlicher Geburt«
Goldname	*Bik-nebu-cheper*	»Gestalt gewordener Goldfalke«
König von Ober- und Unterägypten	*Chai-kau-Re*	»Die Ka-(Kräfte) des Re sind erschienen«
Sohn des Re	*Si-en-Useret* (*Sesostris*)	»Mann der (Göttin) Useret«

Sesostris III. war ein Sohn *Sesostris' II.* und der *Chnemet-nefer-hedjet* »der Älteren«, die ihren Gemahl überlebte und in der Nähe der Pyramide ihres Sohnes in Dahschur eine Kultpyramide erhielt, während ihre eigentliche Bestattung wohl in el-Lahun stattgefunden hat. Seine Frau, Königin *Nofrethenut*, ist in seinem Pyramidenbezirk in Dahschur bestattet. Eine weitere Königin trägt ebenfalls den Namen *Chnemet-nefer-hedjet*. Mehrere Prinzessinnen sind durch ihre Gräber im Pyramidenbezirk *Sesostris' III.* bekannt: *Senetsenebtisi, Menet, Sathathor* und *Mereret*. Der nachfolgende König *Amenemehet III.* ist wohl als Sohn *Sesostris III.* einzuordnen.

Die Länge der Regierungszeit *Sesostris' III.* ist unklar: Ein späteres Datum als sein Jahr 19 ist nicht sicher belegt. Auf einem Berliner Papyrus aus el-Lahun folgt auf ein 19. ein 1. Regierungsjahr, welches man wohl auf *Amenemhet III.* zu beziehen hat. Andererseits sind 30 + x Jahre im Papyrus Turin und 48 Jahre bei Manetho als Regierungszeit des *Sesostris III.* angegeben, so dass es möglicherweise eine lange Koregenz von 20 Jahren mit seinem Sohn gegeben hat. Dafür sprechen auch ein von *Sesostris III.* gefeiertes Sedfest und ein im Taltempel seines Kenotaphs zu Abydos belegtes Jahr 39 (ohne Königsnennung). Allerdings wäre bei einer Koregenz davon auszugehen, dass die Verwaltung (zumindest in el-Lahun) nach dem Juniorkönig neu datierte, statt die Jahre des Seniorkönigs weiterzuzählen. Nun

fehlt zwar bislang eine Doppeldatierung, die alle Zweifel besei-
tigen könnte, doch trägt eine Privatstele im Bogenfeld die antithetisch angeordneten Namen beider Könige, und in Berlin aufbewahrte Inschriftenfragmente sind als Einsetzungstext von
Amenemhet III. zu identifizieren. Außerdem legen manche Biographien von Beamten vom Ereignisverlauf her rechnerisch eine lange Koregenz nahe.

Eine dieser Biographien ist auf der Stele des *Chuisobek* aus
Abydos aufgezeichnet. *Chuisobek* erhielt seine militärische Aus-
bildung offenbar zusammen mit dem König in der Residenz.
Nachdem er bereits auf einem Nubienfeldzug seine Qualitäten
unter Beweis stellen konnte, nahm er an einem Asienfeldzug *Sesostris' III.* teil:»Seine Majestät zog nordwärts, um die Beduinen
Vorderasiens zu unterwerfen. Seine Majestät gelangte zum
Fremdland namens Sichem. ... So fiel Sichem und das elende
Land Retjenu, während ich die Nachhut der Truppe bildete. Da
sammelten sich die Soldaten, um mit den Asiaten zu kämpfen,
und ich schlug (den Anführer) der Asiaten. ... So wahr (König)
Sesostris für mich lebt: Ich habe die Wahrheit gesprochen. Da
gab er mir einen Stab aus Elektron in meine Hand, eine Dolch-
scheide und einen Dolch, gefertigt aus Elektron und aus Edel-
holz(?).« Weitere Kontakte zu Vorderasien sind durch neue Inschriftenfragmente der Biographie des Expeditionsleiters und
späteren Wesirs *Chnumhotep* bekannt, der sein Grab bei der Pyramide *Sesostris' III.* in Dahschur besaß. *Chnumhotep*, der bereits
im Grab seines Vaters *Chnumhotep*, dem Gaufürsten von Beni
Hassan, beim Empfang einer asiatischen Gesandtschaft dargestellt ist, berichtet von einer Reise nach Byblos und Ullaza. Die
neuen Fragmente der Inschrift, die von der nischengegliederten
Außenfassade stammen, wurden 2001 durch D. ARNOLD aufgefunden.

Auf einem Block aus Medamud werden zudem asiatische Tribute erwähnt, die an den Palast des Königs geliefert wurden.

In Nubien hinterließ *Sesostris III.* wesentlich deutlichere Spuren als in der Levante: Die Nachwelt verehrte ihn dort bis zum
Ende der 18. Dynastie als Lokalgott. Allerdings griff er nicht
weit über das von seinen Vorgängern eroberte Terrain aus, sondern verstärkte den Schutz des bereits von *Sesostris I.* durch die

Anlage von Semna-Süd gesicherten 50 km tiefen Vorfeldes südlich des 2. Kataraktes durch den Bau der Doppelfestung Semna und Kumma. Auf diese Weise wurden die beiden Nilufer vollständig blockiert und das nördlicher gelegene Mirgissa in einen rückwärtigen Knoten- und Kontrollpunkt für den Grenzverkehr umgewandelt. In den Jahren 8 und 16 ließ er jeweils ein Paar Grenzstelen in den Festungen von Semna und Kumma aufstellen. Während der frühe Stelentext den Nubiern verbietet, außer zu Handelszwecken und mit guten Absichten die Grenze zu überschreiten, richtet sich der spätere Text der heute in Berlin aufbewahrten Semna-Stele an die Nachwelt. »… Jeder Nachfahr von mir, der diese Grenze, die Meine Majestät gesetzt hat, fest bewahren wird, der ist mein Sohn … wer sie aber aufgeben und nicht für sie kämpfen wird, der ist nicht mein Sohn …«. Zuvor zieht *Sesostris III.* ein Resümee seiner Nubienpolitik: »Ich habe meine Grenze weiter südlich als meine Vorväter gezogen; was mir übergeben war, habe ich vermehrt.« Ebenfalls im 16. Regierungsjahr stellte *Sesostris III.* als sichtbares Zeichen dauernder Präsenz eine Statue von sich in Semna auf und errichtete zur Sicherung der Insel Uronarti dort eine Festung. Einer in das Jahr 8 datierten Inschrift seines Schatzmeisters *Sen-anch* auf der Insel Sehel entnehmen wir, dass zur Umgehung des 1. Kataraktes ein Kanal von fast 80 m Länge, über 10 m Breite und 8 m Tiefe in den Fels geschlagen wurde. Dies wie auch der Ausbau von Lagerräumen und die Konzentration von Truppen auf Elephantine, die auf einer dort gefundenen Stele explizit erwähnt sind, dienten der Vorbereitung des Aufmarsches für den Feldzug desselben Jahres. Eine weitere Nubienkampagne aus dem Regierungsjahr 10 ist durch zwei Inschriften in Dal datiert, ein Feldzug im Jahre 19, der wegen Niedrigwasser abgebrochen werden musste, durch eine Felsinschrift auf Urornati und zwei Privatstelen.

Expeditionen unter *Sesostris III.* sind zu den üblichen Steinbrüchen und Minengebieten im Wadi el-Hudi, Wadi Hammamat, in Hatnub und auf dem Sinai belegt.

Das Königsporträt der Regierungszeit *Sesostris' III.* stellt einen Gipfelpunkt in der Entwicklung ägyptischer Rundplastik dar. Die Bildnisse des Königs weisen markante Einzelmotive

Abb. 5: Granitstatue Sesostris' III.(Detail), British Museum London

wie übergroße Ohren, tiefliegende, von den Oberliedern zu einem guten Drittel bedeckte Augen, Tränensäcke, einen schmallippigen Mund und als schlaff gekennzeichnetes Gewebe auf, die zumindest partiell auf die Physiognomie des Königs zurückgehen dürften. Der Stil wird daher als realistisch-expressiv charakterisiert. Details wie die hervortretenden Augäpfel, die der schmalen inneren Augenwinkel wegen als leicht nach außen gedrückt erscheinen, verleihen dem Antlitz einen altersmüden und etwas unleidlichen Ausdruck.

Gleichwohl verbietet sich der Versuch, die Erscheinung des Porträts als dreidimensionales Propagandamittel aus dem uns nur bruchstückhaft bekannten Regierungshandeln Sesostris' III. abzuleiten. Allerdings hat ein Meisterbildhauer die charakteristische Ausstrahlung des Herrschers so überzeugend eingefangen, dass die zeitgenössischen Würdenträger dieses Modell adaptierten und ihre Privatstatuen mit den Zügen Sesostris' III. ausstatten ließen. Die Orientierung der Privatplastik am Königsbild kann während des ganzen Mittleren Reiches festgestellt werden, ist allerdings unter Sesostris III. aufgrund des charakterspezifischen Herrscherportraits besonders markant. Im Totentempel Mentuhoteps II. von Deir el-Bahari stiftete Sesostris III. lebensgroße Statuen im Typus der hier erstmals belegten Beterfiguren mit flach auf dem Schurz liegenden Händen. Auch andere Heiligtümer wie Hierakonpolis, Medamud und Abydos wurden mit Stiftungen von Statuen des Königs bedacht, auf denen dieser als vom jeweiligen Ortsgott »geliebt« bezeichnet wird.

In vielen Orten Ägyptens ist Sesostris III. als Bauherr belegt, allerdings begnügte er sich meist bei bestehenden Anlagen mit Anbauten oder Erweiterungen sowie Statuenstiftungen. Baumaßnahmen des Königs sind unter anderem bekannt aus Amada, Bubastis, Leontopolis, Ezbet Ruschdi bei Qantir, Tanis, Tell Nebesheh, dem Faijum, aus Herakleopolis, Abydos, Koptos, Hierakonpolis, Armant, Karnak, Deir el-Bahari und Biggeh. Von Belang für die ägyptische Architekturgeschichte ist lediglich der auf 60 x 100 m von einer 5 m starken Umfassungsmauer umschlossene Tempelkomplex von Medamud. Dieser besteht aus fünf eng benachbarten Gebäudegruppen und ist bis auf Säulen und Türgebälk ganz aus Ziegeln errichtet. Der eigentliche Tempelbau im Nordosten wies einen hinter dem Sanktuar gelegenen Hof auf, der mit sogenannten Osirispfeilern umstanden war. Als wichtigstes Bauteil ist die aus Spolien rekonstruierbare Jubiläumspforte des Königs zu nennen, an deren Aufbau und Reliefprogramm sich viele spätere Könige (*Sobekhotep IV., Amenophis I., Sethos I., Ramses II., Ramses III., Scheschonq I., Dareios* und *Ptolemaios II.*) orientieren sollten. Der Türsturz trägt eine Darstellung des in der Sedfest-Doppelkapelle zweimal Rücken an Rücken thronenden Königs jeweils mit der Krone eines der beiden Landesteile auf dem Kopf. Jeden der beiden Torpfosten schmücken neun Register, die meist eine schreitende bzw. stehende Gottheit zeigen, welche die Zeichengruppe »alles Leben und Herrschaft« darbringt.

Dezidierte Rückgriffe auf die Vergangenheit erfolgten bei den Bestattungsanlagen des Königs: Sowohl die am Vorbild des *Djoser*-Bezirks zu Sakkara aus der 3. Dynastie orientierte Pyramidenanlage *Sesostris' III.* in Dahschur als auch seine Wiederanknüpfung an die uralte Sitte, sich in Abydos, der heiligsten Nekropole Ägyptens ein Grab anzulegen, geben sich als programmatische Archaismen zu erkennen. Dabei ist es durchaus nicht ausgeschlossen, dass sich der König schließlich doch in Abydos und eben nicht in Dahschur bestatten ließ. Die ursprünglich 65 m hohe Pyramide in Dahschur wurde erstmals ohne die Rippenkonstruktion aus Steinen und damit nur aus Ziegeln errichtet und anschließend mit Kalkstein verkleidet. Der Eingang zu den Innenräumen lag auf der Westseite des Bauwerks. Von hier aus führt ein absteigender Gang unter den Pyramidenkern, der kurz vor dem Erreichen einer Vorkammer rechtwinklig abknickt. Die anschließende Sarkophagkammer war mit Granit ausgekleidet, die Kammer selbst mit einer Giebeldachkonstruktion aus Kalksteinblöcken entlastet. Der Granitsarkophag des Königs wurde leer aufgefunden, zudem fehlen die üblichen Fallsteine zur Blockierung der Kammer, was die Vermutung stützen könnte, der König habe sich in Abydos bestatten lassen. Im Pyramidenbezirk von Dahschur wurden mehrere Damen des Königshauses beigesetzt. Sechs Königinnenpyramiden und eine Kultpyramide wurden neben der Hauptpyramide errichtet, hinzu kommen Schachtgräber für weitere Familienmitglieder wie die der Prinzessinnen *Sat-Hathor* und *Mereret*. Der in ihren Gräbern gefundene Schmuck besticht durch seine außerordentliche Qualität. Totentempel sowie Aufweg der Pyramidenanlage sind stark zerstört, der Taltempel konnte bislang nicht lokalisiert werden.

Innerhalb der Verwaltung nimmt der Einfluss der Gaufürsten langsam ab, was vielleicht aber nicht als bewusste Beschneidung ihrer Macht zu interpretieren ist. Es scheint sich eher um eine Konzentration der Beamtenschaft am Königshof zu handeln, wo viele Söhne aus den Gaufürstenfamilien tätig waren, so wie der schon erwähnte Expeditionsleiter und Wesir *Chnumhotep*. Weitere Wesire unter *Sesostris III.* waren der ehemalige Schatzmeister *Sobekemhat* und *Nebit*, die beide Mastabagräber nahe der Pyramide des Königs in Dahschur besaßen. Die Stele des Schatzmeisters *Iychernofret* mit ihrem biographischen Text gibt wertvolle Auskünfte über den Kultverlauf der Osirisprozessionen in Abydos. Da die aus den einflussreichen Gaufürstenfamilien stammenden hohen Beamten ihre Gräber jetzt in der Nähe des Königsgrabes anlegen ließen, endet die Epoche der großen Felsgräber in den Provinzen. Auch die materielle Grabkultur erfährt Änderungen. Die für das frühe Mittlere Reich typischen Holzmodelle verschwinden, ebenso wie die langen religiösen Texte auf den Innenseiten der Särge. Hinzu kommen magische Objekte wie Zaubermesser und Nilpferdstatuetten aus Fayence. Es setzt sich der Trend fort, königliche Würdezeichen (Stäbe, Waffen, Insignien) mit in das Grab zu geben, was den Wunsch nach der Gleichsetzung des Verstorbenen mit dem Totengott *Osiris*, Herrscher der Unterwelt, ausdrückt.

Seine Verdienste in der Nubienpolitik bescherten *Sesostris III.* ein langes Nachleben im kulturellen Gedächtnis der Antike. In der 18. Dynastie des Neuen Reiches (1539–1292 v. Chr.) galt *Sesostris III.* als vergöttlichter Schutzherr der nubischen Gebiete. Aus dieser Zeit stammt auch die Erwähnung einer Königin *Sesostris' III.* namens *Meretseger*, die aber nicht als historische Person aufzufassen ist. Die antiken Autoren wie Herodot, Manetho und Johannes von Nikiu machten *Sesostris III.* schließlich zu einer mythischen Herrschergestalt, indem sie historische Ereignisse späterer Epochen mit seiner Regierung verbanden.

Für die Chronologie der ägyptischen Geschichte und absolute Einordung der Regierungszeiten der Könige des Mittleren Reiches ist das aus dem Jahr 7 *Sesostris' III.* belegte erste bekannte Sothisdatum (morgendlicher Aufgang des Sirius) von größter Bedeutung.

Literatur:

M. Malaise, in: *CdÉ* 41 (1981) S. 244–272. W. K. Simpson, in: *LÄ V* (1984) Sp. 903–906. J. Baines, in: *Festschrift Fecht, ÄAT* 12 (1987) S. 43–61. D. Franke, in: *Orientalia* 57 (1988) S. 117–119. J. W. Wells, in: *Festschrift Goedicke* (1994) S. 339–347. F. Polz, in: *MDAIK* 51 (1995) S. 227–254. K. Jansen-Winkeln, in: *SAK* 24 (1997) S. 119–120. Schneider, *Lexikon* (1996) S. 419–423. Verner, *Pyramiden* (1998) S. 455–461. D. Arnold, *The Pyramid Complex of Senwosret III at Dahshur, Architectural Studies*, New York 2002. Chr. Beyer, in: *Pharao siegt immer* (2004) S. 158–159. S. Martinssen-von Falck, in: *Pharao siegt immer* (2004) S. 169–170. P. Tallet: *Sésostris III et la fin de la XIIe dynastie*, Paris 2005. Grajetzki, *Middle Kingdom* (2006) S. 51–58. J. P. Allen, in: *BASOR* 352 (2008) S. 29–39. J. Wegner, in: D.P. Silverman/W.K. Simpson/J. Wegner (Hrsg.): *Archaism and Innovation, Studies in the Culture of Middle Kingdom Egypt*, Philadelphia 2009, S. 103–169. R. Krauss, in: *JSSEA* 39 (2012–13) S. 41–50. F. Morfoisse-Guénault/A. Guillemette (Hrsg.): *Sésostris III, pharaon de légende*, Gand 2014.

Amenemhet III.

Titel	Name	Übersetzungsvorschlag
Horus	*Aa-bau*	»Mit großer Macht«
Der der beiden Herrinnen	*Itji-iua-taui*	»Der das Erbe der beiden Länder ergreift«
Goldname	*Wach-anch*	»Mit dauerhaftem Leben«
König von Ober- und Unterägypten	*Ni-Maat-Re*	»Der zur Maat des Re Gehörige«
Sohn des Re	*Imen-em-hat (Amenemhet)*	»Amun steht an der Spitze«

Sehr wahrscheinlich war *Amenemhet III.* ein Sohn *Sesostris' III.*, während seine Mutter unbekannt ist. Seine Ehefrauen *Aat* und *Chenmet-nefer-hedjet* verstarben früh. Eine weitere mutmaßliche Ehefrau *Amenemhets III.* namens *Hetepti* gebar den Thronfolger *Amenemhet IV.* Vermutlich als Töchter *Amenemhets III.* anzusprechen sind die Prinzessinnen *Neferu-Ptah*, *Hathorhetepet* sowie *Nofrusobek*, die nach ihrem Bruder *Amenemhet IV.* den ägyptischen Thron bestieg.

Starke Indizien sprechen für eine fast 20jährige Koregenz *Sesostris III.* mit *Amenemhet III.*: So sind die Titulaturen der beiden Könige antithetisch im Bogenfeld auf einer Stele angebracht, weshalb diese in einer Periode der Doppelherrschaft hergestellt worden sein müsste. Aus Krokodilopolis im Faijum stammende Inschriftenfragmente sprechen eindeutig von der Einsetzung *Amenemhets III.* zum Koregenten, denn der einstige Text sollte später der *Hatschepsut* als Vorlage für ihre Thronbesteigungsinschrift in Deir el-Bahari dienen, welche ihre (jetzt allerdings fiktive) Einsetzung zur Koregentin ihres Vaters *Thutmosis I.* schildert.

In Höhe der unternubischen Doppelfestungen von Semna und Kumma blieben 17 Felsinschriften mit datierten Nilstandsmarken *Amenemhets III.* erhalten. Die aus seiner Regierungszeit stammenden Abschriften aus dem Festungstagebuch, die sogenannten Semna-Papyri, belegen die Wirksamkeit des unter *Sesostris III.* eingeführten Grenzregimes: Händler aus Nubien schickte man nach Abwicklung ihrer Geschäfte gleich wieder hinter die Festungslinie zurück. An kriegerischen Aktionen *Amenemhets III.* ist jedoch nur eine Polizeiaktion aus dem Jahre 9 in einer Felsinschrift erwähnt. Die südlich von Semna gelegenen Länder und Stämme Obernubiens wurden wie schon unter *Sesostris III.* in sogenannten Ächtungstexten verflucht.

Auch asiatische Fürsten und Stämme finden sich in den auf Figuren geschriebenen Ächtungstexten, und in einer Inschrift des Wesirs *Chnumhotep* aus seinem Grab in Dahschur wird der König von Byblos mit der Hieroglyphe des »Gefallenen« gekennzeichnet. Trotz dieser verbalen Feindseligkeiten zeigen Diplomatengeschenke mit dem Thronnamen *Amenemhets III.*, die in den Fürstengräbern von Byblos gefunden wurden, dass der

König die offiziellen Beziehungen zu der vorderasiatischen Stadt weiterführte.

Den erhaltenen Belegen nach schickte *Amenemhet III.* vier (in den Jahren 2, 3, 19 und 20) Expeditionen in das Wadi Hammamat, drei in das Wadi el-Hudi und mindestens 26 auf den Sinai, wobei die Position des Leiters der Sinai-Expedition häufig wechselte. Offenbar begünstigte die entspannte Sicherheitslage den Türkis-Abbau auf der Halbinsel. Drei weitere Expeditionen führten in das Gebiet der Diorit-Steinbrüche von Toschka nördlich von Abu Simbel sowie im 10. Regierungsjahr eine zum Gebel Zeit am Roten Meer um Bleiglanz abzubauen.

Die Informationen über die Beamtenschaft *Amenemhets III.* sind lückenhaft. Als einzig sicher einzuordnender Wesir unter diesem Herrscher ist ein gewisser *Cheti* bekannt, weitere Wesire waren eventuell *Ameni* und *Chnumhotep.* Auch der Schatzmeister *Iychernofret* war zu Beginn der Regierung des Königs noch im Amt.

Die schon von seinen Vorfahren, insbesondere *Sesostris I.* und *Sesostris II.*, begonnene Urbarmachung der Faijum-Oase lebte als Hauptleistung *Amenemhets III.* im Gedächtnis der Nachwelt weiter. So wurde er noch in der Ptolemäerzeit unter dem Kultnamen *Lamares* als Lokalgott des Faijum verehrt. Bei Biahmu, am damaligen Ufer des zurückgedämmten Faijum-Sees, ließ der König jeweils in einem eigenen von einer geböschten Mauer eingefassten Bezirk zwei gigantische Kolossalstatuen von sich aufstellen. Dieses ungewöhnliche Doppelmonument darf wohl zu Recht als Statuenheiligtum interpretiert werden, in welchem sich der Herrscher als Schöpfergott für seine Landgewinnung verehren ließ. Von Biahmu führte eine heilige Straße zum Haupttheiligtum des Faijum, dem *Sobek*-Tempel von Schedet/ Krokodilopolis. Von dort stammen die bereits erwähnten Fragmente der Einsetzungsinschrift *Amenemhets III.* zum Koregenten, die vermutlich zum Reliefschmuck einer von ihm anlässlich seiner Thronbesteigung errichteten Halle gehörten. A. VERBOVSEK hat nun vorgeschlagen auch ein berühmtes Ensemble außergewöhnlicher Statuen zur Ausstattung dieser Halle zu zählen: Es handelt sich um eine Standartenträgerstatue sowie mindestens zwei Doppelstatuen des Königs beim Darbringen von Wassertieren. Während sich die Darstellung des König als Spender von Wassertieren sicher auf seine Leistungen bei der Kultivierung des Faijum bezieht, zeigt ihn die Standartenträgerstatue als Thronfolger in Gestalt des *Iunmutef-Sem*-Priesters und ließe sich wohl mit dem Ritual der Einsetzung zum Koregenten seines Vaters *Sesostris' III.* in Verbindung bringen. Wie die sogenannten Fischopferer wurden auch fünf erhaltene Mähnensphingen, die zu mindestens drei vor dem Tempeleingang aufgestellten Sphingenpaaren gehört haben, von den Hyksos, den Ramessiden und schließlich den Taniten wiederverwendet, weshalb man sie auch in deren Hauptstadt Tanis auffand.

Durch das Statuenheiligtum zu Biahmu, den Tempel von Schedet, die Totenkultanlage in Hawara und den späten Tempel von Medinat Madi verwandelte *Amenemhet III.* das Faijum in eine Kultlandschaft, zu der wohl auch der Tempel des *Herischef* im nahe gelegenen Herakleopolis zu zählen ist. Dort weist ein Block *Amenemhets III.* eine zumindest geringfügige Bautätigkeit nach.

Seine erste Pyramidenanlage lies *Amenemhet III.* in Dahschur errichten. Die ohne Steinrippenkonstruktion nur aus Lehmziegeln erbaute Pyramide ist mit ursprünglich ca. 80 m Höhe das höchste seit dem Alten Reich errichtete Monument dieser Art. Die Innenräume der Pyramide sind außergewöhnlich gestaltet. Ein weitverzweigtes Gang- und Kammersystem liegt unter dem Bauwerk, in dem der König, aber auch seine Frauen und Kinder bestattet werden sollten. Baumängel in Form von Rissen im Mauerwerk, die durch einen instabilen Baugrund hervorgerufen wurden, führten zur Aufgabe des Grabmals. Die früh verstorbenen Königinnen *Aat* und *Chenmet-nefer-hedjet* wurden allerdings in der Pyramide beigesetzt, ebenso wie einige Prinzessinnen. Das Pyramidion, der obere Abschlußstein der Pyramide, wurde im Schutt des Bauwerks gefunden und ist heute im Museum von Kairo zu sehen. Später, in der 13. Dynastie, wurde der Pyramidenbezirk für Nachbestattungen in Schachtgräbern genutzt, unter anderem für König *Hor*.

Im 15. Regierungsjahr begann *Amenemhet III.* mit dem Bau seiner neuen Anlage von Hawara im Faijum, die aus einer Pyramide und dem südlich von ihr gelegenen Totentempel besteht.

Der von den späteren klassischen Autoren als »Labyrinth« bezeichnete Totentempel von Hawara wies eine Unzahl von Götterstatuen aus Kalkstein sowie halbplastische Statuen des Königs in Schreinen auf. Die Konstruktion der Lehmziegel-Pyramide gleicht derjenigen in Dahschur – auch hier fehlen die Stützmauern aus Kalkstein. Die Innenräume sind allerdings besonders raffiniert gestaltet. Der Gang, der von der Südseite der Pyramide ins Innere führt, knickt mehrfach ab und die Wegführung wird verschleiert, indem der Gang in Boden oder Decke von kleineren Zwischenkammern neu beginnt und durch Steinquader blockiert war. Auch die Sarkophagkammer weist eine ungewöhnliche Konstruktion auf. In eine in den Felsgrund eingetiefte und mit Kalksteinplatten verkleidete Kammer wurde ein über 100 t schwerer Quarzitmonolit eingelassen, aus dem wiederum eine Kammer ausgemeißelt wurde, in welcher der nischenverzierte Quarzitsarkophag des Königs aufgestellt wurde. Die Decke der Kammer besteht aus drei Quarzitmonolithen, darüber eine weitere Decke aus Kalkstein, ein Sattelgewölbe aus Kalkstein und schließlich ein Ziegelgewölbe. Offenbar wollte man erneute Bauschäden wie in der ersten Pyramide in Dahschur tunlichst vermeiden. In der Sarkophagkammer fanden sich Reste zweier Holzsärge sowie eine Opferplatte der Prinzessin Neferu-Ptah. Die Prinzessin wurde aber offenbar in eine eigene kleine Grab-Pyramide in der Nähe der Hauptpyramide umgebettet, wo ihr vollständig erhaltener Granitsarkophag gefunden wurde, ebenso wie sämtliche (nicht-organischen) Beigaben, darunter Schmuck und Toilettenartikel, aber auch königliche Insignien wie Zepter und Zeremonialkeule sowie Stöcke. Allerdings orientieren sich seit dem Mittleren Reich die Grabbeigaben hochgestellter Persönlichkeiten ohnehin eng an den für ein königliches Bestattungsritual notwendigen Requisiten. Obwohl sie niemals regierte, gilt *Neferu-Ptah* als erste Frau, deren Namen in Kartuschen geschrieben wurden. Ihr Status dürfte bedeutend gewesen sein, doch ist ihre genaue Stellung im Staat unbekannt. Belegt ist sie ferner durch Statuenfragmente aus Oberägypten, in den Tempelinschriften von Medinat Madi und auf einem in Kairo gefundenen Spolienblock. Unter *Amenemhet III.* wurde auch seine (Groß)-Tante *Sat-Hathor-Junit* in einem Grab bei der Pyramide ihres Vaters *Sesostris II.* beigesetzt, ebenso *Amenemhets III.* (Halb-) Schwester *Mereret*, die neben der Pyramide ihres Vaters *Sesostris' III.* bestattet wurde und schließlich wohl auch die westlich der Pyramide *Amenemhets II.* beerdigten Prinzessinnen *Ita, Chnumet, Ita-weret* und *Sat-meri-Hathor*. Sämtliche Prinzessinnengräber enthielten durchbrochen gearbeiteten Schmuck von höchster Qualität, dessen Elemente in Zellenschmelz- oder Einlegetechnik gestaltet waren.

Ein Sedfest im 30. Regierungsjahr *Amenemhets III.* ist auf Stelen und einem Türsturzrelief aus Bubastis belegt. Letzteres ist eventuell einem dortigen, als Palast bezeichneten Gebäudekomplex zuzuordnen. Auch in Lischt wurde eine Sedfest-Kapelle errichtet. Einzelne Bauteile weisen ferner auf Bauaktivitäten am *Ptah*-Tempel zu Memphis hin. Oberägyptische Zeugnisse von Bautätigkeit, darunter ein in Abydos wiederverwendetes Relief, sind bislang spärlich. Hingegen könnte der König im weit entfernten nubischen Quban einen Tempel für *Amun* errichtet haben, wie eine dort gefundene Stele vermuten lässt.

Im Türkisabbaugebiet auf dem Sinai wurde der Ausbau der Kultgrotten des späteren Hathor-Tempels von Serabit el-Khadim unter *Amenemhet III.* begonnen und von seinem Nachfolger *Amenemhet IV.* fortgeführt. Dieser vollendete auch die Dekoration des kleinen Tempels von Medinat Madi für die Erntegöttin *Renenutet* im Faijum, der gegen Ende der Regierungszeit *Amenemhets III.* errichtet worden war. Auch ein Barkenpodest in Karnak stifteten *Amenemhet III.* und *Amenemhet IV.* gemeinsam. Diese gemeinsamen Denkmalstiftungen und das in Semna am 2. Katarakt belegte Doppeldatum sprechen nun auch für eine Koregenz *Amenemhets III.* mit seinem Nachfolger, die drei Jahre gedauert haben könnte. Nach vermutlich 48, mindestens aber 46 Regierungsjahren verstarb *Amenemhet III.* und wurde in Hawara begraben. Die Nachfolge trat sein mutmaßlicher Sohn und Koregent *Amenemhet IV.* an, auf diesen folgte *Amenemhets III.* Tochter *Nofrusobek* als eine der wenigen Königinnen auf dem ägyptischen Thron.

Literatur:

J. v. BECKERATH, in: *LÄ I* (1975) Sp. 190–191. I. MATZKER, *Die letzten Könige der 12. Dynastie,* Frankfurt/Bern/New York 1986. D. FRANKE, in: *Or* 57 (1988) S. 118–120. F. POLZ, in: *MDAIK* 51 (1995) S. 227–254. SCHNEIDER, *Lexikon* (1996) S. 75–79. K. JANSEN-WINKELN, in: *SAK* 24 (1997) S. 119–120. VERNER, *Pyramiden* (1998) S. 461–472. ROTH, *Königsmütter* (2001) S. 217–245. GRAJETZKI, *Middle Kingdom* (2006) S. 58–61. A. VERBOVSEK, *Die sogenannten Hyksosmonumente, GOF IV.46,* 2006.

ANHANG

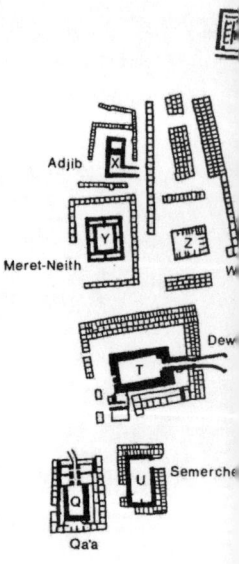

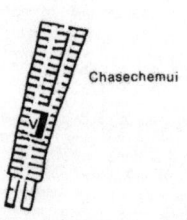

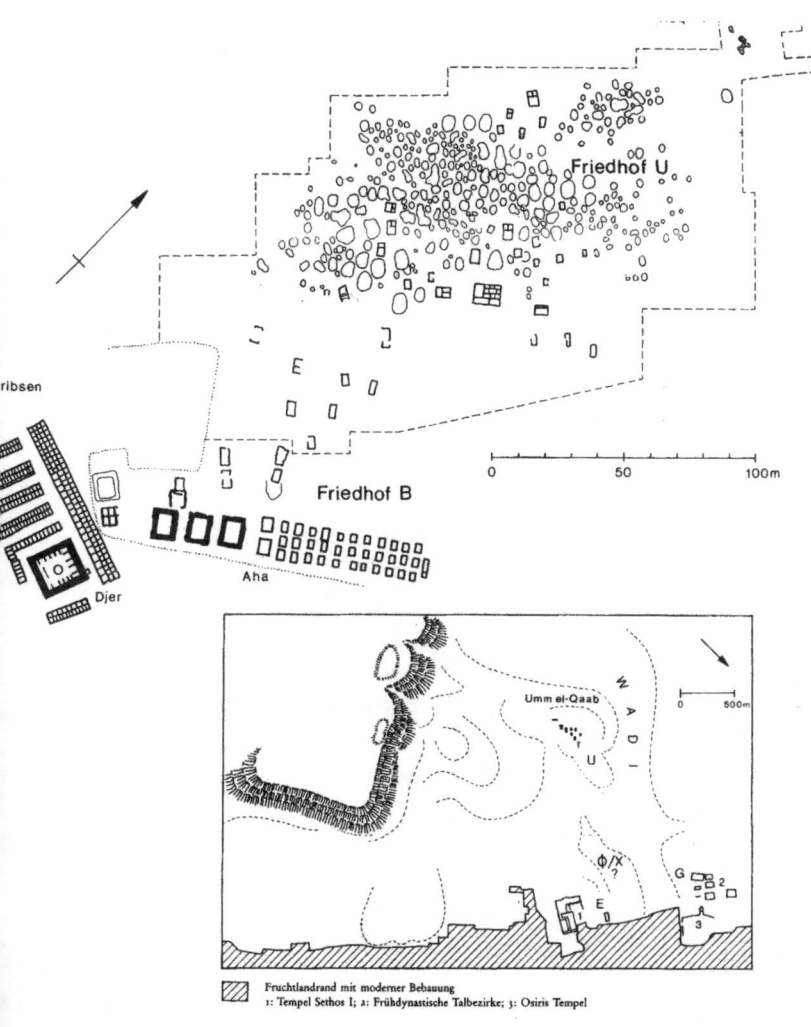

Plan 1: Abydos

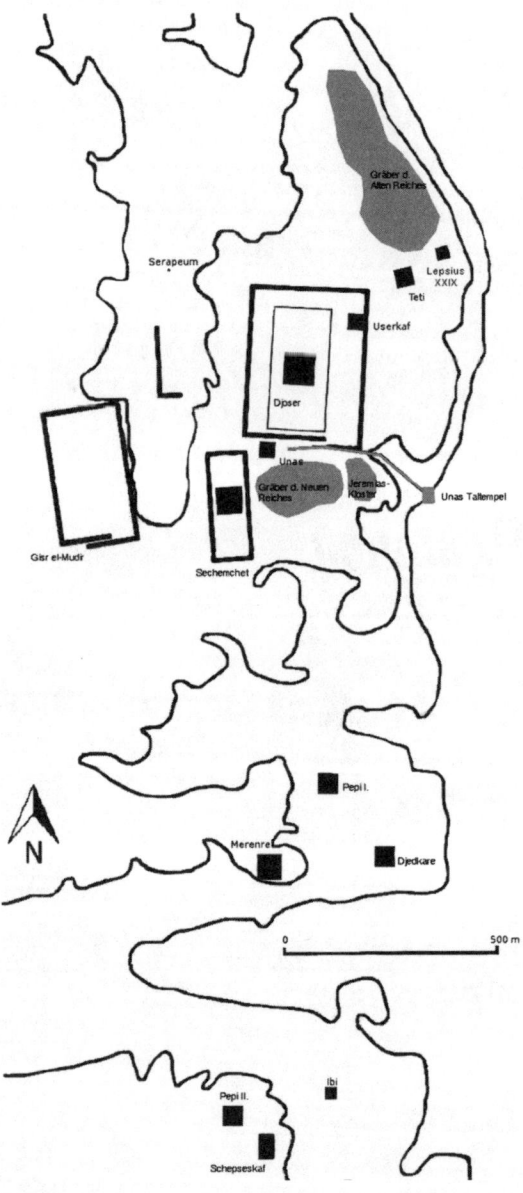

Plan 2: Sakkara

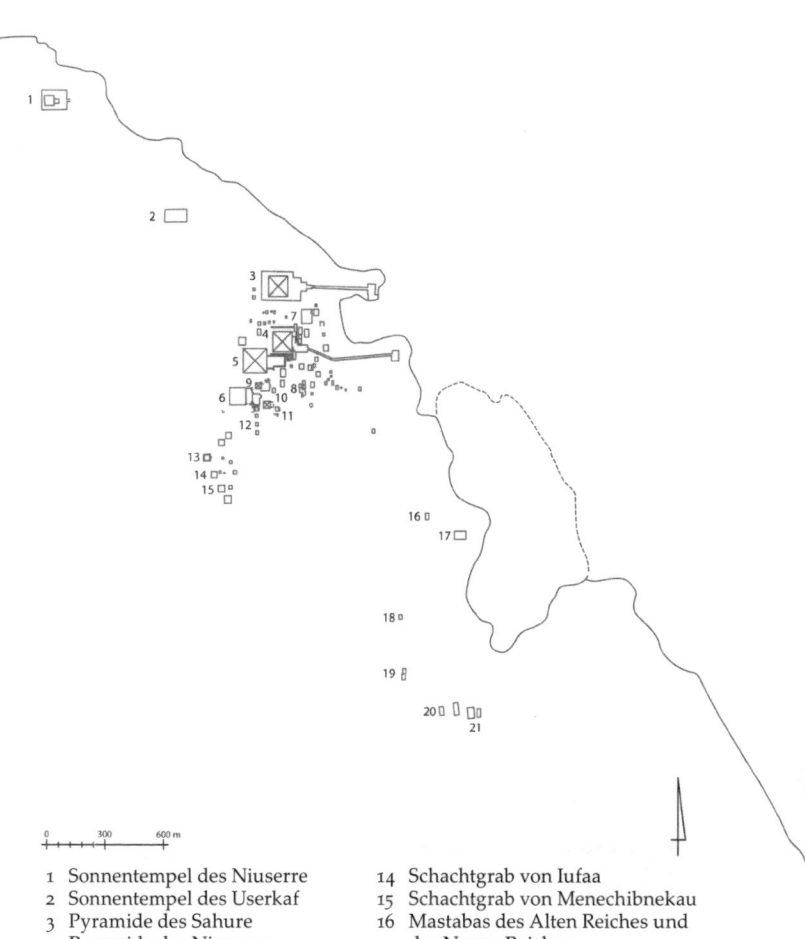

0   300   600 m

1 Sonnentempel des Niuserre
2 Sonnentempel des Userkaf
3 Pyramide des Sahure
4 Pyramide des Niuserre
5 Pyramide des Neferirkare
6 Unvollendete Pyramide des
   Neferefre
7 Mastaba des Ptahschepses
8 Familienfriedhof Djedkares
9 Pyramide von Chentkaus II.
10 Pyramide Lepsius XXIV
11 Pyramide Lepsius XXV
12 Mastabas von Nachtsare, AC 29
   und Chentkaus III.
13 Schachtgrab von Udjahorresnet

14 Schachtgrab von Iufaa
15 Schachtgrab von Menechibnekau
16 Mastabas des Alten Reiches und
   des Neuen Reiches
17 Tempel/Palast des Neuen Reiches
18 Friedhof von Feteki, Hetepi, Isesi-
   seneb und Rahotep
19 Mastabas der Familie von Qar,
   Komplex der Prinzessin Scheret-
   nebti und andere Gräber der 5.
   Dynastie
20 Mastabas von Kaaper und AS54
21 Mastabas von Hetepi und andere
   Gräber der 3. Dynastie

Plan 3: Abusir

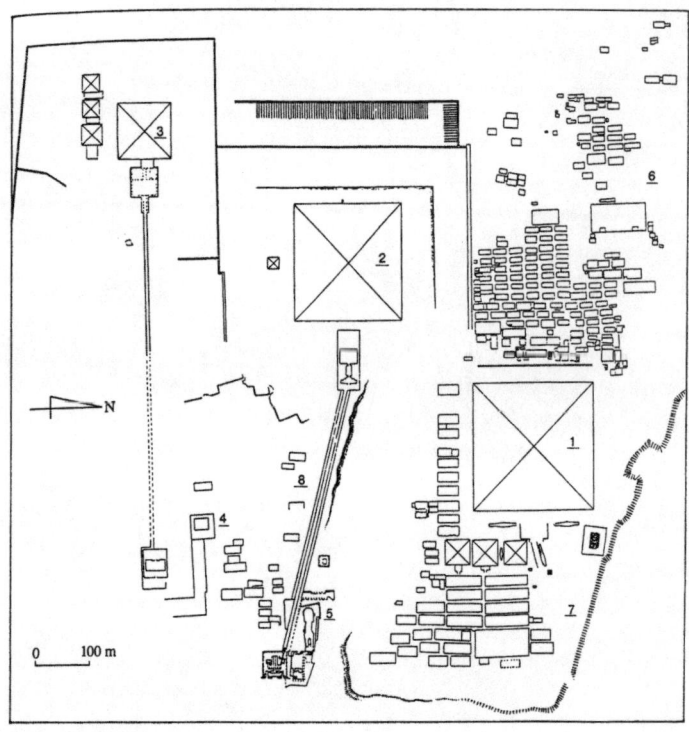

1. Cheops-Pyramide
2. Chephren-Pyramide
3. Mykerinos-Pyramide
4. Stufengrab der Königin Chentkaus I.
5. Sphinx
6. Westfriedhof
7. Ostfriedhof

Plan 4: Giza

GLOSSAR

Abusir-Papyri
→ *Papyrus*

Abydos, Talbezirk
→ *Talbezirk*

Abydos, Königsliste
→ *Königsliste von Abydos*

Ach
→ *Seele*

Amenemhet
→ *Lehre des Königs Amenemhet für seinen Sohn*

Annalenstein von Palermo/Palermostein
Im Regionalmuseum von Palermo ausgestellter Stein, auf dem die wichtigsten Ereignisse der Regierungszeit der Könige von der prädynastischen Zeit bis zur 5. Dynastie aufgezeichnet sind. Andere Bruchstücke befinden sich in Kairo und London.

Apisstier
Apis war der griechische Name des heiligen Stieres von Memphis, der mit dem Gott Ptah verbunden war. Der Apisstier galt als Symbol für Fruchtbarkeit. Die Auswahl des Apisstieres wurde von der Existenz bestimmter körperlicher Merkmale abhängig gemacht. Nach dem Tod wurde der Apisstier mumifiziert und im Serapeum begraben.

»Beide Herrinnen«/Herrinnenname/Nebti-Name
→ *Königsnamen*

Ba-Seele
→ *Seele*

Bogenfeld
→ *Stele*

Breccie
Auch Brekzie; Sedimentgestein aus kantigen gebrochenen Komponenten, die durch eine feinkörnige Grundmasse verkittet sind.

C14
Radiometrische Datierung kohlenstoffhaltiger Materialien.

Demotisch
Eine kursive, aus dem Hieratischen abgeleitete Schrift, die vom 7. Jh. v. Chr. bis in das 5. Jh. n. Chr. Anwendung fand. Der Begriff wurde erstmals von Herodot benutzt und bedeutet »volkstümlich«.

Doppelkrone
→ *Krone*

Elektron
Natürliche oder künstlich hergestellte Legierung aus Gold und Silber.

Ersatzkopf
Portraithafte Rundplastik, die aus einem lebensgroßen menschlichen Kopf mit Hals besteht. Solche »Ersatzköpfe« wurden im Schacht- oder Sargkammerbereich von Gräbern von Privatleuten in Giza, Sakkara und Dahschur gefunden. Sie sind zumeist aus Kalkstein und entstanden in der 4. und 5. Dynastie. Der Portraitkopf repräsentierte den Toten im Grab und ersetzte die Statue im Serdab. Außerdem sollte der Ba-Seele, die ins Grab zurückkehrt, durch die Portraithaftigkeit das Wiedererkennen erleichtert werden.

»Erschlagen der Feinde«
Das Motiv des »Erschlagens der Feinde« zeigt den König beim Bezwingen menschlicher Feinde und wilder Tiere. Der König als Stellvertreter des Gottes hatte im Alten Ägypten den Auftrag zum Erhalt der »Maat« (Ordnung der Welt). Um diese aufrechterhalten zu können, musste der König die Feinde, die die Grenzen bedrohten, als Krieger und Jäger bekämpfen.

Fayence
Quarzkeramik, meist blau-türkis, aus einem Gemisch aus Quarzpulver, Wasser und Soda. Wurde in Tonformen im Verfahren der Selbstglasur gebrannt.

Felsgrab
Horizontal in einen Hügel gehauenes Grab. Häufig mit einer Fassade versehen.

Feste
  Sedfest
  Jubiläumsfest des Königs, das in der Regel 30 Jahre nach der Thronbesteigung oder zu Beginn einer Mitregentschaft gefeiert wurde. Die Bedeutung des Festes war die Erneuerung des Königtums mittels ritueller Handlungen.
  Sedfestmantel
  Eine für das Sedfest typische königliche Tracht, aus einem Mantel, der oberhalb der Knie endet, bestehend. Die Arme sind eingehüllt, am Nacken steht der Mantel etwas halsfern.
  Sokar-Fest
  Eines der ältesten altägyptischen Totenfeste, in dem der Falkengott Sokar geehrt wird. In der Frühzeit und im Alten Reich wird das Fest im Zusammenhang mit anderen Ereignissen oder Festen (wie

z.B. Sed-Fest) erwähnt. Erst ab dem Neuen Reich wird das Fest landesweit jährlich gefeiert. Höhepunkt des Festes ist der Umzug, bei dem die Barke des Sokar auf einem Schlitten gezogen wird.

Gebelein-Papyri
→ *Papyrus*

Geierhaube
Kopfbedeckung in Form eines Geierbalgs für Göttinnen und Königinnen. Der Geierkopf der Haube wird oft durch die Uräusschlange ersetzt.

Gold(horus)name
→ *Königsnamen*

Herrinnen-Name
→ *Königsnamen*

Hieratisch
Kursive Schrift der Hieroglyphen, die auf Textträgern des täglichen Gebrauchs wie Papyrus oder Ostraka verwendet wurde.

Horus-Geleit
Bezeichnung für das Gefolge des Königs (der als lebender *Horus* auf Erden gilt), während er durch das Land zog, um Abgaben zu erheben und Recht zu sprechen. *Horus*geleit bezeichnet auch eine bestimmte Gruppe von Götterstandarten, die den König bei gewissen Zeremonien begleiteten.

Horusname
→ *Königsnamen*

Hungersnot-Stele
Felsinschrift auf der Insel Sehel bei Elephantine. Der aus der Ptolemäerzeit stammende Text gibt vor, im 18. Regierungsjahr des Königs Djoser verfasst worden zu sein und berichtet über eine fiktive siebenjährige Hungersnot. Diese endete nach einem Gebet und Schenkungen an den Gott Chnum, den Herrscher der Nilquelle.

Hyksos
Ägyp. »Herrscher der Fremdländer«, griech. Hyksos. Nach einer längeren Einwanderung von Vorderasiaten in das Delta gelang es den dortigen Lokalfürsten als ägyptische Könige die Macht zu übernehmen und von Unterägypten aus das ganze Land zu kontrollieren (Hyksoszeit, 15. Dynastie). Die Hauptstadt der Hyksos war Avaris (Tell el-Dab'a) im Ostdelta.

Imiut-Fetisch
Insignie des Gottes Anubis. Ein Tierbalg, der an einem Stab hängt. Als Schutzzeichen spielte er bei der Bestattung und Regeneration des Toten eine Rolle.

Jahrestäfelchen
Rechteckige Täfelchen aus Holz oder Elfenbein, beschriftet mit histori-
schen Ereignissen aus der Regierungszeit eines Königs. Sie dienten als
Anhänger von Vorratsgefäßen.

Kagemni
→ *Lehre des Kagemni*

Ka-Haus
Kultort für die Ka-Seele. Es handelte sich um Tempel, Schreine oder
Kapellen, in denen Könige, Göttern oder Privatleute verehrt wurden.

Kahun-Papyri
→ *Papyrus*

Kalzit
Häufig vorkommendes Mineral, ist in vielen Gesteinen zu finden. Es
handelt sich um kristallines Kalziumkarbonat. Das reine Mineral ist
farblos, aber durch Beimengung verschiedenster Elemente kann Kalzit
in allen Farben auftreten. Im Alten Ägypten wurde Kalzit als Material
für die Herstellung verschiedener Gegenstände wie z.B. Gefäße, Sarkophage, Statuen, etc. verwendet.

Kartusche
Aus einem geknoteten Seil gebildete ringförmige Umfassung des Ge-
burts- und Thronnamens (→ *Königsnamen*) ägyptischer Könige. Die
Ringform symbolisiert Dauerhaftigkeit und Schutz.

Ka-Seele
→ *Seele*

Kenotaph
Griechisch, »leeres Grab«; Scheingrab, das als Kult- oder Gedenkstätte
dem Andenken eines Menschen gewidmet ist.

Königsliste von Abydos
Liste der ägyptischen Könige, die sich in der sog. Königsgalerie des Totentempels von Sethos I. in Abydos befindet.

Königsnamen
Die Königstitulatur entwickelte sich innerhalb der ersten vier Dynas-
tien der ägyptischen Geschichte und umfasst schließlich fünf Namen.
Der *Horusname* spielt auf die Rolle des Königs als falkengestaltiger *Ho-
rus* an, der *Herrinnen-Name* (*Nebti-Name*) stellt den König unter den
Schutz der beiden Landesgöttinnen Nechbet und Wadjit (Geier und
Uräus), der *Gold(horus)name* bezieht sich wohl auf den solaren Aspekt
des Königs. Wird nur eine Auswahl der Namen genannt, handelt es
sich immer um den *Thronnamen* (*Nesut-bit-Name*) und den *Eigennamen*
(*Sohn-des-Re-Name*), die beide in Kartuschen geschrieben werden. Bis

auf den Eigennamen werden alle anderen Namen erst bei der Thronbesteigung angenommen und spiegeln oft ein Regierungsprogramm
wieder.

Königspapyrus
→ *Papyrus*

Krone
> *Doppelkrone*
> Zusammengesetzte Krone aus der Roten Krone Unterägyptens und
> der Weißen Krone Oberägyptens. Sie kann vom König und von Göt-
> tern getragen werden und symbolisiert die Herrschaft über die bei-
> den Landeshälften.
>
> *Rote Krone*
> Krone Unterägyptens, aus einem rot gefärbten Helm mit schräg auf-
> ragendem Rückteil und einer nach innen gedrehten Spirale beste-
> hend.
>
> *Weiße Krone*
> Krone Oberägyptens, aus einer weiß gefärbten konischen Kopfbede-
> ckung bestehend.

Lehre des Kagemni
Weisheitslehre, die für einen Ägypter namens Kagemni geschrieben
worden ist, und während der 12. Dynastie auf einem Papyrus nieder-
geschrieben wurde. In die 12. Dynastie zu datieren, ihre Entstehung
liegt noch weiter zurück. Die Lehre besteht aus einem Verhaltensko-
dex, der eine Reihe von Maximen wie z.B. Ermahnungen gegen vorei-
liges Sprechen und Ratschläge für gute Tischsitten aufstellt und darüber hinaus eine Warnung vor Gottesstrafe beinhaltet, für den Fall dass
der Kodex nicht befolgt wird. Zum Schluss wird berichtet, dass Kagemni, der die Lehre befolgt hat, nach dem Tode des Königs Unas zum
Stadtvorsteher und Wesir ernannt wurde.

Lehre des Königs Amenemhet für seinen Sohn
Altägyptisches Literaturwerk, das im Mittleren Reich entstanden ist.
Die Abschriften stammen jedoch aus dem Neuen Reich. Der Text erzählt davon, wie König Amenemhet I. Opfer eines Attentats wurde
und enthält Ratschläge zur rechten Regentschaft für dessen Sohn Sesostris I. Die Autorenschaft des Textes ist umstritten. Einerseits könnte es Amenemhet I. beauftragt haben, um eine Mitregentschaft seines
Sohnes Sesostris I. zu rechtfertigen; anderseits könnte es Sesostris I.
selbst in Auftrag gegeben haben, um seine Nachfolge zu legitimieren.

Maat
Altägyptischer Begriff für die Weltordnung, die Wahrheit und die Ge-
rechtigkeit.

Mastaba
Eine nach dem arabischen Wort für »Bank« benannte Grabanlage, die
in Form eines rechteckigen Ziegel-oder Steinmassivs errichtet wurde.
Der Verstorbene wurde jedoch in dem unterirdischen Bau mit Grabkammern und Magazinen bestattet.

Mundöffnungsritual
Ein Ritual, mit dessen kultischen Handlungen die Körperteile (z.B. Augen, Mund) des Verstorbenen im Jenseits wiederbelebt werden sollten.
Das Ritual wurde nicht nur an Mumien, sondern auch an Statuen vollzogen. Es ist eines der ältesten Rituale des Alten Ägypten und wurde
hauptsächlich von einem Sem-Priester durchgeführt.

Nebti-Name
→ *Königsnamen*

Neferti
→ *Prophezeihung des Neferti*

Nemes-(Kopftuch)
Kopfbedeckung des Königs, die eng an der Stirn anlag. Die Seiten fielen auf Schultern und Brust herunter. Im Nacken wird der rückwärti-
ge Teil des Tuches zu einer Art Zopf zusammengedreht.

Obelisk
Hoher Steinpfeiler mit pyramidenförmigem Abschluss. Obelisken waren mit Hieroglyphen versehen, ihre Spitze war meist vergoldet. Obelisken galten als Sonnensymbol und waren der kultische Mittelpunkt
der Sonnenheiligtümer. Sie wurden auch paarweise vor Tempelpylo-
nen aufgestellt.

Oberägypten
Ägyptisch »Ta-Schemau«; Bezeichnung der Region zwischen Memphis
und Assuan

Palermo, Annalenstein
→ *Annalenstein von Palermo*

Papyrus
  Abusir-Papyri
  Bezeichnung einer Gruppe von Papyri, die in den Tempelkomplexen
  von Neferirkare, Neferefre und Chentkaus II. in Abusir gefunden
  wurden. Sie sind in die 5. Dynastie zu datieren und gehören zu den
  wichtigsten Verwaltungsdokumenten des Alten Reiches. Sie berichten über den Betrieb der Totentempel, die Priesterschaft, das Tempel-
  inventar und sogar die täglichen Opfergaben.

Gebelein-Papyri
Sammlung von Papyri, die in der Stadt Gebelein (40 km südlich von Theben) gefunden wurde. Die Papyri sind ins Alte Reich zu datieren und beinhalten eine Arbeitsliste für den Bau eines Tempels. Teile der Papyri befinden sich heute im Ägyptischen Museum in Turin und im Ägyptischen Museum in Kairo.

Kahun-Papyri
Eine Sammlung von Papyri, die bei el-Lahun gefunden wurde. Ein Großteil wurde 1888–1889 durch den Archäologen William Flinders Petrie entdeckt. Sie sind in die 12. und 13. Dynastie zu datieren und enthalten medizinische, religiöse, juristische und administrative Texte.

Turiner Königspapyrus
Fragmente eines Papyrus aus der Zeit Ramses II., der eine Liste der ägyptischen Könige und deren Regierungsjahre in hieratischer Schrift beinhaltet. Der Papyrus befindet sich im ägyptischen Museum in Turin.

Westcar Papyrus
Ein von Henry Westcar erworbener Papyrus, der sich im Ägyptischen Museum in Berlin (P 3033) befindet. Der Inhalt des Papyrus besteht aus einer Serie von Geschichten, die dem König Cheops von seinen drei Söhnen erzählt werden. Der Papyrus ist jedoch ins Mittlere Reich zu datieren. Die Erzählung endet mit einer Prophezeiung über die Geburt von drei Brüdern, die Ägypten beherrschen werden. Die genannten Brüder sind drei Könige der 5.Dynastie: Userkaf, Sahure und Neferirkare.

Pektoral
Die Bezeichnung stammt aus dem Lateinischen und bedeutet »die Brust betreffend, zur Brust gehörig«. Im Alten Ägypten handelte es sich um einen Brutschmuck mit Amulettcharakter, der Lebende wie Tote schützte.

Prophezeiung des Neferti
Ein Werk der altägyptischen Literatur, das auf mehreren Papyri und Ostraka erhalten ist. Die Prophezeiung des Neferti entstand während der Regierungszeit König Amenemhets I. (12. Dynastie) und sollte seine Herrschaft legitimieren. Der Text berichtet darüber, wie der Weise Neferti dem König Snofru zukünftige Ereignisse prophezeit. Neferti erzählt über schwere Zeiten, die das Land Ägypten erleiden wird, wie z.B. eine Trockenzeit und eine Invasion von Asiaten aus dem Norden. Er prophezeit jedoch, dass ein Retter (König Amenemhet I.) kommen und die Ordnung wiederherstellen wird.

Pyramidentexte
Religiöse Texte, die in den Pyramiden der Könige und Königinnen des Alten Reiches aufgezeichnet sind. Es handelt sich um eine Sprüche-sammlung, die aus Hymnen, Litaneien und Zaubertexten besteht.

Pyramidion
Spitze von Pyramiden und Obelisken. Aus Stein gearbeitet und oft mit Darstellungen und Texten dekoriert.

Ramessidenzeit/Ramessiden
19. und 20. Dynastie (1292–1077 v. Chr.), in denen elf von 18 Königen den Namen Ramses trugen. Hauptstadt war seit Ramses II. Pi-Ramesse (Ramsesstadt) im Ostdelta.

Rote Krone
→ *Krone*

Saff-Gräber
Der Ausdruck leitet sich vom arabischen Wort »Reihe« ab und bezeich-net Felsgräber, deren Fassade aus einer Pfeilerreihe besteht. Diese Form ist häufig in der 1. Zwischenzeit und in der frühen 11. Dynastie belegt.

Scheintür
Nachbildung einer Tür (aus Stein oder Holz) mit geschlossenem Durch-gang. Die Scheintür war die Verbindung zwischen dem Dies- und dem Jenseits. Im Grab konnte der Verstorbene an der Scheintür Opfergaben entgegennehmen.

Schlangenspiel
Brettspiel namens »Mehen« (Ringelschlange), aus einem zusammenge-rollten schlangenförmigen Brett bestehend.

Sed-Fest
→ *Feste*

Seele
  Ach
  Teil der Seele oder verklärter Ahnengeist von Göttern und Verstor-benen. Im Gegensatz zu Ka und Ba, die der Mensch bei seiner Geburt erhält, ist Ach ein Status, den der Verstorbene beim Gott erlangen kann.
  Ba-Seele
  Existenzform des Menschen, die insbesondere im Jenseits von zent-raler Bedeutung war. Der Ba wurde meist als Vogel mit Menschen-kopf dargestellt und verkörpert den unabhängig vom mumifizierten Körper beweglichen Aspekt des Menschen. Als Ba kann der Tote die Unterwelt verlassen und von den regenerierenden Kräften des Son-nenlichts und der Nahrung des Totenopfers profitieren.

Die Bas einer Stadt bezeichnen die Seelen ihrer verstorbenen Könige. Sie sind für die Städte Hierakonpolis, Buto und Heliopolis belegt.

Ka-Seele
Teilaspekt der Menschen und Götter, der als vitale Lebenskraft und Zeugungskraft zu verstehen ist. Der Ka eines Menschen wird mit ihm zusammen erschaffen und wird zu seinem Schutzgeist bzw. Doppelgänger. Die Ka-Kraft eines Menschen entsteht bei der Geburt und existiert nach seinem Tod fort.

Sem-Priester
Priestertitel, der seit der Frühzeit (als Titel des Königssohns) belegt ist. Der Sem-Priester vertritt den König bei bestimmten Handlungen. Er spielte eine wichtige Rolle im Mundöffnungsritual und bei der Bestattung. Als Attribut trug er ein Panterfell.

Serapeum
Begräbnisstätte der Apisstiere in Sakkara. Dort wurde der heilige Stier des Gottes Ptah nach dem Tod einbalsamiert und bestattet. Auch Kultstätte des Gottes Serapis in Alexandria, die von Ptolemaios I. gegründet und von Ptolemaios III. erweitert wurde.

Serdab
Arabisch, »Keller«; zugemauerter Raum neben/in einem Grab, in dem eine oder mehrere Statuen der verstorbenen Person und manchmal seiner Familienangehörigen aufbewahrt wurden. Diese Räume verfügten über Sehschlitze, durch die der dargestellte Verstorbene Opfergaben in Empfang nehmen konnte.

Serech
Stilisierte Palastfassade, in die der *Horus*name des Königs geschrieben wurde.

Siegelabrollung
Abdruck eines zylindrischen Siegels, meist aus Hartgestein oder Halbedelstein gefertigt, auf dem Schriftzeichen eingraviert waren. Durch die Abrollung in feuchten Ton wurde die Schrift übertragen.

Silex
Feuerstein, der aus den Mineralien Mogánit und Chalcedon besteht. In der Steinzeit war der Silex wegen seiner Härte und äußerst scharfen Schlagkanten ein wichtiges Rohmaterial, um Werkzeuge und Waffen herzustellen. Mit seiner Hilfe konnten auch Funken zum Entfachen eines Feuers geschlagen werden.

Skarabäus
Käfer (Scarabaeus sacer), der aus Dung Kugeln zur Ablage seiner Eier formt. In Ägypten wurden Skarabäen mit schöpferischen und regene-

rierenden Kräften in Verbindung gebracht. Sie waren in Form von Amuletten äußerst beliebt.

Sokar-Fest
→ Feste

Sonnenheiligtümer
Kultanlagen für Sonnengottheiten wie Aton, Atum, Chephre, Harmachis, Re und Re-Harachte. Sie sind seit der 2.–3. Dynastie belegt. Zu den bekanntesten Sonnenheiligtümern gehören die Anlagen der 5. Dynastie in Abusir. Sie bestanden aus offenen Kulthöfen mit zentralem Obelisk bzw. Sonnenmal.

Spolien
Aus einem anderen architektonischen Kontext herausgenommene Bau- oder Dekorationselemente (Blöcke, Architrave, Säulen, Reliefs, Statuen), die in einem neuerrichteten Gebäude wiederverwendet wurden.

Stele
Hochrechteckige Stein- oder Holzplatte, die als Text- und Bildträger diente. Der obere Abschluss ist meist als Halbrund gestaltet. Daher gliedert sich die Stele oft in das obere Bogenfeld (Darstellungen) und das untere rechteckige Textfeld.

Traumstele
Stele des Königs Thutmosis IV., zwischen den Füßen des Sphinx aufgestellt. Die Stele erzählt von einem Traum des Königs, wie er in jugendlichem Alter in der Nähe von Memphis auf der Jagd war. Er ruhte sich zu Füßen des Sphinx aus und schlief ein. Im Traum sprach der Gott Harmachis-Cheper-Re-Atum zu ihm und verhieß Thutmosis IV. das Königreich. Zum Schluss bittet der Gott den König, ihn (d.h. den Sphinx) von der Sandmasse zu befreien.

Strickespannen
Die Zeremonie des Strickespannens ist Teil eines Gründungs- und Weihrituals. Die Darstellungen dieses Rituals zeigen den König und die Göttin Seschat, die die Eckpunkte des Bauplatzes festlegen und dabei den Messstrick spannen. Dadurch wurde der Grundriss festgelegt.

Stufenpyramide
Pyramide mit stufenförmiger Bauform. Die älteste Stufenpyramide ist die Pyramide des Königs Djoser in Sakkara.

Talbezirk
Gewaltige Kultbauten der Könige der 1. und 2. Dynastie in Abydos, die aus nischengegliederten Ziegeln bestanden. Sie waren vermutlich die Vorläufer der Totentempel und sind somit rituell mit dem königlichen Totenkult in Verbindung zu setzen.

Taniten
Könige der 21. Dynastie (1076–944 v. Chr.), deren Name sich von der Deltastadt Tanis ableitet, die während der 21. Dynastie zur Hauptstadt Ägyptens wurde.

Thronname
→ *Königsnamen*

Totenbuch
Sammlung von Sprüchen und Illustrationen aus dem Bereich des ägyptischen Totenglaubens, die das jenseitige Fortleben des Verstorbenen sichern sollten. Sie sind auf Papyri, Grabwänden, Särgen und Statuen belegt.

Totenpriester
Priester, die Handlungen für den Verstorbenen vollziehen, um seine Existenz im Jenseits zu sichern. Nach der Einbalsamierung und Bestattung des Toten fand der eigentliche Totenkult in Form von täglichen Opferungen statt.

Totentempel
Tempel, die für den Totenkult eines Königs errichtet wurden. Im Alten und Mittleren Reich wurden die Totentempel in Verbindung mit den Pyramiden bzw. Gräbern der Könige erbaut.

Traumstele
→ Stele

Tumulus
Hügelgrab aus einer Erdaufschüttung in runder, gestreckter oder ovaler Form, unter der sich der Grabplatz befindet.

Turiner Königspapyrus
→ *Papyrus*

Unterägypten
Ägyptisch »Ta-Mehu«; Bezeichnung für die Region des Nildeltas ab Memphis bis zum Mittelmeer.

Ur-Hügel
Das erste Land, das bei der Schöpfung der Welt aus dem Urozean emporkam und auf dem das Leben geschaffen wurde.

Uräus-Schlange
Von Königen oder von Göttern getragene Stirnschlange (aufgerichtete Kobra), die als Schutz und Machtsymbol diente. Sie gilt als Erscheinung der Göttin Wadjet und als Auge des Sonnengottes Re.

Weiße Krone
→ *Krone*

Westcar
→ *Papyrus*

Würfelhocker-Statue
Statuentypus für Privatleute; sie werden hockend mit angezogenen Beinen und auf den Knien gekreuzten Armen dargestellt. Der Kubus ist mit Bildern oder Texten geschmückt. Vom Mittleren Reich bis zur Römischen Zeit belegt.

Zeremonie d. Strickespannens
→ *Strickespannen*

Literaturverzeichnis der abgekürzt zitierten Monographien, Reihen und Zeitschriften

1–10

5. Ägyptologische Tempeltagung (2002)
H. Beinlich u.a. (Hrsg.), *5. Ägyptologische Tempeltagung: Würzburg, 23.–26. September 1999*, Wiesbaden 2002 (*Ägypten und Altes Testament / Akten der Ägyptologischen Tempeltagungen 33/3*).

VI Congresso Internazionale di Egittologia I (1992)
Anonymous (Hrsg.), *Sesto Congresso internazionale di egittologia: atti*, 2 Bde., Turin 1992–1993.

A
ÄA
Ägyptologische Abhandlungen, Wiesbaden.
ÄAT
Ägypten und Altes Testament, Wiesbaden.

Abusir and Saqqara (2000)
M. Bárta/J. Krejčí (Hrsg.), *Abusir and Saqqara in the Year 2000*, Prag 2000.

Abusir and Saqqara (2011)
M. Bárta/F. Coppens/ J. Krejčí (Hrsg.), *Abusir and Saqqara in the Year 2010, Bd. 2*, Prag 2011.

ACER
The Australian Centre for Egyptology: Reports, Sydney.

Ägypten – Dauer und Wandel (1985)
DAI KAIRO (Hrsg.), *Ägypten – Dauer und Wandel, SDAIK* 18, 1985.

Ägyptische Tempel (1994)
R. GUNDLACH/M. ROCHHOLZ (Hrsg.), *Ägyptische Tempel – Struktur, Funktion und Programm, Akten der Ägyptologischen Tempeltagungen in Gosen 1990 und in Mainz 1992, HÄB* 37, Hildesheim 1994.

Archéo-Nil
Archéo-Nil, revue de la Société pour l'Étude des Cultures Prépharaoniques de la Vallée du Nil, Paris.

ASAE
Annales du Service des Antiquités de l'Egypte, Kairo.

AV
Archäologische Veröffentlichungen, Deutsches Archäologisches Institut, Abteilung Kairo, Wiesbaden.

B

BAR
British Archaeological Reports, Oxford.

BASOR
Bulletin of the American School of Oriental Research, Boston.

BdE
Bibliothèque d'étude, Institut français d'archéologie orientale, Kairo.

BES
Bulletin of the Egyptological Seminar, New York.

BESTOCK, *Development* (2008)
LAUREL BESTOCK, *The Development of Royal Funerary Cult at Abydos, Two Funerary Enclosures from the Reign of Aha, MENES* 6, Wiesbaden 2008.

BIFAO
Bulletin de l'institut français d'archéologie orientale, Kairo.

E. BROVARSKI, *The Senedjemib Complex, 2 Bde., Giza Mastabas Vol. 7*, Boston 2001

BSAK
Studien zur altägyptischen Kultur/Beihefte, Hamburg.

BSFE
Bulletin de la société française d'Égyptologie, Paris.

BASOR
Bulletin of the American Schools of Oriental Research, New Haven.

C

CASAE
Annales du Service des Antiquités de l'Egypte, Cahiers, Kairo.

CdE
Chronique d'Égypte, bulletin périodique de la Fondation Egyptologique Reine Elisabeth, Brüssel.

Critères de datation (1998)
N. Grimal (Hrsg.), *Les critères de datation stylistiques à l'Ancien Empire*, BdE 120, 1998.

D

Dodson/Hilton, *Royal Families* (2004):
Aidan Dodson/Dyan Hilton, *The Complete Royal Families of Ancient Egypt*, London 2004.

Dreyer/Polz, *100 Jahre in Ägypten* (2007)
G. Dreyer/D. Polz (Hrsg.), *Begegnungen mit der Vergangenheit: 100 Jahre in Ägypten, Deutsches Archäologisches Institut Kairo 1907–2007*, Mainz 2007.

E

Egyptian Museum Collections 2 (2002)
M. Eldamaty (Hrsg.), *Egyptian museum collections around the world*, Bd. 2, Kairo 2002.

Emery, *Ägypten* (1961)
W. B. Emery, *Ägypten, Geschichte und Kultur der Frühzeit 3200–2800 vor Christus*, München 1961.

F

v. Falck/Schmitz, *Das Alte Reich* (2009)
M. v. Falck/B. Schmitz, *Das Alte Reich, Ägypten von den Anfängen zur Hochkultur*, Main 2009.

Festschrift Barta (1995)
D. Kessler/R. Schulz (Hrsg.), *Gedenkschrift für Winfried Barta, Htp dj n Hzj, Münchener ägyptologische Untersuchungen* 4, Frankfurt a.M./Berlin 1995.

Festschrift von Beckerath (1990)
B. Schmitz/A. Eggebrecht (Hrsg.), *Festschrift Jürgen von Beckerath: zum 70. Geburtstag am 19. Februar 1990*, HÄB 30, Hildesheim 1990.

Festschrift Bietak II (2006)
E. Czerny/I. Hein/H. Hunger/ et. al. (Hrsg.), *Timelines. Studies in Honour of Manfred Bietak* II, *OLA 149*, Leuven/Paris/Dudley, 2006.

Festschrift Brunner-Traut (1992)
I. Gamer-Wallert/W. Helck (Hrsg.), *Gegengabe: Festschrift für Emma Brunner-Traut*, Tübingen 1992.

Festschrift Dreyer (2008)
Eva-Maria Engel/Vera Müller/Ulrich Hartung (Hrsg.), *Zeichen aus dem Sand, Streiflichter zu Ehren von Günter Dreyer, MENES 5*, Wiesbaden 2008.

Festschrift Edwards (1988)
J. Baines/T. G. H. James/A. Leahy/ A.F. Shore (Hrsg.), *Pyramid studies and other essays presented to I.E. S. Edwards, Egypt Exploration Society, Occasional Publications 7*, London 1988.

Festschrift Fecht (1987)
J. Osing/G. Dreyer (Hrsg.), *Form und Mass: Beiträge zur Literatur, Sprache und Kunst des alten Ägypten. Festschrift für Gerhard Fecht zum 65. Geburtstag am 6. Februar 1987, ÄAT 12*, Wiesbaden 1987.

Festschrift Gaballa (2010)
Ola El-Aguizy/Mohamed Sherif Ali (Hrsg.), *Echoes of Eternity, Studies presented to Gaballa Aly Gaballa, Philippika 35*, Wiesbaden 2010.

Festschrift Goedicke (1994)
B. Bryan/D. Lorton (Hrsg.), *Essays in Egyptology in honor of Hans Goedicke*, San Antonio 1994.

Festschrift Graefe (2003)
Anke Ilona Blöbaum/Jochem Kahl/Simon D. Schweitzer (Hrsg.), *Ägypten – Münster, Kulturwissenschaftliche Studien zu Ägypten, dem Vorderen Orient und verwandten Gebieten*, Wiesbaden 2003.

Festschrift Griffith (1992)
A. B. Lloyd (Hrsg.), *Studies in pharaonic religion and society in honour of J. Gwyn Griffith, Egypt Exploration Society, Occasional Publications 8*, London 1992.

Festschrift Gundlach (2006)
D. Bröckelmann/A. Klug (Hrsg.), *In Pharaos Staat. Festschrift für Rolf Gundlach zum 75. Geburtstag*, Wiesbaden 2006.

Festschrift Josephson (2010)
Sue H. D'Auria (Hrsg.), *Offerings to the Discerning Eye, An Egyptological Medley in Honor of Jack A. Josephson, Culture and History of the Ancient Near East Vol. 38*, Leiden/Boston 2010.

Festschrift Junge I (2006)
G. Moers/H. Behlmer/K. Demuss/K. Widmaier (Hrsg.), *jn.t Dr.w: Festschrift für Friedrich Junge*, 2 Bde. Göttingen 2006.

J. Kahl, in: *Festschrift Krause* (1995)
C. Fluck/L. Langener/S. Richter/S. Schaten/G. Wurst (Hrsg.), *Divitiae Aegypti: koptologische und verwandte Studien zu Ehren von Martin Krause.* Wiesbaden, 1995.

Festschrift O'Connor (2007)
Zahi A. Hawass/Janet Richards (Hrsg.), *The Archaeology and Art of Ancient Egypt, Essays in Honor of David B. O'Connor, Vol. 1, CASAE 36*, Kairo 2007.

Festschrift Schmitz (2008)
A. Spiekermann (Hrsg.), *»Zur Zierde gereicht ...«, Festschrift Bettina Schmitz zum 60. Geburtstag am 24. Juli 2008*, Hildesheim 2008.

Festschrift Shore (1994)
Ch. Eyre (Hrsg.), *The unbroken reed, Studies in the culture and heritage of Ancient Egypt in honour of A.F. Shore, Egypt Exploration Society, Occasional Publications 11*, London 1994.

Festschrift Simpson (1996)
P. Der Manuelian (Hrsg.), *Studies in Honor of William Kelly Simpson*, Boston 1996.

Festschrift Stadelmann (1998)
H. Guksch/D. Polz (Hrsg.), *Stationen, Beiträge zur Kulturgeschichte Ägyptens*, Mainz 1998.

Festschrift Thausing (1994)
M. Bietak/J. Holaubek/H. Mukarovsky/H. Satzinger (Hrsg.), *Zwischen den Beiden Ewigkeiten, Festschrift Gertrud Thausing*, Wien 1994.

Festschrift Verner (2011)
V.G. Callender/L. Bareš/M. Bárta/J. Janák/J. Krejčí (Hrsg.), *Times, signs and pyramids: studies in honour of Miroslav Verner on the occasion of his seventieth birthday*, Prag 2011.

Festschrift Westendorf II. (1984)
F. Junge (Hrsg.), *Studien zu Sprache und Religion Ägyptens: zu Ehren von Wolfhart Westendorf überreicht von seinen Freunden u. Schülern, Bd. 2 Religion*, Göttingen 1984.

G

GM
Göttinger Miszellen, Beiträge zur ägyptologischen Diskussion, Göttingen.

GOF IV
Göttinger Orientforschungen, Reihe 4, Ägypten, Wiesbaden.

GRAJETZKI, *Middle Kingdom* (2006)
W. GRAJETZKI, *The Middle Kingdom of ancient Egypt, history, archaeology and society,* London 2006.

GUNDACKER, *Chronologie* (2006)
R. GUNDACKER, *Untersuchungen zur Chronologie der Herrschaft Snofrus,* Beiträge zur Ägyptologie 22, Wien 2006.

H
HÄB
Hildesheimer Ägyptologische Beiträge, Hildesheim.

Hommages Leclant 1 (1994)
C. BERGER-EL NAGGAR (Hrsg.), *Hommages à Jean Leclant,* 4 Bde., BdE 106 1–4, Kairo 1994.

HORNUNG/KRAUSS/WARBURTON, *Ancient Egyptian Chronology* (2006).

E. HORNUNG/R. KRAUSS/D. WARBURTON (Hrsg.), *Ancient Egyptian Chronology, Handbook of Oriental studies. Section 1, The Near and Middle East, Vol. 83,* Leiden/Boston 2006.

I, J
Imago Aegypti
Imago Aegypti, internationales Magazin für ägyptologische und koptologische Kunstforschung, Bildtheorie und Kulturwissenschaft, Göttingen.

JÁNOSI, Gräberwelt (2006)
P. JÁNOSI, *Die Gräberwelt der Pyramidenzeit,* Mainz 2006.

JARCE
Journal of the American Research Center in Egypt, New York.

JEA
The Journal of Egyptian Archaeology, Egypt Exploration Society, New York.

JIMÉNEZ SERRANO, *Royal Festivals* (2002)
A. JIMÉNEZ SERRANO, *Royal Festivals in the Late Predynastic Period and the First Dynasty, BAR International Series 1076,* Oxford 2002.

JSSEA
The Journal of the Society for the Study of Egyptian Antiquities, Toronto.

K-L

KSG
R. Gundlach/D. Kreikenbohm/M. Schade-Busch (Hrsg.), *Königtum, Staat und Gesellschaft früher Hochkulturen*, Wiesbaden.

Kunst des Alten Reiches (1995)
Kunst des Alten Reiches, Symposium im Deutschen Archäologischen Institut Kairo am 29. und 30. Oktober 1991, SDAIK 28, Mainz 1995.

LÄ I-VII (1975–1992)
W. Helck (Hrsg.), *Lexikon der Ägyptologie*, 7 Bd., Wiesbaden 1975–1992.

LingAeg
Lingua Aegyptia, LingAeg, Journal of Egyptian Language Studies, Hamburg.

M-N

MAIBL
Mémoires de l'Institut de France, Académie des Inscriptions et Belles-Lettres, Paris.

MÄS
Münchener Ägyptologische Studien, München/Berlin/Mainz.

Martin, *Umm el-Qaab VII* (2011)
Geoffrey T. Martin, *Umm el-Qaab VII, Private Stelae of the Early Dynastic Period from the Royal Cemetery at Abydos, AV* 123, Wiesbaden 2011

MDAIK
Mitteilungen des Deutschen Archäologischen Institutes Kairo, Mainz/Berlin/Boston.

Mélanges Mokhtar II (1985)
P. Posener-Kriéger (Hrsg.), *Mélanges Gamal eddin Mokhtar*, 2 Bde., *BdE* 97, Kairo 1985.

MENES
MENES. Studien zur Kultur und Sprache der ägyptischen Frühzeit und des Alten Reiches, Wiesbaden.

Metropolitan Museum Journal
Metropolitan Museum of Art, Metropolitan Museum Journal, New York

O

O'Connor, *Abydos* (2011)
D. O'Connor, *Abydos, Egypt's First Pharaohs and the Cult of Osiris*, London 2011.

OIMP
Oriental Institute Museum publications, Chicago.

OLA
Orientalia Lovaniensia analecta, Leuven.

Or
Orientalia, Rom.

OEAE
D. B. REDFORD (Hrsg.), *The Oxford Encyclopedia of Ancient Egypt*, 3 Bde., Oxford 2001.

P

Pharao siegt immer (2004)
M. v. FALCK/S. PETSCHEL (Hrsg.), *Pharao siegt immer, Krieg und Frieden im Alten Ägypten*, Bönen 2004.

PMMA
Publications of the Metropolitan Museum of Art, Egyptian Expedition, New York.

R

RdE
Revue d'Égyptologie, Paris.

Roth, *Königsmütter* (2001)
S. ROTH, *Die Königsmütter des Alten Ägypten von der Frühzeit bis zum Ende der 12. Dynastie*, ÄAT 46, Wiesbaden 2001.

S-T

Sahure (2010)
V. BRINKMANN (Hrsg.), *Sahure, Tod und Leben eines großen Pharao, eine Ausstellung der Liebighaus Skulpturensammlung*, Frankfurt am Main, 24. Juni bis 28. November 2010, Frankfurt 2010.

SAK
Studien zur altägyptischen Kultur, Hamburg.

SCHNEIDER, *Lexikon* (1996).
TH. SCHNEIDER, *Lexikon der Pharaonen*, München 1996.

SDAIK
Sonderschriften Deutsches Archaeologisches Institut Kairo, Mainz.

Sokar
Sokar, Die Welt der Pyramiden, Berlin.

SSEAJ > s. JSSEA

V-Z

VERNER, *Abusir* (2002)
M. VERNER, *Abusir, Realm of Osiris,* Kairo 2002.

VERNER, *Pyramiden* (1998)
M. VERNER, *Die Pyramiden,* Reinbek bei Hamburg 1998.

WILDUNG, *Rolle* (1969)
D. WILDUNG, *Die Rolle ägyptischer Könige im Bewusstsein ihrer Nachwelt, 1. Posthume Quellen über die Könige der ersten vier Dynastien, MÄS 17,* Berlin 1969.

WILKINSON, *Early Dynastic Egypt* (1999)
T. A. H. WILKINSON, *Early Dynastic Egypt,* London 1999.

WILKINSON, *Royal Annals* (2000)
T. A. H. WILKINSON, *Royal Annals of Ancient Egypt, The Palermo Stone and its associated Fragments,* London 2000.

ZÄS
Zeitschrift für ägyptische Sprache und Altertumskunde, Leipzig/Berlin.

ABBILDUNGSNACHWEIS